성운대사의 세상 사는 지혜

성운대사의
세상 사는 지혜

성운대사 지음
조은자 옮김

운주사

성운대사 서문

부서진 배에 많은 것을 싣는다(破船多攬載)

저는 그저 한평생 열심히 수도하는 승려가 되려고 했을 뿐, 수많은 사업을 벌이려는 원대한 뜻도 없었고, 전문 작가가 되고자 하는 생각도 없었습니다. 인연을 따르는 저의 성격을 중국의 속담을 빌려 표현하자면 "부서진 배에 더 많은 것을 싣는다(破船多攬載)"라고 할 수 있습니다.

　무슨 일을 하든지 저는 그것을 위한 전문교육을 받은 적이 없었습니다. 다만 성현의 가르침이 쇠퇴해 가는 것이 안타깝고, 중생의 괴로움을 그냥 지나치지 못하며, 세간에 공평과 정의가 사라진 것을 참지 못하고, 태어날 때부터 게으름을 피우지 못하는 성격 탓에, 보고 듣고 마주치는 일마다 항상 인연과 기쁨을 따라 행하고자 생각했을 따름입니다. 이렇게 불교 안에서 저의 일생을 키워 왔습니다. 저는 불문의 총림생활, 계율과 규칙, 각종 전문소임의 내용 등을 깨우친 것은 물론이고, 화초와 나무를 가꾸고 꾸미며 거기에 생기를 불어넣는 것을 좋아합니다. 집을 지을 때는 벽돌을 한 장 한 장 쌓아올리고 널빤지에 못질을 하는 것도 좋아합니다. 주방에서 여러 요리를 만들어야 할 때는, 우리 집 나름의 솜씨를 뽐내기도 했습니다. 심지어는 옷과 신발, 양말도 만들고, 어떤 장소에 설치하거나 꾸미는 것 역시 저는 어려운 일이라 생각하지 않았습니다. 물론 보통 청소나 정리 등을 제가 당연히 해야 하는 일이라는 생각에서 항상 기꺼이 했습니다.

훗날 또다시 여러 인사들과 만나게 되면서 각종 인연들이 저를 단련시켰습니다. 처음에는 나이 지긋한 신도들을 이끌고 의란염불회에서 염불과 참선을 했는데, 나중에는 이 신도들 외에 젊은이들도 교육이 필요하다는 생각에서 보습반, 문예캠프, 합창대 등을 조직하였습니다. 유치원, 주일학교, 유아반, 초등학교, 중학교, 대학교와 불교대학을 계속해서 설립하였습니다. 그리고 출판사, 방송국, 신문사 등을 세웠습니다. 이렇게 저는 '사회교화'라는 돌아오지 못할 길을 걸어 왔습니다. 제가 사회에 홍법을 하기로 결심한 뒤로 정부기구나 학교, 공장이나 교도소, 어디든 법문을 청하는 사람이 있는 곳이라면 저는 절대 거절하지 않고 온갖 어려움을 다 감내하고서라도 그들의 소망을 만족시켜 주었습니다.

저는 비록 정식으로 학교교육을 받은 적은 없지만, 배우기 좋아하는 성격 탓에 고대 역사철학이나 근대 산문소설이나 혹은 해외 유명 작품, 특히 신문잡지 등을 바쁜 가운데도 틈틈이 시간을 내 정독을 하였습니다. 그래서 저의 세계는 갈수록 더욱 넓어졌습니다. 또한 저는 몇몇 사회 인사들과도 교분을 나누고 있습니다. 교육자를 만나면 그들과 교육에 대해 얘기를 나누고, 그에게서 교육에 관한 내용을 배우고 이해합니다. 군사전문가를 만나면 그에게서 군대의 운영과 배치 등에 관한 얘기를 나누면서 마음속으로는 대부대를 지휘하는 모습을 그려보기도 합니다. 경제학자를 만나면 제 자신은 비록 재물을 좋아하지 않지만, 그에게서 경제적 개념을 배웁니다. 경제학자인 고희균 교수와의 대화에서도 얻는 것이 굉장히 많았습니다.

어쨌든 제 자신은 부족함을 느끼지 않지만, 이 세상에서는 봉사와 인연 맺음이 무척 중요하다고 생각하는데, 불교에서 말하는 '자비'가 바로 그것입니다. 저는 원래 세상을 두루 다니면서 불법을 전파하려는 생각이 없었지만, 여러 인연이 그렇게 하도록 떠밀었습니다. 제가 본래 가지고 있던 신앙과 모든 불보살님의 가피 외에 가장 중요한 것은 바로 자비, 봉사, 인연 맺음이라고 할 수 있습니다. 특히 오늘날 '불광佛光이 두루 비치고, 법수法水가 흐르게 하자'는 뜻을 펼칠 수 있었던 것도 제게 영향을 주고 저를 가르쳐주고 성장시켜준, 그래서 늘 깨달음을 안겨준 사회 각계각층의 모든 분들 덕분임을 알기에 저는 그들에게 항상 감사합니다.

저는 한평생 약간의 선행을 베풀었다고 자랑스럽게 얘기할 수 있습니다. 그러나 칭찬하는 사람은 적고, 오히려 불법을 봉행하고 인간불교를 촉진시키는 와중에 불문 안팎으로 비방과 방해가 참 많았습니다. 다행히 바깥 경계에서 일어난 일을 심각하게 여기지 않는 저의 성격 덕분에 그저 '어찌 모든 이의 뜻과 같이 될 수 있을까! 다만 내 마음에 부끄럼 없기를…' 바랄 뿐입니다. 제가 얼마나 많은 학교를 세웠는지는 말하지 않고, 다만 제가 어디에 무슨 보습반을 세우고 어디서 법문을 열었는지만 말하곤 합니다. 심지어 제가 일찍부터 해오면서 한 번도 멈추지 않았던 타이완의 세 방송국에서의 법문에 대해 얘기를 꺼내는 사람도 별로 없습니다.

그 밖에도 학술적 면에서 뛰어난 경전에 대한 저의 주석과 논문 작품이 많은데도 불구하고, 그에 관심을 가지는 사람이 없었습니다.

오히려 『옥림국사玉琳國師』나 『소리 없는 합창(無聲息的歌唱)』같은 크게 뛰어나지 않은 소설과 짧은 시 몇 편이 예술문학계의 칭송을 받았습니다. 간단명료하고 알기 쉬운 저의 강연과 재미있는 한담 역시 저를 옛날이야기를 잘 지어내는 사람으로 생각하게 만들었습니다. 심지어 나중에 『인간복보人間福報』에 15년 동안 매일매일 칼럼을 쓰는데도, 제 문장이나 칼럼 쓰는 것에 대해서 말하는 사람이 없었습니다. 오직 북경대학 루우열樓宇烈 외 몇몇 교수께서 인간불교 논문을 교재로 채택해 주었으며, 서양의 일부 대학에서 나의 글을 각자의 언어로 번역해 교재로 삼아 주셨습니다. 그 외에는 거의 대부분 저의 문장에 관심을 두지 않는 것 같습니다.

지금 천하문화출판사에서 『성운지혜(星雲智慧)』라는 이 책을 출판해 주신다고 하는데, 성운의 '수필'이나 '산문'이라고 해도 좋을 텐데, '지혜'라고까지 붙여주시니 부끄러워 어찌할 바를 모르겠습니다.

마지막으로 발행인 왕력행王力行 여사와 동료 여러분들의 도움에 감사드리며, 인연 있는 독자 여러분들께도 감사를 드립니다.

편집자의 말

부처님의 말씀처럼, 중생이 원하는, 맑고 깨끗하며, 선량하고 아름다운 인간불교

성운대사께서 23세에 타이완으로 건너와 홍법을 펼친 지 벌써 한 갑자甲子가 넘었습니다. 대사께서는 그동안 새로운 창조와 개혁, 수립, 검증을 통해 인간불교를 모든 이의 생활 속에 깊이 뿌리내리게 했습니다.

언젠가 성운대사께 인간불교란 무엇인가 하고 가르침을 청한 적이 있었습니다. 그때 대사께서는 "부처님이 설하신 것이자, 중생이 필요로 하는 것이며, 사회를 맑고 깨끗하게 하는 것이며, 선량하고 아름답게 하는 것이 인간불교입니다"라고 말씀하셨습니다. 또한 대사께서는 "인간불교는 소승이나 태허대사太虛大師께서 창조한 것이 아니며, 석가모니 부처님의 학설이 그 근본이라 할 수 있습니다"라고도 하셨습니다. 우리들의 생활과 생존, 사회의 변천과 화합, 발전, 그리고 세계의 평화와 환경과도 밀접하게 연결되어 있기에 '인간에게 필요하다'고 한 것입니다.

성운대사께서 인간불교를 추진하는 것은, 부처님의 본의本意로 돌아가 불법을 각계각층에 여실히 뿌리내려 모든 이가 부처님의 지혜를 통해 자신을 인식하고 긍정하기를 희망하기 때문입니다.

대사께서는 다음과 같은 특별한 방법으로 홍법을 펼칩니다.

상대방에 맞춰 각기 다른 언어로 설법한다.
상대방에 맞춰 각기 다른 방식으로 포교한다.
상대방에 맞춰 각기 다른 원심願心으로 교화한다.
상대방에 맞춰 각기 다른 목표로 깨달음을 증득한다.

결국은 '불성평등佛性平等', '연기중도緣起中道', '자각행불自覺行佛', '전식성지轉識成智'를 강조한다는 것입니다.

불법佛法을 인간세상의 일에 활용함으로써 그 혜택이 사람들에게 두루 미치게 하려는 것입니다. 이것은 단순히 불제자에게만 해당되는 것이 아니라 '타인에게 믿음을, 타인에게 기쁨을, 타인에게 희망을, 타인에게 편리함을 준다'는 인간불교의 신념을 전하여 사람들의 마음속 깊이 뿌리내리게 하려는 것입니다.

성운대사는 참으로 대단한 종교인이십니다. 대사는 과거에 세상을 회피하는 소극적인 형태의 불교를 탈피하여 세간의 일까지도 마음에 품어 살폈습니다. 타이완이나 세계 각지에서 기쁜 일이나 재난, 충돌 등이 발생하면 인연을 따르기 좋아하는 대사의 성격이 발휘되고, '훌륭한 가르침의 쇠퇴, 중생의 괴로움, 불공정함, 게으름을 두고 보지 않는다'는 자비심이 자연스럽게 흘러나옵니다.

오랫동안 대사께서는 선천적으로 탁월한 재능과 후천적 노력으로 이루어낸 문학적 필력으로 현실사회의 커다란 주요 사안들에 대해 자신의 감상과 견해, 의견 등을 끊임없이 각종 신문과 잡지에 게재하고 있습니다.

『성운지혜』 또한 다년간 각종 문제에 대한 대사의 평론을 모아 엮

어낸 책입니다. 우리는 인간사人間事, 비고사悲苦事, 대중사大衆事, 담심사談心事, 지혜사智慧事, 불가사佛家事, 양안사兩岸事, 대천사大千事 등 총 8장으로 나눴으며, 어느 것 하나 불교의 이치와 가르침을 벗어난 것이 없습니다. 글자 하나하나에서 대사의 자비와 지혜, 포용과 공정함이 묻어납니다.

한 편이 끝날 때마다 고희균高希均 교수의 회향 글이 들어가 있어 이 책을 더욱 원만하게 해주고 있습니다.

왕력행王力行

성운대사 서문
부서진 배에 많은 것을 싣는다(破船多攬載) • 5

편집자의 말
부처님의 말씀처럼, 중생이 원하는, 맑고 깨끗하며, 선량하고 아름다운 인간불교 • 9

**1장
인간사
人間事**

버려야 인간 번뇌에서 벗어난다   17

중압감에 도전하는 용기 • 19

현대 젊은이들이 갖춰야 할 인생관 • 29

자신을 이기는 법 • 33

살생의 원인에 대한 밝은 판단 • 38

10차원 공간 • 41

다음 세대에게 정확한 인생관을 • 46

총통의 졸음 • 51

회향 산 위에 별 구름 머무네 / 고희균 • 57

**2장
자고사
慈苦事**

내려놓아야 인생의 고비苦悲에서 벗어난다   59

장기이식의 의의 • 61

7월에 관하여 • 65

재난 구호에 국경은 없다 • 70

화를 복으로 돌리는 법 • 74

폭력 • 79

개방 • 84

타협 • 88

전쟁의 불길 • 93

회향 생명칠칠生命七七, 운단구구雲端九九 / 고희균 • 98

**3장
대중사
大衆事**

인양忍讓을 닦아 생활의 도리를 이해한다   103

단결의 힘 • 105

부정선거 반대 지지를 호소하며 • 110

타이완 사람은 없다 • 113

선거의 양심, 전 국민의 각성 • 120

사법이 무너질 때 • 126

권력 앞에서 어찌 해야 하나? • 130

국민투표 거절의 중요성 • 135

'선현여능選賢與能'을 부활시키자 • 141

선현여능에 관한 나의 의견 • 146

회향 '성운가치', 국회의 난맥상을 개선시킬까? / 고희균 • 152

**4장
담심사
談心事**

선행을 권하고 어리석은 잡념에서 벗어나라 157

자비사랑 열차, 영원히 이어가기를 • 159

복보福報는 무엇인가? • 163

방생放生과 호생護生 • 168

화합에서 평화로 • 174

현장법사의 유적인 당나라 흥교사 철거에 대한 견해 • 179

회향 자비와 지혜 / 고희균 • 182

**5장
지혜사
智慧事**

책 읽기 좋아하니 세상 어리석음 벗어난다 187

교육에 대한 성찰 • 189

사형제도 폐지에 대한 나의 견해 • 195

남편의 질서시악 • 201

문화출판업계를 조속히 구하라 • 206

사찰 입장료 폐지에 대한 생각 • 211

회향 성운의 마음 / 고희균 • 215

**6장
불가사
佛家事**

수행을 통해 입세入世의 법을 벗어난다 223

불교청년 시대 도래의 시련 • 225

순도殉道 정신이 필요하다 • 232

대장경 영인 발행 • 237

만卍자 하나에 머리는 둘이어라 • 242

석가탄신일, 왜 법정공휴일 할 수 없나? • 247

비구니 승단의 발전 • 252

'인간백년 필진人間百年筆陣'이 성립된 이유 • 273

회향 '변화'의 역량 / 고희균 • 277

**7장
양안사
兩岸事**

원만하게 해결하여 인간관계를 벗어나라   281

전반적인 지구 문제에 대한 개관 • 283

『인간복보』10주년을 맞이하며 • 295

100년을 내다보며 • 302

회향 '좋은' 말을 골라 쓰자 / 고희균 • 306

**8장
대천사
大千事**

바른 견해를 지켜 편견과 집착의 말에서 벗어나라   311

국제사회로 뻗어가는 불교 • 313

21세기의 정보와 전망 • 319

종교 융합에 대한 나의 세계관 • 325

부처님 진신사리 타이완 봉안 • 332

열 가지 삿됨: 그 해로움을 다시 논함 • 338

회향 성운 기적 / 고희균 • 344

1장
인간사
人間事

버려야 인간 번뇌에서 벗어난다

중압감에 도전하는 용기

어진 여러분!

　9월 5일부터 10월 10일까지 소임 스님 몇몇이 저를 수행해 미국, 캐나다, 브라질, 아르헨티나, 영국, 독일, 스위스, 프랑스 등을 다녀왔습니다. 35일의 여정 동안 대부분의 시간을 비행기에서 보냈으며, 어느 날은 26시간이나 비행기에서 보낸 날도 있었습니다. 그러다 보니 비행기에서 내려서도 마치 구름을 밟고 허공에 떠 있는 것 같았습니다. 매일 운송하는 26개의 커다란 상자에는 전 세계의 불광인들에게 드릴 불광산과 불광협회의 소식지로 가득 찼습니다.

　말사에 도착할 때면 제자들은 늘 제게 독서讀書에 관한 일을 물어보곤 합니다. '독서'란 원래 아주 아름답고도 중요한 일입니다. 하지만 저는 독서가 한 사람을 성공으로 이끌 수도 있고, 실패로 이끌 수도 있다고 생각합니다. 또한 독서는 누군가에게는 쓸모 있지만, 또 누군가에게는 전혀 쓸모없는 것일 수도 있다고 생각합니다. 독서는 누군가에게 이치를 밝히게도 하지만, 누군가를 어리석게 만들기도 합니다. 독서는 겸허하게 만들기도 하지만, 지식적으로 교만하게 만들 수도 있습니다. 독서는 누군가에게 열린 생각을 갖게 하기도 하지만, 누군가를 완고하면서도 집착하게도 만듭니다. 독서는 사람을 훌륭하고 어질게 만들기도 하고, 사람을 자기중심적으로 만들기도 합니다. 독서는 바른 인식과 견해를 계발할 수도 있지만, 사람을 편협하게 바꿀 수도 있습니다. 독서는 사람을 대인배로 만들 수도 있고, 소인배로 만들 수도 있습니다. 독서는 사람을 더욱 분발하게 만들기도 하고, 게으르고 무능하게 만들기도 합니다.

독서를 잘하는 사람도 있지만, 독서를 못 하는 사람도 있습니다. 독서를 좋아하는 사람도 있지만, 좋아하지 않는 사람도 있습니다. 독서를 할 줄 아는 사람도 있지만, 할 줄 모르는 사람도 있습니다. 살아있는 독서를 하는 사람도 있지만, 죽은 독서를 하는 사람도 있습니다. 불광산의 여러분은 어떤 종류의 책을 공부하십니까? 배운 뒤에는 반드시 쓰임이 있어야 합니다. 배웠는데 쓸 데가 없다면 배우지 않느니만 못합니다. 그렇다면 어떻게 써야 할까요?

한 제자가 제게 "하루 종일 비행기에 있으면서 위험하다는 생각이 들지 않으십니까? 하루 종일 바쁘게 뛰어다니시면서 스트레스를 많이 받지 않으십니까?"라고 묻더군요. 그 덕분에 그런 문제에 대한 저의 몇 가지 의견을 여러분께 말씀드리고자 합니다.

1. 스트레스라고 느끼지 않는다

우리는 "직장에서 받는 스트레스가 너무 심해", 또는 "일상 속에서 받는 스트레스가 너무 많아"라는 말을 자주 합니다. 그러나 저는 정말 스트레스를 받는다고 생각하지 않습니다. 인생이란 본래 분투해야 하는 것이고, 세간은 본래 일종의 책임입니다. 탱탱한 고무공을 튕기거나 혹은 치지 않으면 어떻게 더 높이 튀어 오를 수 있겠습니까? 우리는 왜 순순히 바람 빠진 공이 되어야 하는 걸까요? 왜 스트레스를 꿋꿋이 딛고 자신을 더욱 발전시켜 나가게 할 수 없는 걸까요?

어린 시절 저는 잦은 고난과 좌절을 겪다보니, 그것이 자연스럽게 습관이 되어버렸답니다. 그래서 훗날 어떠한 스트레스를 받아도, 그것이 스트레스로 여겨지지 않았고, 더 나아가 행복하다고 여겼습니다.

우리는 중압감을 두려워하지 않고 도전하는 용기를 가져야 합니다. 일단 스트레스를 받는다는 느낌이 없어야 주저앉지 않고 분투할 수 있으며 자연스럽게 힘이 생겨나게 될 겁니다.

2. 위험하다고 생각하지 않는다

세간에서 안전한 곳이란 어디일까요? 위험한 곳은 또 어디란 말인가요? 저는 어려서부터 수많은 전쟁을 겪어 왔습니다. 처음에는 중일전쟁을 겪었고, 나중에는 국공내전을 겪었습니다. 40여 년 전, 제가 타이완으로 건너온 것은 전쟁을 피해서가 아니라, 승가구호대僧伽救護隊에 참가해 전쟁으로 상처받은 사람들을 고난에서 구하기 위해서였습니다. 결국 오히려 40여 년을 평탄하게 보냈습니다. 그러므로 불광산의 제자들은 위험을 두려워하지 말고, 부루나 존자처럼, 또한 기독교나 천주교의 목회자들처럼 위험과 고난을 무릅쓰고 세상 끝 험악한 곳이라도 불법의 진리를 전해야 합니다.

3. 어렵다고 생각하지 않는다

세간에는 어려운 일이 없습니다. 그저 내가 능동적으로 발심하면 어려움도 순조롭게 풀려 더 이상 어려움이 아니게 될 뿐입니다. 나폴레옹은 "나의 사전에 불가능이란 없다!"라고 했습니다. 우리 또한 어려움을 두려워하지 않도록 자신의 삶을 단련시켜야 할 것입니다. 부처가 되거나 조사가 되고자 하는 우리 불제자들은 이처럼 행하기 어려운 일을 행하고, 참기 어려운 일을 참아내는 일 모두를 용기 있게 실천해 나가야 합니다. 성불 또한 기꺼이 감내하고, 생사를 벗어던지는 것도 기꺼이 인정하는 것 외에 세상에 어려운 일이 뭐가 있겠습니까? 어려움을 늘 가슴에 담아두거나 입에 달고 살지 마십시오. 그것은 떠넘기고 책임지지 않는 태도입니다.

4. 바쁘다고 생각하지 않는다

저는 온종일 해외로는 5대륙을 다니고, 국내에서는 전국을 돌며 수많은 회의를 개최하고, 수많은 일을 처리하고, 수많은 사람을 만납니다. 수많은 사람들이 돌아가며 저와 얘기를 나누고자 합니다. 차를 타도 저는 누군가와 얘기를 하고, 비행기를 타고도 항공승무원과 기장 역시 제게 다가와 얘기를 나눕니다. 비록 몸은 바빠도 마음만은 바쁘지 않도록 하는 힘을 기르십시오. 자신이 처한 상황에 놀라지 않도록 바쁜 가운데도 마음에는 편안함과 고요함을 지녀야 합니다. 그러면 비록 바쁠지라도 한가한 사람이 될 수 있습니다.

5. 시비를 가지고 있다고 생각한다

인아시비人我是非 가운데 생활하는 사람이 있습니다. 저는 남의 시비를 말하는 사람이야말로 시비인이라고 생각합니다. 저는 시비를 쉽게 믿지도 않으며 그 시비에 휘둘리지도 않습니다. 왜냐하면 시비의 좋고 나쁨은 그렇게 중요하지 않습니다. 저는 평생 수많은 비방과 공격을 받아왔고 태어나면서부터 이러쿵저러쿵 사람들의 입방아에 오르내리길 수십 년이었습니다. 부처님도 비방을 받았는데 하물며 저와 같은 사람이야 말해 무엇 하겠습니까? 늘 마음에 담아두고 전전긍긍하겠습니까? 어떤 사람은 타인의 말 한마디, 한 가지 일 때문에 며칠 동안 제대로 밥도 못 먹고 잠도 못 잡니다. 심지어 몇 년 동안 마음에 담아 시시비비의 날을 보내며 자신의 번뇌를 더 보태고 있다면, 이 또한 어리석기 짝이 없는 일이 아니겠습니까? 우리는 불법의 반야지혜로 시비를 깨부수고, 시비에 휘말려도 시비를 말하지 말고, 시비를 두려워하지도 말아야겠습니다.

6. 추위와 더위를 느끼지 않는다

더운 날씨를 견디지 못하고, 추운 날씨는 또 참지 못하는 사람이 있습니다. 날씨가 춥고 더움이 무슨 관계가 있겠습니까? 어느 선사께서는 "추울 때는 추운 곳으로 가고, 무더울 때는 또 무더운 곳으로 가라"고 했습니다. 현자와 고덕들의 금과옥조 같은 선시는 우리들에게 조금의 효용도 없는 것일까요? 오늘날 불제자의 최대 비애는 바로 불법을 응용해 환경을 바꿀 줄 모르고, 도리어 경계에 지배당한다는 것입니다. 추위와 더위를 상관하지 않으면 마음에 절로 청량함이 생길 것이니, 이렇게 할 수 있다면 머무는 곳마다 편안하고 인연 따라 자재로울 수 있을 것입니다.

7. 영광스럽다고 생각하지 않는다

수많은 신도들이 날 공경하고 찬양하며 공양합니다. 그러나 난 영광스러운 마음이 터럭만큼도 없습니다. 나에 대한 공경, 찬양, 공양은 모두 더욱 막중한 책임감을 느끼게 하고, 행동은 더 조심스럽게 만듭니다. 어떻게 하면 더욱 용맹 정진하여 베풀어주신 큰 덕에 보답할 수 있을까요? 부처님은 역경에 처해도 괴롭거나 근심하지 않고 만족할만한 상황에 이르러도 기뻐하지 않았다고 합니다. 불광산의 제자도 이러한 소양을 길러 순경과 역경이 앞에 닥쳐와도 여여하게 움직이지 않을 수 있길 바랍니다.

8. 부당하다고 생각하지 않는다

생활하면서 모든 일이 다 내 뜻대로 되지는 않지만, 그렇다고 그것 때문에 번뇌를 가질 필요는 없습니다. 예를 들어 출국 전 세관원이 몸수색을 해도, 앉을 자리가 없는 차에 올라타도, 법 앞에 사람은 저마다 평등하니 저는 전혀 속상하지 않습니다. 후배 도반이 저를 찾아온다고 하면, 저는 오히려 "괜찮네, 내가 그리로 건너가면 되지"라고 말합니다. 상대방은 제가 움직이는 걸 너무 송구스럽게 생각할지도 모르지만, 저에게는 그저 평범한 일일 뿐입니다. 그러니 송구스러울 게 뭐가 있겠습니까? 불광인들도 이처럼 상황에 유연하게 대처할 수 있는 기백과 도량을 가지기 바랍니다. 그러면 억울한 일을 당해도 억울하다고 여기지 않게 될 것입니다.

9. 시차를 느끼지 않는다

각국을 비행하고 경유하다 보니 세계 각국은 모두 시차가 있습니다. 제가 미국에 머물 때입니다. 미국은 새벽 두세 시일 때, 타이완에 있는 제자나 소임스님이 저녁 공양을 마친 뒤 제게 종종 전화를 걸곤 합니다. 저는 늘 잠자다 일어나 전화를 받습니다. 불광산의 제자들도 국제적 마인드로 우선 시차라는 번뇌를 없애는 소양을 길러야 합니다. 시차에 갇히지 않을 때 비로소 세상은 끝없이 넓고, 마음에는 걸릴 것이 없습니다.

10. 거리를 느끼지 않는다

옛말에 "지척이 천리이다"라는 말이 있습니다. 하늘 끝이 이웃이라면 가까운 곳은 어디이고 먼 곳은 또 어디란 말일까요? "스스로 마음이 편안하면 동서남북 어디라도 좋으리"라는 의미입니다. 저는 세계 어느 나라든 다 좋다고 생각합니다. 경치도 멋있고, 기후도 좋고, 인정도 많고, 삼천대천세계가 모두 좋습니다. 삼천대천세계가 모두 제 마음에 있는데 거리상의 불편함이 있을 수 있겠습니까?

11. 좌절하지 않는다

저는 많은 사람들로부터 "스님은 실망하거나 좌절한 적이 있습니까?"라는 질문을 늘 받습니다. 일이나 사람 모두에 대해 저는 늘 "그게 당연하다"라는 생각을 갖고 있습니다. 저와 타인의 의견 분쟁은 당연한 것이고, 일이 골치 아픈 것도 당연한 것입니다. 타인으로부터 업신여기고 모함을 당하면 자신의 덕이 부족함을 생각하고, 타인으로부터 상해를 입으면 타인을 대하는 자비가 부족함을 떠올립니다. 이러면 실망이나 낙담할 것이 없습니다. 저는 제자들에게 한 번도 실망이라는 생각을 가진 적이 없고 낙담이나 좌절한 적도 없으며, 오로지 인연 따라 흐르는 평상심만 있을 뿐이라고 말합니다.

12. 부족하다고 생각하지 않는다
비타민이 필요한 사람도 있지만, 다른 사람의 보호를 필요로 하는 사람도 있습니다. 물질적 공급이 필요한 사람도 있지만, 정신적 관심이 필요한 사람도 있습니다. 불광산 제자들은 부족한 것이 없는 습관을 길러야 합니다. 우리는 불법을 가졌고 자비를 가졌으며, 육도만행의 청정한 공덕까지 지녔는데 더 부족한 것이 무엇이 있겠습니까?

지금까지 없다고 생각하는 열두 가지를 말씀드렸지만, 이외에도 여러분은 있다고 생각하는 열두 가지를 갖춰야 합니다.
① 나는 자비가 있다고 생각합니다.
② 나는 발심이 있다고 생각합니다.
③ 나는 인내심이 있다고 생각합니다.
④ 나는 근면하다고 생각합니다.
⑤ 나는 인연을 따른다고 생각합니다.
⑥ 나는 정직하다고 생각합니다.
⑦ 나는 친화력이 있다고 생각합니다.
⑧ 나는 복을 아낀다고 생각합니다.

⑨나는 부끄러움을 안다고 생각합니다.
⑩나는 감사하는 마음이 있다고 생각합니다.
⑪나는 사리에 밝다고 생각합니다.
⑫나는 책임감이 있다고 생각합니다.

어진 여러분!
더욱 정진하고 실천하시어 도업을 이루시기 발원합니다.
불광기원 26년

불광산 전등학원(1992. 10. 21.)

마/음/에/새/기/는/글

- 인생이란 본래 분투해야 하는 것이고, 세간은 본래 일종의 책임이다. 우리는 중압감을 두려워하지 않고 도전하는 용기를 가져야 한다. 일단 스트레스를 받는다는 느낌이 없어야 주저앉지 않고 분투할 수 있으며, 자연스럽게 힘이 생겨나게 된다.

- 남의 시비를 말하는 사람이야말로 시비인이다. 시비를 쉽게 믿지도 않고 그 시비에 휘둘리지도 않는다. 왜냐하면 시비의 좋고 나쁨은 그렇게 중요하지 않기 때문이다.

- 어느 선사께서는 "추울 때는 추운 곳으로 가고, 무더울 때는 또 무더운 곳으로 가라"고 했다. 추위와 더위를 상관하지 않으면 마음에 절로 청량함이 생길 것이니, 이렇게 할 수 있다면 머무는 곳마다 편안하고 인연 따라 자재로울 수 있다.

현대 젊은이들이 갖춰야 할 인생관

사람은 생활하는 데 물질적으로 어느 정도 만족한 뒤에는 정신적인 만족을 필요로 합니다. 만족스런 정신생활을 갖게 된 뒤에는 또 예술적인 만족이 필요합니다. 생활 속에서 진·선·미를 필요로 합니다. 예술적 생활이 있은 뒤에는 한 발 더 나아가 종교에 의탁한 생활을 필요로 합니다.

그렇다면 현대의 젊은이들은 어떤 인생관을 구비해야 할까요?

1. 물러남에서 즐거움을 체험하라

지금 우리가 자주 외치는 구호는 "앞으로 나아가라!"입니다. 후진할 수 없습니다. 대부분의 사람들이 물러나는 것을 소극적이라고 생각하지만, 사실 꼭 그렇지는 않습니다. 왜일까요? "물러남으로써 나아가라"고 하듯이, 때로는 한 발 물러나는 것이 한 발 나아가는 것보다 더 현명할 때가 있습니다. 왜냐하면 우리는 대부분 바로 눈앞의 세계만 보고, 뒤에도 꽤나 즐거운 세상이 있다는 걸 간과하기 때문입니다.

"손에 푸른 모 들고 논 가득 모내기를 하네. 고개 숙여 물 가운데 비친 하늘을 바라본다. 육근이 청정하여야 비로소 도를 알게 되나니. 뒤로 물러남이 본디 앞으로 나아간 것이라네"라는 불교 게송이 있습니다.

저는 불교에 몸담고 있으면서 우리가 인간관계에서 어떻게 하면 사이좋게 지내고, 타인과의 관계에서 어떻게 하면 즐거움을 얻는지에 관하여 깨달은 바가 있습니다. 여러분들도 다음 네 가지를 참고하시기 바랍니다.

①네가 옳고 내가 틀리다.
②네가 높고 내가 낮다.
③네가 있고 내가 없다.
④네가 즐겁고 내가 괴롭다.

2. 고요한 가운데 신심을 내려놓다

우리는 종종 "세상이 참 어지러워, 지금 사회는 소음도 너무 많아, 잠시 조용하고 편안하게 쉴 곳조차 찾을 수가 없어"라고 말하는 사람을 볼 수 있습니다. 고요한 것은 매우 중요합니다. 고요해야 먼 곳까지 이를 수 있고, 그 고요함 속에서 자신을 찾을 수 있으며, 고요함 속에서 지혜를 찾을 수 있습니다.

3. 자제에서 물욕을 억누르다

외부세계는 우리에게 너무도 많은 유혹을 보내고 있습니다. 감정, 금은보석, 집, 자동차 등등 모두가 유혹입니다. 현대의 젊은이 또한 확실히 대단하긴 하지만, 커다란 역량을 배양해야 외부세계와의 전쟁에서 승산이 있습니다. 마음을 닦는 것은 주로 번뇌 욕망과 싸우기 위해서입니다. 도덕과 수양을 통해 이러한 힘을 느낄 수 있으며,

인내와 자제는 유혹으로부터 승리하는 주된 역량입니다.

4. 텅 빔에서 인생을 안다

현대 젊은이의 인생관은 왜 거대하지 못하고 좁고 작은 걸까요? 허공처럼 넓고 크려면 '공空'에 대해 어느 정도 인식이 있어야 합니다. '텅 빔(空)', '없음(無)'을 일반인들은 불교에서 늘 얘기하는 용어라고 생각하며, 모든 사물에 대해 "사대는 모두 공하다"라는 말에 빗대어 얘기합니다. 하지만 이건 최고의 진리인 '텅 빔'의 의미를 다 이해하지 못한 것입니다. 일반인이 말하는 '공空'은 '텅 빔'의 관념이 있는 즉 '불공不空'입니다. 불교의 '공'은 지식이 아니라 체험에서 얻어지는 것입니다. 불교에서 말하는 '공'은 '만유의 인연' 위에서 이해해야 합니다.

탁자를 예로 들어봅시다. 여러분들은 탁자는 그저 목재로 만들어졌고, 커다란 나무를 베어 만들어졌으며, 그 나무는 또 한 알의 씨앗에서 자라났다고만 생각할 것입니다. 사실 이 모든 것들은 어떤 인연들이 우주와 결합되어야 우리 눈앞에 보이는 사물이 되며, 인생에서의 어느 인연 하나도 진공眞空에서 묘유妙有가 생겨나지 않은 것이 없다는 것을 설명합니다.

이상 참고할 만한 몇 가지를 말씀드렸는데, 젊은 친구들이 더 아름답고 훌륭한 인생관을 세우는 데 도움이 되었으면 합니다.

월간 『각세覺世』 1391期(1998. 12. 20)

마/음/에/새/기/는/글

- "물러남으로서 나아가라"고 하듯이, 때로는 한 발 물러나는 것이 한 발 나아가는 것보다 더 현명할 때가 있다. 바로 눈앞의 세계만 보고, 뒤에도 꽤나 즐거운 세상이 있다는 걸 간과하기 때문이다.

- 고요한 것은 매우 중요하다.

- 젊을 때 하루라도 빨리 지혜로운 인생관을 세우면, 더 탄탄하고 아름다운 경계의 인생을 걸어가게 될 것이다.

자신을 이기는 법

세상에는 사회 대중에게 복지를 가져다 준 위대한 혁명가들이 많이 있습니다. 그러나 소위 혁명가란 먼저 자신의 운명을 바꾸어야 합니다. 자신의 내면에 도사리고 있는 이기심, 탐욕, 성냄, 시기, 어리석음, 집착, 교만, 편견 등을 하나하나 다 제거해야 세상의 가엾은 중생을 위한 진정한 희생과 봉사를 할 수 있으며, 그래야 진정한 혁명가라 할 수 있습니다.

예를 들어 중국 근대사에서 국부 손문孫文 선생은 11차례의 혁명을 경험하고 청나라를 멸망시켰으며, 중화민국을 건립했다는 것은 익히 알고 있는 사실입니다. 그러나 그가 개혁한 것은 청나라의 봉건왕조뿐만 아니라, 자기 자신의 이기심과 잡념이었습니다. 그리하여 '천하위공 세계대동(天下爲公 世界大同: 하늘 아래 모든 것은 누구나 할 것 없이 공평하다)'의 이상을 위해 진력할 수 있었습니다.

지성선사至聖先師 공자孔子께서는 평생 배움에 게으르지 않고, 가르치는 것도 싫어하지 않았습니다. 심지어 "분발하면 밥 먹는 것도 잊고, 즐거움으로 근심을 잊으며, 곧 늙는다는 것조차 모른다"라고 하셨습니다. 삿됨과 위선을 철저히 배척하는 것이 군자와 성인이 수행해야 할 최고의 이상이라 여겨 평생 그것에 힘썼습니다. 그가 자신의 나태함과 나쁜 습관을 이겨낼 수 있었기에 원만한 도덕을 이루어 일대의 성인이 된 것입니다.

불교 내 조동종曹洞宗의 조사인 동산洞山 양개선사良价禪師는 구법을 위해 혈육의 정을 끊어내고 결연한 의지를 내비치는 '사북당서辭北堂書'를 써 모친께 보내어 마침내 모친의 축복을 받아냈습니다. 마침내 도업을 이루는 데 전념하여 중생을 널리 제도하였으며 한 시대의 조사가 되었습니다.

이상을 위해 희생과 봉사를 할 수 있고, 자신과 싸워 이기는 사람이야말로 진정한 승리자입니다. 왜냐하면 인생 최대의 적은 타인이 아닌 나 자신이기 때문입니다. 인생 최대의 승리는 적을 이기는 것이 아니라, 나 자신을 이기는 것입니다.

그러나 국·내외의 역사를 보면, 적지 않은 장군들이 비록 한때 적을 물리치고 승리를 얻었지만 욕심이 부른 자신의 야심을 이기지 못하고 결국 성공의 문턱에서 허물어지고 말았습니다. 나폴레옹, 스탈린, 히틀러, 알렉산더 등이 그 예라고 할 수 있습니다. 또한 근대 일본 군벌은 중국 땅을 노리고 침략을 감행하여 비록 짧은 시간이었지만 대만을 통치했었습니다. 하지만 결국에는 무조건 항복을 하는 지경에 이르렀습니다.

사실 인생의 여정에서 모든 사람은 자신의 이념과 완전 일치하지 않는 반대자들을 만나게 됩니다. 하지만 불교에서는 자신의 마음속에 있는 '팔만사천번뇌'야말로 자신의 진정한 적이라고 말합니다. 그들은 원수처럼 시도 때도 없이 나타나며 무찌르기가 가장 어렵습니다. 그래서 왕양명王陽明은 "산속에 있는 적은 잡기 쉽지만, 마음속에 있는 적은 잡기 어렵다"고 했습니다.

소위 '팔만사천번뇌'의 우두머리는 사실 탐·진·치입니다. 그들은 번뇌의 근본이자 인생 최대의 적입니다. 불교를 배우는 것은 자신의 번뇌 군단과 전쟁을 벌이는 것이고, 염불은 자신의 번뇌 습성을 바꾸려는 것입니다. 자신의 마음이 더 이상 이기심, 탐욕, 원한, 불만, 비교, 계산, 성냄, 시기 등의 감정에 점령당하지 않을 때가 곧 번뇌에서 벗어나는 것이요, 자신을 이기는 것입니다.

상당히 명성이 높은 타이난(台南)의 치메이(奇美)그룹 회장 쉬원룽(許文龍) 선생은 해마다 회사의 이윤을 직원들에게 돌려주고 있습니다. 그는 자신의 사욕과 탐욕, 점유 등을 이겨냈기에 직원들을 자신의 가족처럼 여길 수 있었고, 이익을 그들에게 나눠줄 수 있었으며, 모든 이에게 존경받는 기업가가 된 것입니다.

현재 타이베이(台北) 시장을 지내는 마잉지우(馬英株) 선생은 나아가야 할 때 나아가고 지켜야 할 때는 지키는 공직자입니다. 그는 원래 공직에 머물러 돈 버는 걸 원치 않았지만, 일단 국가와 국민이 그를 필요로 하자 결연히 자신의 뜻을 접었습니다. 그가 자신의 집착을 이겨내고 국가와 국민을 위해 선거전쟁에 뛰어든 것은 정치가의 모범이라 할 수 있습니다.

보통 기업을 경영하는 실업가는 업계의 패권을 노리지 않는 사람이 없고, 전쟁에 임하는 장군은 승전보를 원하지 않는 사람이 없습니다. 그러나 인생의 가장 큰 적은 타인이 아니라 자신의 마음입니다. 자신의 마음을 탈바꿈시키려 하지 않으면 비록 성공하더라도 그저 업적 면에서의 성취일 뿐입니다. 그것으로는 자신의 도덕적 인격이 원만할 수 없으며 명예상의 성공을 거둘 수는 없을 것입니다.

현재 대만의 대통령선거를 맞이해 장차 누가 당선이 되더라도 선거 경선에서는 모두 "내가 최고요"라는 믿음을 갖고, 낙선했을 때는 "당신이 최고요"라는 도량을 가지길 바랍니다. 모두가 편견과 사리사욕을 포기하고 함께 협력하여 국가를 위해 서로 돕는다면, 진정 자신을 이기는 사람이 될 것이며 진정한 승리자가 될 것입니다.

『인간복보人間福報』 시험발간호(2000. 3. 14.)

마/음/에/새/기/는/글

- 불교를 배우는 것은 자신의 번뇌 군단과 전쟁을 벌이는 것이고, 염불은 자신의 번뇌 습성을 바꾸려는 것이다.

- 인생의 가장 큰 적은 타인이 아니라 자신의 마음이다. 업적 면에서의 성취만으로는 자신의 도덕적 인격이 원만할 수 없으며 명예상의 성공을 거둘 수도 없다.

살생의 원인에 대한 밝은 판단
-모피 관련 화제에 대한 답변

며칠 전(2월 4일)에 불광산 화목기석예전花木奇石藝展 기자간담회를 가졌습니다. 예의를 표하는 의미에서 기자들이 떠나기 전 몇몇 기자를 접견해 인터뷰를 했습니다. 한 기자가 불현듯 제게 모피 제품을 입는 사람을 비난하고 질책해야 하는지를 물었습니다.

느닷없는 그의 질문에 저는 순간 어리둥절하였습니다. 방금 전 끝낸 화목기석예전의 주제와는 전혀 관련이 없고, 불광산에서 개최하는 화목기석예전에서 부르짖는 것은 생명의 승화와 마음의 평화이지, 모피와는 아무런 관련성도 없기 때문이었습니다. 굳이 토론을 한다면 아마 예술전 구역 내의 초식동물원이 그 범주에 들어가지 않을까 싶습니다.

하지만 불광산에서 초식동물원을 설립한 것은 생명의 교육적 측면에서 아동들에게 동물의 온화하고 선량함을 알게 하고, 내심의 자비와 생명에 대한 보살핌을 배양하고자 하는 데 그 취지가 있습니다.

당시 기자의 질문 의도를 정확히 알 수 없었던 저는 그저 "모피를 입는 사람들은 모피의 부드럽고 따뜻하며 아름답다는 각도에서 볼 뿐, 모피를 사려는 사람은 살생의 문제를 전혀 고려하지 않았을 것입니다. 그러나 우리는 근원을 거슬러 올라가 봐야 한다고 생각합니다. 동물을 무분별하게 포획하고 살상하는 것이야말로 가장 심각한 문제이며 사람들의 비난을 받아 마땅합니다"라고 대답했습니다.

저는 TV를 자주 보지 않지만 동물보호단체에서 촬영한 잔인한 동물살생 장면을 보면 늘 마음이 참 아픕니다. 그러나 만일 모피를 입는 사람을 비난하려면 반드시 모피를 제작하는 자를 비난하는 것이 먼저일 것입니다. 입는 사람이 없으면 사는 사람도 없고, 사는 사람이 없으면 죽이는 사람도 없을 테니 말입니다. 하지만 매사 모든 일은 앞뒤 원인과 결과가 있으니 이 문제에 대해서 우리는 반드시 원인적 측면을 따져봐야 합니다. 살생이 있기에 사는 사람이 있고, 사는 사람이 있기에 입는 사람이 있기 때문입니다.

구두, 가방, 의복, 일상용품 등 사람이 일상생활에서 사용하는 피혁제품의 종류 또한 많습니다. 이 모든 것은 사람들이 오랜 세월 사용되어 온 악습인데, 모피 입는 사람을 심하게 비난하기만 하고 '불살생'이라는 문제를 중시하지 않는다고 하면 문제의 근본을 진정으로 해결할 수 없습니다.

이상은 모피제품 관련 질문에 대한 저의 대답이었습니다.

『인간복보』(2005. 2. 7.)

마/음/에/새/기/는/글

- 모피를 사려는 사람은 살생의 문제를 전혀 고려하지 않았을 것이다. 그러나 우리는 근원을 거슬러 올라가 봐야 한다. 동물을 무분별하게 포획하고 살상하는 것이야말로 가장 심각한 문제이며 사람들의 비난을 받아 마땅하다.

- 입는 사람이 없으면 사는 사람도 없다. 매사 모든 일은 앞뒤 원인과 결과가 있으니 이 문제에 대해 우리는 반드시 원인적 측면에서 따져봐야 한다. 살생이 있기에 사는 사람이 있고, 사는 사람이 있기에 입는 사람이 있기 때문이다.

10차원 공간

독자 여러분, 상서로운 날 되십시오!

　우리는 '우주'라는 공간에 살고 있으면서도 이 '우주'를 완전히 이해하고 있지는 않습니다. '우주'란 네 방위와 위아래를 일러 '우宇'라 하고, 예로부터 지금까지를 일러 '주宙'라고 합니다. 그래서 '우주'는 바로 시간과 공간의 통칭입니다. 시·공간에 대해 알지도 이해하지도 못하는 우리가 어떻게 우주를 알 수 있겠습니까? '아미타불阿彌陀佛' 네 글자를 번역하면 '무량수無量壽' 또는 '무량광無量光'이라고 부릅니다. '무량수'는 '시간'을 초월한다는 의미이고, '무량광'은 '공간'을 초월한다는 의미입니다. 세상에 시·공간을 초월할 수 있는 것이 뭐가 있을까요? 바로 '진리'입니다. 그러므로 '아미타불' 네 글자는 우주의 진리입니다.

　사람이 살아가는 데는 시간과 공간이 필요합니다. 비록 무한한 시간 속에서도 수명에는 길고 짧음이 있고, 무한한 공간 속에서도 많고 적음의 공간이 있습니다. 그러나 우주가 우리에게 생존하도록 해 주지만 그 안에는 반드시 공존 공생할 수 있는 이치가 담겨져 있습니다.

　공간을 언급하다 보니, 수억 년의 탁마를 거치면서 인류가 알아낸 사실은, 우주에는 원래 10차원의 공간이 있다는 것입니다. 수십 년 전 2차원의 공간, 3차원의 공간만 알았던 우리는 차츰 4차, 5차, 6차까지 알게 되었고, 지금에 이르러 우주에는 10차원의 공간이 있다는 걸 분명히 알게 되었습니다. '10차원 공간'은 다음과 같이 설명할 수 있습니다.

1차원 공간
1차원 공간이 무엇일까요? '점'입니다. '점'이란 상자를 놓았을 때 각 모서리가 하나의 점이고, 이것을 점의 1차원 공간이라 합니다.

2차원 공간
2차원 공간은 무엇일까요? '선'입니다. 상자를 놓았을 때 두 모서리의 두 점을 이은 선을 말합니다. 이 직선을 물체의 2차원 공간이라 합니다.

3차원 공간
3차원 공간은 무엇일까요? '면'입니다. 놓인 상자의 윗면, 아래면, 측면, 즉 두 선으로 이루어진 평면이 곧 3차원 공간입니다.

4차원 공간
4차원 공간은 무엇일까요? '입체'입니다. 놓인 상자의 4개면으로 구성된 입체 체적이 곧 4차원 공간입니다.

5차원 공간

5차원 공간은 무엇일까요? 5차원 공간은 움직임의 공간, 즉 '속도'입니다. 공간이 있으면 여기에서 저기까지, 저기에서 여기까지의 속도가 있는 것이 5차원 공간입니다.

6차원 공간

6차원 공간은 무엇일까요? '온도'입니다. 물체가 이동할 때 서로 마찰하면서 반드시 '온도'를 생성하게 됩니다. 이것이 6차원 공간입니다.

7차원 공간

7차원 공간은 무엇일까요? '전기'입니다. 온도는 열을 발생시키고 그 열이 어느 정도 누적되었을 때 폭발해서 생겨나는 것이 '전기'입니다. 때로 옷에서 발생하는 '정전기'를 경험하게 되는데, 이걸 보면 반드시 공간이 있음을 알 수 있습니다.

8차원 공간

8차원 공간은 무엇일까요? 전기로 인해 생산되는 '소리와 빛'입니다. 작은 회로판에 불과한 DVD 안에 수많은 노래와 영화 등이 담겨져 있습니다. 소리와 빛이 존재할 수 있다니 공간이 있다는 것이고, 이것이 8차원 공간입니다.

9차원 공간

9차원 공간은 무엇일까요? 소리와 빛으로 인해 발생하는 '파동과 자기장'입니다. 소리와 빛은 외부로 전파되면서 공간에서 파동이 생기고 자기장이 생겨납니다. 그러므로 9차원 공간을 '파동과 자기장'이라 합니다.

10차원 공간

10차원 공간은 무엇일까요? 10차원 공간은 '마음'에 속한 공간이자 가장 차원 높은 공간이기도 합니다.

불법에서는 "마음이 허공처럼 커 무변하고 무량한 세계를 모두 품는다"고 말합니다. 모든 허공은 우리의 마음속에 있습니다. 세상에서 무엇이 가장 크냐고 묻는다면 그것은 바로 허공일 것입니다. 허공을 초월할 수 있는 것은 우리의 마음밖에 없습니다. 석가모니 부처님께서도 자신의 마음 본성을 알게 되어 성불하신 것입니다. 그러므로 우리가 부처님의 경계를 알고 싶다면 마땅히 그 뜻을 허공처럼 맑게 해야 합니다. 우리의 마음이 10차원의 공간에 도달하기만 하면 우주세계를 자연스럽게 이해할 수 있을 것입니다.

『인간복보人間福報 · 인간만사人間萬事』(2007. 6. 16.)

마/음/에/새/기/는/글

- '아미타불' 네 글자를 번역하면 '무량수' 또는 '무량광'이라고 부른다. '무량수'는 '시간'을 초월했다는 의미이고, '무량광'은 '공간'을 초월한다는 의미이다. 세상에 시·공간을 초월할 수 있는 것이 뭐가 있을까? 바로 '진리'이다. 그러므로 '아미타불' 네 글자는 우주의 진리이다.

- 수억 년의 탁마를 거치면서 인류가 알아낸 사실은, 우주에는 원래 10차원의 공간이 있다는 것이다. 10차원의 공간이란, '점', '선', '면', '입체', '속도', '온도', '전기', '소리와 빛', '파동과 자기장', '마음'이다.

- 세상에서 무엇이 가장 크냐고 묻는다면 그건 바로 허공일 것이다. 허공을 초월할 수 있는 것은 우리의 마음밖에 없다. 우리의 마음이 10차원의 공간에 도달하기만 하면 우주세계를 자연스럽게 이해할 수 있을 것이다.

다음 세대에게 정확한 인생관을

4월 보도에 타이베이 천모天母초등학교의 한 담임교사가 도덕교육 시간에 「지옥변상도地獄變相圖」 영상을 학생들에게 보여주었습니다. 영상에는 칼산을 오르고, 끓는 기름에 들어가고, 불기둥을 껴안는 등 지옥의 모습이 굉장히 사실적으로 묘사되어 있어, 시청하는 학생들이 공포에 떨었다고 합니다. 선생님의 이런 행동이 어린 학생들의 마음에 상처를 냈다는 이유로 몇몇 부모들이 학교에 항의하고, 시의원에게 진정서를 내는 등의 소동을 벌였습니다.

　이 사건을 바라보는 각 계층의 시각은 크게 달랐습니다. 사실 그 선생님의 행동이 옳았는지 여부는 토론의 여지가 있을 수 있지만, 학생에게 '선악에는 그 대가가 따른다'는 인과관념을 주입시킨다는 교육적 취지는 분명 긍정적입니다.

　중국인들의 전통 관념에서는 사람이 사는 세간에는 천당도 있고 지옥도 있습니다. 천당과 지옥은 선과 악, 인과관계를 대표하기 때문에 과거 민간에서 유행하던 『권세문勸世文』에서는 선을 행하도록 권해야 하고, 악은 절대 행하지 말라고 했습니다. 그렇지 않으면 장차 지옥에 떨어져 끝없는 괴로움을 겪게 된다고 했습니다.

　어린 시절 나도 일부 사찰에서 「십전염라변상도十殿閻羅變相圖」를 걸어놓은 것을 보았습니다. 그리고 성황묘에서도 '십전염라'상을 모시고 있습니다. 이 모두가 자신을 경계하고 "그 어떤 악도 짓지 말고, 모든 선을 행하라"라는 것이며, 그렇지 않고 불의를 행하면 반드시 응분의 대가를 치른다는 인과관을 보여주기 위함입니다.

불교에서는 지옥에 관한 재미있는 이야기가 있습니다.

어떤 사람이 천당과 지옥이 어떻게 다른지 알고 싶어 실제 참관해 보기로 했습니다. 지옥의 사람들은 길이가 1m나 되는 젓가락으로 밥을 먹는데, 반찬을 집어 자신의 입으로 가져가기도 전에 옆에 앉은 사람이 날름 가져다 먹습니다. 그러니 상대방을 탓하며 야단법석이었습니다. 천당의 사람들 역시 1m 길이의 젓가락으로 식사를 하지만 그들은 반찬을 집은 뒤 상대방에게 먹여주니 화목하고 즐거운 분위기였습니다.

천당과 지옥은 어디에 있을까요? 선한 마음을 먹고 남을 돕는다면 그곳이 곧 천당이고, 악한 마음을 품고 남을 해치려 한다면 눈앞이 곧 지옥일 것입니다. 그러니 천당과 지옥은 사실 우리의 마음에 있는 것입니다. 소위 "본래 지옥이 없으나 이 마음이 능히 지을 수도 없앨 수도 있다"는 것입니다. 우리가 항상 마음에 선한 생각을 품고 있다면 지옥에 간들 두려워할 것이 없습니다.

다원화된 현대사회에서 학교교육의 지식도 내용이 광범위해져야 합니다. 천당의 아름다움을 널리 알리는 것도 당연하지만, 지옥의 실상 역시 이해해야 합니다. 지옥이 눈에 보이지 않는다고 존재하지 않는 것은 아닙니다. 지금 보려 하지 않으면 스스로를 경계警戒하지 못하고, 삼가고 근신할 줄 모르며 어른이 돼서는 제멋대로 행동하게 되니 인생의 앞날 역시 위험하기 그지없습니다.

그러므로 선생님이 학생들에게 '권선징악' 관련 영상을 보여주는 것 역시 교육의 일환입니다. 심리학자와 정신과 의사, 심지어 의원들이 일방적으로 비난하고 학교 측을 질책하는 것은 피해야 하며 '목이 메어 식음을 전폐'하는 꼴이 되어서는 안 됩니다. 이것 역시 옳지 않습니다.

부모가 반대하는 것 역시 부모의 잘못된 교육입니다. 부모는 자녀를 사랑이란 명목으로 감싸기만 해서는 안 됩니다. 때로는 자녀들이 세간의 매서운 면도 직접 체험하고 인식할 수 있게 해주는 것 역시 교육입니다. 봄바람과 여름비가 만물을 소생시키듯, 가을 서리와 겨울 눈 또한 만물을 영글게 만듭니다. 다만 현재 많은 아이들이 풍족하고 안일하게 생활하며, 괴로움을 겪어보지도 않았고, 자신이 가진 것을 너무나 당연하게 생각합니다. 감사할 줄 모르는 것은 물론이거니와 자신의 뜻과 조금만 달라도 미워하고 남을 탓합니다. 마치 모든 것이 다 남이 잘못한 것이고 자신은 언제나 옳다는 것처럼 말입니다. 이것 역시 교육의 실패입니다. 그래서 저는 청년들이 장애인과 외로운 사람들을 위한 봉사를 하도록 적극 권합니다. 세상의 질고를 경험하면서 인간이 가진 선량한 본성을 끌어냄은 물론, 삶의 경력을 증가시킨다면 생명의 본질 및 인생의 의의와 가치에 대해 더욱 정확하게 인식할 수 있을 것입니다.

이 외에도 저는 지금의 가정교육도 옛 노래가사처럼 '위대한 아버지와 형'에서 '수고하시는 아버지와 어머니'를 느끼도록 해야 한다고 생각합니다. 자녀들이 부모의 신고辛苦를 이해하고, 쉽게 얻어지는 것은 없다는 것을 알아야 자녀들도 귀하게 여길 줄 알게 되고 은혜에 감사할 줄 알게 됩니다. 특히 인과관을 그들에게 주입시켜야 인생을 똑바로 바라보게 될 것입니다.

'지옥변상도' 사건을 통해 저는 청소년 혹은 아이들이 사회성이 없어 현실생활을 할 수 없다는 것을 알았습니다. 유감스러운 것은, 그들이 하루빨리 인생을 알고, 정확하게 생활을 직시하도록 도와줄 줄 모른다는 것입니다. 이것은 참으로 근심스런 일이면서도 우리가 반성하고 직시해야 할 문제이기도 합니다.

『연합보聯合報』&『인간복보』(2008. 11. 19.)

마/음/에/새/기/는/글

- 천당과 지옥은 사실 우리의 마음에 있는 것이다. 본래 지옥이 없으나 이 마음이 능히 지을 수도 없앨 수도 있다. 우리가 항상 마음에 선한 생각을 품고 있다면 지옥에 간들 두려워할 것이 없다.

- 부모는 자녀를 사랑이란 명목으로 감싸기만 해서는 안 된다. 때로는 자녀들이 세간의 매서운 면도 직접 체험하고 인식할 수 있게 해주는 것 역시 교육이다. 봄바람과 여름비가 만물을 소생시키듯, 가을 서리와 겨울 눈 또한 만물을 영글게 만든다.

- 지금의 가정교육도 옛 노래가사처럼 "위대한 아버지와 형"에서 "수고하시는 아버지와 어머니"를 느끼도록 해야 한다. 자녀들이 부모의 신고후꿈를 이해하고 쉽게 얻어지는 것은 없다는 것을 알아야 자녀들도 귀하게 여길 줄 알게 되고 은혜에 감사할 줄 알게 된다. 특히 인과관을 그들에게 주입시켜야 인생을 똑바로 바라보게 될 것이다.

총통의 졸음

오늘자 『연합보』와 『중국시보』 등 각종 매체는 마잉지우(馬英九) 총통이 꾸벅꾸벅 조는 모습을 일제히 보도했고, 그것은 수많은 사람들의 관심을 불러 일으켰습니다.

존경하는 총통 각하, 수고 많으십니다!

조는 것이 나쁜 것은 아닙니다. 학생이 수업 중에 흥미가 없으면 졸 수 있습니다. 일이 너무 피곤하고 힘써 하다 보면 조는 수도 있습니다. 공무원도 공무를 처리하다 가끔 책상에 기대 조는 수도 있습니다. 행군을 오래 하다 보면 길가에 앉아 잠시 졸기도 합니다. 심지어 너무 일찍 일어나서 스님도 아침예불을 하다가 졸기도 합니다. 공장이든 사무실이든 출근하고 난 후 차 마시며 쉬는 휴식타임이 꼭 있는데, 총통의 쉬는 시간은 어디 있는가요?

조는 것이 가끔 정말 멈추기 어려울 때가 있습니다. 총통은 분명 매일 산더미 같은 일을 처리하고 잠도 부족하며 늘 장황한 보고, 심지어 따분하기도 한 설명까지 들어야 하니 어쩔 수 없이 슬쩍 조는 수밖에 없을 것입니다. 다만 그가 총통이기에 졸지 않으면 주의를 끌 일도 사진을 몰래 찍힐 리도 없을 것입니다. 학생이 졸면서도 한편으로 선생님의 강의를 들으면서 펜을 잡고 있는 것과 같고, 길 가던 사람이 나무에 기대있는 걸 보고 풍경을 감상한다고 생각하지만 실제로는 졸고 있을 수 있습니다. 입정에 든 승려를 보았더라도 그가 졸고 있는 것일 수도 있습니다.

아기는 엄마의 품에서 졸고, 어린이는 아빠 엄마를 붙잡고 걸어가다가 힘들면 졸기도 합니다. 남자든 여자든 한 손으로 턱을 괴고 생각하는 것처럼 보이지만 사실 졸고 있을 수도 있습니다. 노인은 심지어 눈을 뜨고 잠잘 수도 있다고 합니다. 조는 것은 지나치게 피로할 때 나타나는 생리현상이며 쉬는 것이 마땅하지만, 마잉지우 선생은 총통의 신분이기에 휴식을 할 수 있는 시간이 많지 않습니다. 그래서 저는 총통, 당신은 앉아서도 졸고 있다니 정말 존경스럽다고 말하고 싶습니다.

저는 어려서부터 무척 부지런했습니다. 부지런한 게 지나쳐 늘 졸곤 했습니다. 강연하시는 스님들의 경문을 듣다가 흥미가 없어지면 저는 곧바로 수면의 세계로 빠져들었습니다. 하지만 조는 것도 5분이면 충분할 정도로 무척 짧았습니다. 불교에서는 아침저녁 예불과 각종 법회 등을 시작할 때 '향찬香讚'을 부릅니다. '향운개보살마하살香雲蓋菩薩摩訶薩'까지 부르고 절을 올리는데 이 절 한 번에 십 여 초, 길면 1분 정도가 걸리기도 합니다. 저는 그 짧은 순간에도 잠깐 잠들었다 깨어나기도 합니다.

처음 불학원을 시작했을 당시는 종종 불쌍한 엄마들이 머리가 좋지 않은 아이들을 불광산으로 보내오곤 했습니다. 이씨 성을 가진 한 소년이 있었는데, 중학생 정도 나이가 됐는데도 지능은 초등학교 3학년 정도에도 미치지 못했습니다. 보통 이런 학생들을 '따이과(呆瓜: 얼간이)'라 부릅니다. 이 아이를 받아들인 뒤에도 어디에 배치시켜야 할지 제 자신도 알 수가 없어 학생들과 함께 수업을 듣게 했습니다. 하루 6시간 수업하는데 못 알아듣기 때문에 매일 아침 첫 시간부터 6시간을 내내 잠만 잤습니다. 선생님이 또다시 수업시간에 잠자게 놔둔다면 가르치러 오지 않겠다고 할 정도였습니다.

그래서 저는 선생님께 "자비심을 가지십시오, 아직 어린아이인데도 6시간을 꼬박 앉아서 잘 수 있는 것도 실력입니다"라고 말했습니다. 그래서 제가 선생님이 됐을 때 저는 학생들이 수업을 들으면서 조는 것이 아니라 듣고 이해하도록 강의를 잘 해야겠다고 늘 다짐했습니다.

제 자신의 어린 시절을 돌아보면, 새벽 3시에 기상해 밤 11시 종 칠 때까지 각종 소임을 도맡아 하다 보니 매일 잠이 너무 부족했습니다. 그래서 종종 절을 하고서는 일어나지 못하고 그대로 바닥에 엎드려 잠이 들곤 했습니다. 법당에 계신 선생님이 늘 발로 차서 날 깨우곤 했지만, 전 원망하지 않았습니다. 저는 당연하다고 생각했습니다. 예불을 드리면서 어떻게 잠을 잘 수 있겠습니까? 그래서 제 자신을 훈련시켜 지금은 서서도 잘 수 있고, 앉아서도 잘 수 있으며, 틈나면 제가 자고자 할 때 졸 수 있습니다.

저는 비록 졸긴 하지만, 삶은 수십 년에 불과해도 제 일의 수명만큼은 300세 이상까지 늘릴 수 있다고 자신합니다. 수십 년간 저는 휴가도 없었고 주말에 쉬지도 않고 늘 바쁘게 시간을 쪼개어 쓰고, 매일 혼자서 다섯 사람 몫의 일을 해왔습니다. 스무 살부터 대중을 위해 봉사하기 시작해서 80세가 됐으니 60년간 일한 셈입니다. 그러니 300세 아닙니까? 올해로 87세인 저는 바쁜 것이 나를 키우는 영양분이요 즐거움임을 깨달았습니다. 심지어 의자에 앉아 조는 것도 더할 나위없는 행복이라 생각합니다.

그러나 지나치게 조는 것은 나쁜 습관입니다. 부처님이 설법하는 동안, 아나율 존자가 조는 모습을 보시고 부처님이 큰소리로 말씀하셨습니다. "그대가 법문 시간에 졸고 있는 것은 수행자의 자세라고 할 수 없다. 한번 자면 천년이 지나니 부처님의 이름을 듣지 못한다." 부처님은 아나율 존자에게 가르침을 주고자 꾸짖으신 것입니다. 하지만 만약 바쁘게 일한 뒤에 졸았다면, 놀라 의아해기보다는 충분히 동정할 만한 가치가 있었을 겁니다. 부끄러운 마음이 든 아나율 존자는 이후 더욱 열심히 공부하여 결국 눈까지 실명되고 말았습니다. 부처님께서 그에게 권하여 말하기를 "모든 생명은 음식이 있어야 생존이 가능하다. 눈 역시 마찬가지이니라"라고 말했습니다. 아나율은 부처님께 눈의 음식은 뭔지 물었습니다. 부처님은 "휴식이 곧 눈의 음식이다"라고 말씀하셨습니다. 그러므로 적당한 수면 역시 옳은 것입니다.

마잉지우 총통의 조는 모습은 언론기자에게는 가장 흥미로운 기사거리였겠지만, 여러분들은 이해심을 가져야 할 것입니다. 총통은 분명 매우 힘든 자리입니다. 그러니 그를 위로하고, 총통께서는 공사로 바쁘더라도 짬을 내 좀 더 쉬었으면 좋겠다는 마음을 가지십시오. 과거 마잉지우 총통은 '멋쟁이'였었는데 일에 너무 치여 폭삭 늙어 보인다면 안 되지 않겠습니까? 마 총통이 사무 성격의 업무 일부를 관련 직원에게 분담하여 처리토록 하는 것도 좋을 것 같다고 건의합니다. 어쨌든 아직까지는 체력과 맑은 정신을 유재해야 가장 훌

룽한 지도 효과를 볼 수 있으니 말입니다.

현재 시진핑 중국 총서기가 '중국의 꿈(中國夢)'을 제창했는데, 총통께서는 무슨 꿈을 꾸셨나요?

- 일본 도쿄에서 부침

『연합보』(2013. 5. 22.) & 「인간복보」(2013. 5. 23.)

마/음/에/새/기/는/글

- 잠이 부족하면 누구도 조는 수밖에 없다. 총통은 분명 매일 산더미 같은 일을 처리하고 잠도 부족하며 늘 장황한 보고까지 들어야 하니 어쩔 수 없이 슬쩍 조는 수밖에 없을 것이다. 다만 그가 총통이기에 조는 것이 주의를 끌었고 사진도 몰래 찍혔다. 이것의 숨은 의미는 "정말 애 많이 쓰십니다"라는 것이다.

- 아나율 존자는 이후 더욱 열심히 공부하여 결국 눈까지 실명하고 말았다. 부처님께서 그에게 권하여 "모든 생명은 음식이 있어야 생존이 가능하다. 눈 역시 마찬가지이니라"라고 말씀하셨다. 아나율은 부처님께 눈의 음식은 뭔지 물었다. 부처님은 "휴식이 곧 눈의 음식이다"라고 말씀하셨다. 그러므로 적당한 수면과 가끔 조는 것 또한 지극히 정상적이다.

- 총통도 마땅히 적당한 수면을 취해야 한다. 체력과 맑은 정신을 유지해야 가장 훌륭한 지도 효과를 볼 수 있으니 말이다.

> 회향
>
> ## 산 위에 별 구름 머무네

글/ 고희균

1.
까오슝의 불광산에
한 해 몇 차례 찾아오네.

산 위에는 별 구름(星雲) 있고,
별 구름에는 지혜가 있네.

산 위에 있는 별은 더욱 높고
산 위에 있는 구름은 더욱 깨끗하다네.

2.
까오슝의 부처님 기념관에
한 해 몇 차례 찾아오네.

기념관 안에는 큰스님 계시고,
큰스님에게는 자비로움 있다네.

큰스님 삼호三好운동 추진하니 삼호는 누구에게나 좋다네.
큰스님 사급四給운동 추진하니 사급은 누구에게나 베푼다네.

(2015. 3. 6.)

2장
자고사
慈苦事

내려놓아야 인생의 고비苦悲에서 벗어난다

장기이식의 의의

①생명의 연장, ②자원의 활용, ③재물 보시, ④동체공생

불교에는 다음과 같은 우화가 있습니다. 한 여행자가 길을 가다 여인숙을 지나쳐 노숙을 하게 되었습니다. 황량한 들판에서 작은 절을 발견하고 좀 편하게 쉴 수 있을 거라 생각했습니다. 그런데 한밤이 되자 시체를 짊어진 작은 귀신이 하나 나타났습니다. 여행자는 "내가 귀신을 맞닥뜨리다니!"라며 놀라 그 자리에서 얼어붙고 말았습니다. 이때 또 큰 귀신이 들어오며 작은 귀신에게 소리쳤습니다.

"야, 너 왜 내 시체를 메고 가?"

그러자 작은 귀신이 대답했습니다.

"무슨 소리야, 이건 내 것이라고. 네 것이라는 증거 있어?"

두 귀신은 다투기 시작했습니다. 여행자는 너무 무서워 벌벌 떨고 있었습니다. 이 모습을 보고 작은 귀신이 "야, 탁자 밑에 또 한 사람이 있잖아!" 그러면서 "무서워하지 말고 나와 봐. 이 시체가 누구의 것인지 네가 판결 좀 해줘!"라고 말했습니다. 여행자는 마음속으로 '이래나 저래나 오늘 죽을 운명이라면 진실이나 말하고 죽자'라고 생각했습니다. 그리고는 "이 시체는 작은 귀신 거요"라고 말했습니다. 그 말을 듣고 화가 난 큰 귀신이 그의 왼팔을 잘라 아작아작 두세 번 만에 삼켜 버렸습니다. 그 모습을 본 작은 귀신은 자신을 도와

준 사람인데 그냥 두고 볼 수 없어 시체의 왼팔을 떼어다 그에게 붙였습니다. 여전히 화가 나 씩씩거리던 큰 귀신이 이번에는 오른팔을 떼어다 깨끗이 먹어치웠습니다. 그러자 이번에도 작은 귀신은 시체의 오른팔을 떼어다 여행자에게 붙여주었습니다. 큰 귀신이 여행자의 손을 먹어치우면 작은 귀신은 시체의 손을 떼어다 붙이고, 큰 귀신이 여행자의 발을 먹으면 작은 귀신은 시체의 발을 갖다 붙였습니다. 악몽 같은 시간이 지나고 두 귀신은 휙 사라졌습니다. 홀로 남겨진 여행자는 망연자실하며 생각했습니다.

'난 도대체 누구지?'

이 이야기는 불경 가운데 있는 우화의 한 편입니다. 비록 '사대본공, 오온비아(四大本空, 五蘊非我: 사대는 본래 공하니, 오온 가운데 나라는 것이 없다)'가 주제이긴 하지만, 이야기의 줄거리는 오늘날의 장기이식과 통하지 아닐까 합니다.

장기이식은 근대의학기술의 커다란 업적입니다. 목숨이 경각에 달린 수많은 사람의 생명이 장기이식으로 연장되었고, 그로 인해 기증자의 자비정신이 널리 알려지게 됐습니다. 장기이식은 몸속의 재물을 보시하는 것입니다. 부처님께서도 당시 살을 떼어 매에게 먹이시고 몸을 호랑이에게 먹이로 던져 주셨습니다. 소위 '행하기 어려운 것을 행하고, 참기 어려운 것을 참는다'라는 것입니다. 2천여 년 전 부처님께서는 이미 우리들에게 최고의 모범을 보이셨는데, 지금에 와서 얼마 안 있어 부패할 몸뚱이를 폐품 활용처럼 하면 안 되고, 인간 세상에 남기기가 그렇게 아까울까요?

당신이 각막을 기증하면 타인에게 광명을 가져다주는 것이고, 심장을 기증하면 타인에게 생명의 동력을 주는 것이며, 골수를 기증하면 생명의 물줄기를 타인의 생명 속에 집어넣는 것입니다. 장기이식은 타인에게 생기를 불어넣는 것이자, 자신의 생명을 연장시키는 것이기도 합니다.

장기이식은 자타의 경계를 허물고, 온전한 시신을 유지하려는 미신을 타파했습니다. 또한 자비의 마음을 실천했으며, 동체공생의 생명을 실현했습니다. 마음만 있다면 누구나 장기이식을 할 수 있고, 장기이식을 통해 우리는 자비와 사랑을 영원히 이어나갈 수 있습니다.

성대成大병원 개원 13주년 기념(2001. 6. 15.)

마/음/에/새/기/는/글

- 장기이식은 몸속 재물을 보시하는 것이다. 부처님께서도 당시 살을 떼어 매에게 먹이시고 몸을 호랑이에게 먹이로 던져 주셨다. 소위 '행하기 어려운 것을 행하고, 참기 어려운 것을 참는다'는 것이다. 얼마 안 있어 부패할 몸뚱이를 폐품 활용처럼 하면 안 되고, 인간 세상에 남기기가 그렇게 아까울까?

- 장기이식은 타인에게 생기를 불어넣는 것이자, 자신의 생명을 연장시키는 것이기도 하다.

7월에 관하여

7월에는 칠교절七巧節, 중원절中元節, 그리고 불교의 우란분절盂蘭盆節, 지장보살地藏菩薩 탄신일 등 많은 명절이 있습니다. 그 밖에 미국에는 독립기념일이 양력 7월 4일이고, 일반 학교도 7월에 여름방학을 하며, 연합고사 발표 역시 7월에 있습니다. 심지어 7월은 학생들의 즐거운 여름방학일 뿐만 아니라 일본에서는 음력 7월 우란분절에는 직원들이 고향에 돌아가 조상에게 제를 지내도록 회사와 상점이 일주일 쉽니다.

'칠七'은 특별하고도 변화가 무궁하며, 무한한 것을 내포한 숫자입니다. '칠'일을 일주일이라 하고, 7월은 또한 하반기의 시작이기도 합니다. 불교에는 선칠禪七, 정칠淨七이 있으며, '칠칠사십구七七四十九'는 무한하다는 뜻입니다. 그렇지만 오랜 세월 음력 7월은 '귀월鬼月'이라 불리며, 일을 처리하기에 좋지 않은 달로 인식되어 왔습니다. 그래서 7월에는 먼 길 떠나면 안 되고, 결혼이나 수술, 집 구매, 이사 등을 하길 꺼립니다. 이렇게 갖가지 일이나 행동을 하지 말아야 한다는 것은 분명 도교의 7월 백중에는 귀신 문이 활짝 열린다는 사상과 관련 있을 겁니다. 이로 볼 때 중국의 민간풍속은 도교신앙과 깊은 관련이 있다고 할 수 있습니다.

그러나 민간에서는 7월이 귀신의 그림자가 어른거린다고 할지라도, 사실 불교에서는 7월을 승가와 신도가 부모의 은혜에 감사하고 효를 다하며 복을 빌고 수양하는 '길상월吉祥月', '공덕월功德月', '복전월福田月', '승가월僧伽月', '보은월報恩月', '효도월孝道月'이라고 생각합니다. 불교에서 음력 7월을 '효도의 달'이라 칭하는 것은 효를 행하고 부모님의 은혜에 보답하며 널리 승려에게 공양하도록 권하는 데 의미가 있습니다. 물론 그 공덕은 산 자나 죽은 자 모두를 이롭게 하는 것입니다. 그 공덕을 통해 민간에서 돼지와 양을 마구잡이로 잡아 상다리 부러지게 차려놓고, 귀신들에게 제사를 지내 무수한 생명들이 인간의 칼 아래 짓밟혀 입 속으로 들어가는 희생물이 되는 이런 악습을 타파했습니다. 그러므로 7월이 되면 보통 사찰에서는 대부분 '우란분절보은효친법회盂蘭盆節報恩孝親法會'를 열고, 신도들은 승가를 공양하고 조상에게 제를 지내는 커다란 보시공덕을 행합니다.

'우란분'이란 곧 '구도현(救倒懸: 거꾸로 매달림을 구제함)'의 뜻입니다. 『불설우란분경佛說盂蘭盆經』에는 다음과 같이 나와 있습니다. 목련존자가 육신통六身通을 얻고 난 뒤 키워주신 부모님의 은혜에 보답코자 천안天眼으로 보니, 어머니가 아귀지옥에서 먹지 못하고 피골이 상접한 몰골로 밤낮없이 고통을 겪고 있었습니다. 그래서 목련존자는 발우에 음식을 가득 담아 어머니에게 드렸지만 어머니가 지은 악업이 너무 많아 음식이 모두 불꽃으로 변해버렸습니다. 목련존자는 어머니가 그 고통에서 벗어나게 하고 싶어 부처님께 그 방법을 청했습니다. 부처님께서는 7월 15일 스님의 하안거 결제일에 백 가지 음식을 접시에 가득 담아 삼보에 공양하면 그 공덕으로 7대 조상들이 아귀지옥의 고통에서 벗어날 수 있으니, 사람으로 태어나 복락을 누릴 것이라고 말씀했습니다. 7월 15일에 우란분절 법회를 거행해 부처님과 승가에 공양 올리는 것은 부처님 시대부터 지금까지 이어져 오고 있다고 볼 수 있습니다. 그리고 공승供僧을 제창하는 의미에 대해, 제가 보기에 모든 승려가 다 같이 한자리에 모이는 날을 빌어 모두에게 강습의 기회를 주는 것이라 생각합니다. 또한 공승법회 중 고승·대덕의 법문과 강의를 잘 들음으로써 자신의 시야를 넓히는 것은 물론, 신지식을 흡수하도록 하고, 동시에 이 기회를 빌려 모든 출가자의 복장과 예의, 그리고 제도 등을 통일되게 하고 각 도량의 스님들이 서로 우의를 나누는 장이 되며, 생각을 서로 소통하며 공통된 인식에 도달하게 하는 것입니다. 이것이 공승법회를 거행하는 진정한 의의라고 생각합니다.

이 밖에도 오랜 세월동안 제가 줄기차게 호소해 온 것이 있습니다. 불교계가 '삼보절' 건립이라는 공통된 인식을 가지길 희망해 왔습니다. 4월 8일 부처님 탄신일인 '불보절'에는 관불을 하고, 12월 8일 부처님 성도재일인 '법보절'에는 납팔죽(臘八粥: 음력 12월 8일 먹는 죽)을 만들어 부처님께 공양합니다. 7월 15일 부처님의 환희일歡喜日과 스님들의 자자일自恣日인 '승보절'에는 '우란분 법회'를 빌어 다 같이 복전에 씨앗을 심기를 제창합니다.

'승가'는 인천人天의 복전福田입니다. 공승은 사실 삼보에 공양하는 것입니다. 마땅히 불법승을 위주로 하여 불법을 오래도록 뿌리내리게 해야 합니다. 현재 공승 법회는 해마다 더욱 성대해지고 있으며 사회 각계인사들의 주목을 받고 있습니다. 그래서 최근에는 불광산에서 적극적으로 '도량재승공덕회향법회道糧齋僧功德回向法會'를 제창하였습니다. 재승공덕의 의의가 풍성하고 왁자지껄한 공양이 아닌 판도辦道를 위한 공양이고, 개인에 대한 공양이 아닌 대중에 대한 공양이며, 한 끼 공양이 아닌 한 해 공양이고, 한때 공양이 아닌 영구한 공양으로 넓어지기를 희망합니다.

심지어 효친보은공승법회를 거행하는 것은 물론, 불광산에서 세운 각 분원과 별원들도 7월에는 정성을 다해 호지護持해주신 시주와 그 가족들에게 독경회향을 하고 있으며, 육도의 모든 산 것들을 평등하게 제도한다는 불교의 특성에 따라 정기적으로 유가염구瑜伽焰口와 삼시 계념(繫念: 생각을 한곳에 집중함) 참회예불을 거행하는데, 제불에 대한 이 한 달 간의 불사 법회를 빌어 민간에서 '귀신의 달'이라 보는 7월을 조상의 제사를 귀중히 지내며 부모의 은혜에 감사하는 '효도의 달'로 바꾸고자 하는 데 주된 목적이 있습니다. 또한 7월에 관한 민간의 갖가지 미신을 타파하고, 민간의 근거 없는 말들을 따라 이러니저러니 말들을 하여 사회대중이 7월만 되면 다들 몸을 사리느라 안절부절 못하니 매사가 이러해서는 안 됩니다. 사실 불교에서는 '날마다 좋은 날이요, 달마다 좋은 달이다'라고 말합니다. 그러므로 7월에도 하고자 하는 일 뭐든 다 해도 좋으며, 터무니없는 말 때문에 생활의 리듬을 깨뜨리고 더구나 함부로 이것저것 의심하느라 도리어 마음에 그림자를 씌우지는 말아야 할 것입니다.

불광산의 각 분원, 별원에서 항상 7월의 법회에 내가 법문해주길 요청하므로 이렇게 간략하게나마 서술합니다.

『인간복보』(2005. 8. 15.)

마/음/에/새/기/는/글

- 불교에서 음력 7월을 '효도의 달'이라 칭하는 것은 효를 행하고 부모님의 은혜에 보답하도록 권하는 데 의미가 있다.

- 불교에서는 '날마다 좋은 날이요, 달마다 좋은 달이다'라고 말한다. 그러므로 7월에는 하고자 하는 일 뭐든 다 해도 좋으니, 터무니없는 말 때문에 생활의 리듬을 깨뜨리고 더구나 함부로 이것저것 의심하느라 도리어 마음에 그림자를 씌우지는 말아야 7월을 바라보는 정확한 인식일 것이다.

재난 구호에 국경은 없다

5월 12일 사천성에 규모 7.9의 강진이 발생해 민가와 병원, 학교 등 건물이 대부분 붕괴되고 수많은 사상자를 냈습니다. 근래 보기 드문 사건이었습니다. 매일 전해오는 매체의 보도에 의하면, 당국은 심각한 재난정보를 외부로 내보내길 원하지 않고 있으며, 세계 각국의 인도적 차원의 구조 역시 달가워하지 않는다고 합니다. 이에 대한 저의 작은 견해를 피력하고자 합니다.

1. 천재지변은 인재가 아닙니다

비 한 방울 내리지 않아 가물 때도 있고, 비가 너무 많이 와 재해가 되기도 하며, 태풍과 지진까지 모두 사람의 힘으로 막을 수 있는 것이 아닙니다. 천재지변이 날 때마다 수많은 사상자가 발생하는 것 역시 사람의 잘못이라고 할 수는 없습니다. 그러므로 재해 상황을 은폐할 필요는 없습니다. 마땅히 실제 상황을 신속하게 보도하여야 합니다. 이렇게 한다고 해서 국가의 체면이 깎이는 것이 아닙니다. 그저 세계 각국의 동정심을 불러 일으켜 재난 구호 활동에 더욱 많은 도움을 받는 것이 중요합니다.

2. 세계 인류는 모두 서로 돕는 형제이자 친구와 같습니다

친구가 어려울 때 내가 나서서 도와주고, 내가 어려울 때는 친구가 기꺼이 도와줍니다. 이것이 바로 인정의 고귀한 점입니다. 이번 사천 지진이 발생하자 세계 각국에서는 앞 다투어 인력과 물자, 자금 등 각종 재난 구제의 손길을 제공하겠다고 발표했습니다. 이것은 '재난에는 국경도 없다'는 인도주의 정신을 보여준 것일 뿐만 아니라, 이 나라가 지극히 많은 인연을 가지고 있다는 것을 보여줍니다. 호감을 가지고 있는 나라에게만 세계 각국이 구호의 손길을 내밀 수 있습니다. 그러므로 세계 각국의 관심에 대해 당당하게 받아들여 인연 있는 사람에게 도움을 베풀어야지, 선연을 배척해서는 안 됩니다.

3. 재난 발생 시 모두 '골든타임'이라는 것이 있습니다

이 시간을 장악할 수 있어야 일분일초라도 더 빨리 생명을 구해내 살릴 수 있습니다. 그래서 재난현장에서는 질서 유지가 아주 중요하며, 불필요한 인원들은 한걸음 물러서서 구조요원들의 구조 활동에 방해가 되지 않도록 해야 합니다.

4. 지진발생시점부터 지금까지 이미 72시간의 골든타임이 지났습니다

이어서 재난민의 마음을 위로하고 심리 상담을 해주는 것이 물과 음식을 제공하는 것 못지않게 중요합니다. 그러므로 앞으로는 상담 요원 또는 종교 인사를 장기적으로 상주하게 해 재난민의 마음을 위로하고 다시 일어서려는 신념을 갖게 해야 합니다. 집을 새로이 건축

할 팀을 만들어 이재민들에게 몸과 마음을 편히 쉴 수 있도록 다시 집을 지어주어야 합니다. 그리고 사망자는 안식하도록 해주고, 부상자는 치료를 받을 수 있게 하며, 생존자들에게는 미래에 대한 믿음과 희망을 가지도록 해야 합니다. 이것이 가장 급선무일 것입니다.

결론적으로, 이번 사천 지진은 수많은 사상자를 냈습니다. 보도를 통해 예상해 보건대 10만 명 정도가 될 것으로 보입니다. 숫자가 얼마이냐는 것도 중요하지만 후속조치 역시 하루 이틀 만에 해결할 수 있는 것이 아닙니다. 다행스러운 것은 현재 한국, 러시아, 일본, 싱가포르 등 주변국가와 대만의 홍십자회, 법고산法鼓山, 자제공덕회, 불광산 등 종교단체들에서도 내미는 구호의 손길을 받아들이고 있다는 것입니다. 참으로 현명한 행동입니다. 중국이 이와 같은 세계관을 품을 수 있고 대중에게 모든 것을 공개한다는 것은 실로 커다란 발전이라 아니 할 수 없습니다.

앞으로 전 세계의 인연 있는 사람들이 모두 "타인이 배고프면 나도 배고프고, 타인이 물에 빠지면 나도 물에 빠진다"는 자비심을 가지고 다함께 사랑을 내어 재난민이 하루빨리 이 난관을 벗어날 수 있도록 도와주시기를 바랍니다.

『연합보』(2008. 5. 17.)

마/음/에/새/기/는/글

- 천재지변이 사람의 잘못이라고 할 수는 없다. 세계 각국의 인도적 차원의 구조를 받아들여야지, 선연을 배척해서는 안 된다.

- 국가와 국가 간에는 서로 도와야 한다. 친구가 어려울 때 내가 나서서 도와주고, 내가 어려울 때는 친구가 기꺼이 도와준다. 이것이 바로 인정의 고귀한 점이다. 위정자들이 이와 같은 세계관을 품을 수 있다는 것 역시 커다란 발전이다.

화를 복으로 돌리는 법

오늘로 8월 8일의 수재가 발생한 지 한 달이 지났습니다. 비록 정부의 재난복구 업무가 지지부진하고 재난민이 다시 보금자리로 돌아갈 날도 아직 요원하지만, 재난 발생 후 정부와 국민이 합심하고 종족과 당파, 종교를 초월해 재난 구호작업에 뛰어들어 아름다운 인정의 손길을 충분히 보여주었습니다. 몸을 사리지 않고 재난 현장에 뛰어들어 희생된 경찰관, 소방대원과 자원봉사자들의 숭고하고 찬란한 성품에 전 국민이 깊은 감동을 받았습니다.

그분들과는 달리, 일부 언론이 재난 상황 보도 외에 비난의 화살을 정부 관리에게 겨누었습니다. 재난 구호에 온 힘을 쏟지 않는다고 비난하는가 하면, 심지어 '모 부처의 수장은 사퇴해야 한다', '모 장관은 전 국민에게 사죄하라' 등 정치평론적 성격의 제목에, 직접 이름을 거론하기까지 했습니다.

이성을 망각한 이러한 욕설과 비평에 대해 재난 기간 대만을 여행하던 한 중국인이 홍콩 매체에 투서하기도 했습니다. 그는 재난 기간 동안 투숙했던 호텔에서 TV를 시청할 때마다 보고 듣는 것 모두가 당국자, 재난구조대, 군 당국 등에 대한 비난의 목소리뿐이었고, 다른 목소리는 전혀 들을 수 없었다고 합니다. 그는 매우 흥분하여 다음과 같이 말했습니다.

"5분 동안 뉴스를 시청하나 2시간을 시청하나 별 차이가 없고, 한 채널을 시청하든 다섯 개 채널을 시청하든 별 차이가 없었다."

결국에 그는 이렇게 반문했습니다.

"이러한 민주주의가 도대체 무슨 의미가 있습니까?"

그는 이와 같은 말을 덧붙였습니다.

"정부를 감독하고, 이재민을 위한 공무원의 협조를 독촉해 문제 해결을 도울 수 있는 것이 언론의 할 일이지만, 맘대로 관리의 이름을 거명하며 물러나라 해서는 안 된다고 생각합니다. 왜냐하면 재난을 눈앞에 두고 경험 있는 공무원을 사임시켜 다른 사람으로 바꾼다면 후임자가 마주해야 할 업무 환경은 어떻겠습니까? 그러면 또 최일선에서 뛰는 책임자는 어떡해야 합니까? 언론이 그저 비난하고, 심지어 비방만 하고 끊임없이 부정적인 말만 내놓는 것이 언론매체의 진정한 기능이란 말입니까?"

소위 '민주'란 남을 욕할 때 갖다 붙이는 것이 아닙니다. 더군다나 혼란을 조장하는 데 언론매체가 앞장서서는 안 됩니다. 참된 발전을 이룬 민주국가는 '존중과 포용'의 민주적 모습을 보여주어야 합니다. 민주적 소양을 갖춘 전문 언론인은 정부의 불합리한 대책에 대해 이성적이고 객관적이며, 긍정적이고도 건설적인 건의를 해야 합니다. 무조건 비평하거나 헐뜯어서는 안 됩니다.

이 한 달 간 재난 구호에 애를 썼던 것은 민간단체뿐만이 아니었습니다. 사실 행정원, 내정부, 국방부, 교통부 등 정부의 각 부처에서부터 지방정부까지 모든 공무원들이 움츠리지 않고 온 힘을 다해 재난 구호에 뛰어들었습니다. 그들이 잘못하였거나 충분히 하지 못했더라도 무턱대고 맹목적으로 비방해서는 안 됩니다. 비방은 일을 완성시키지 못함은 물론, 오히려 화합을 저해할 뿐입니다.

유감스러운 것은 이 기간 동안 언론의 비난의 소리가 여전히 들려오고, 대통령과 행정원장이 재난 지역을 방문해 위로할 때 역시 거듭해서 항의의 목소리를 높였다는 것입니다. 국민들에 의해 선출된 대통령은 국민의 공복公僕인 듯 국민에게 봉사하기 위해 이토록 마음을 썼는데 더 비난할 이유가 있을까요? 그렇다면 타이완은 반드시 이 '욕설'이라는 것으로밖에 민의를 전달할 수 없단 말인가요? 꼭 타이완을 이 비난의 소리에 묻혀 끊임없이 깊은 물속으로 가라앉혀야 하겠습니까?

옛말에 '가화만사성家和萬事成'이라 했습니다. 가정이 매일 다투고 싸우기만 한다면 과연 그 가정이 잘될 수 있을까요? 즐거운 집이라 말할 수 있을까요? 비난의 소리가 끊이지 않는 사회라면 부강하고 편안해질 수 있을까요? 그래서 오랫동안 저는 줄곧 '좋은 일하고, 좋은 말하고, 좋은 마음을 갖자'는 '삼호三好'운동을 제창해 왔습니다. 저는 모든 일은 좋은 방향으로 생각해야 하고 타인에게 격려와 칭찬을 아끼지 말아야 한다고 생각합니다. 한 차례의 지적과 비평은 오로지 정반대의 결과를 낳을 뿐입니다. 만일 모두 재난 속에서 서로 돕는 정신을 발휘하여 아름다운 인성의 본질을 끌어내고 화목한 사회를 다함께 건설한다면 재난이 비록 '화禍'일지라도 '전화위복轉禍爲福'이 되지 않겠습니까?

다른 사람의 장점을 취하여 자신의 단점을 보완하라고 했습니다. 홍콩 언론에서 발간한 중국인 독자의 글 "재난구조를 비평하는 언론을 지켜보며"란 글을 보고, 느끼는 바가 있어 재난 발생 한 달이 지난 시점에서 이상의 의견을 피력하니, 언론매체와 전 국민이 자신을 돌아보는 계기가 되길 바랍니다.

『연합보』(2009. 9. 8.)

마/음/에/새/기/는/글

- 소위 '민주'란 남을 욕할 때 갖다 붙이는 것이 아니다. 더군다나 혼란을 조장하는 데 언론매체가 앞장서서는 안 된다. 참된 발전을 이룬 민주국가는 '존중과 포용'의 민주적 모습을 보여주어야 한다.

- 가정이 매일 다투고 싸우기만 한다면 과연 그 가정이 잘될 수 있을까? 즐거운 집이라 말할 수 있을까? 비난의 소리가 끊이지 않는 사회라면 부강하고 편안해질 수 있을까? 좋은 일하고, 좋은 말하고, 좋은 마음을 갖자. 모든 일은 좋은 방향으로 생각하고 타인에게 격려와 칭찬을 아끼지 말아야 한다. 지적과 비평은 오로지 정반대의 결과를 낳을 뿐이다.

- 만일 모두 재난 속에서 서로 돕는 정신을 발휘하여 아름다운 인성의 본질을 끌어내고 화목한 사회를 다함께 건설한다면, 재난이 비록 '화禍'일지라도 '전화위복轉禍爲福'이 되지 않겠는가?

폭력

현대사회에 가정폭력 문제가 심각합니다. '폭력'이란 강제로 상대방에게 압력을 행사하며 타격을 입히는 것입니다.

과거 정치적 권력을 가진 사람은 정치 폭력을 자행했습니다. 사회에서는 파벌을 이뤄 집단적으로 폭력을 행사했습니다. 떼 지어 남의 재물을 약탈하는 도적떼들은 폭력을 행사해 선량한 사람을 해치며 폭리를 취하고자 했습니다. 현대사회에는 지방의 세력이 있고, 여론의 폭력이 있으며, 암흑가의 위해 등이 있습니다. 폭력이 어쩜 그렇게나 많을까요? 폭력에 대해 간략하게 서술해 보고자 합니다.

1. 상대를 향한 주먹질과 발길질은 신체적 폭력

현대사회에서 어떤 사람들은 말 한마디 없이 다짜고짜 주먹을 날리거나 자신의 뜻과 조금만 어긋나도 발길질을 날립니다. 공공기물을 훼손하고 물건을 집어 던지기도 하며, 툭하면 신체에 폭력을 가하는 사람도 있습니다. 한쪽에서 말다툼이 시작되면 다른 한쪽에선 벌써 무기를 들고 나서는 광경도 우리는 종종 목격하곤 합니다. 폭력적 성격이 아니라면 굳이 주먹질, 발길질을 할 필요가 있을까요? 주먹은 꽉 쥐고 있어야지, 아무렇게나 휘두르지 않는 것이 참된 힘입니다. 두 발은 굳건히 서있어야 힘이 생기는 것이지, 함부로 뻗어서는 안 됩니다. 무릇 주먹질, 발길질 좋아하는 사람은 자신의 단점을 스스로 드러내 보이는 것이며, 본인의 이미지를 스스로 훼손하는 것일 뿐입니다.

2. 적절하지 못한 어휘와 시비조의 말은 언어폭력
말을 하면서 중간 중간 조롱하는 듯한 말, 심지어 비수가 깔린 말을 자주 쓰는 사람이 있는데 이건 언어의 폭력입니다. 사회에서는 말 한마디 맞지 않는다고 서로 치고받거나 농담 한 마디로 논쟁이 끊이지 않는 경우가 많습니다. 어휘 사용이 적절하지 못하고 시비조로 말하는 것은 폭력이 되고, 결국 이로 인해 서로 원수가 되기도 합니다. 단체의 투쟁이나 국가의 전쟁 대부분은 서로 대화가 통하지 않아 시작되는 분쟁폭력입니다.

3. 악독한 심사는 생각의 폭력
"밝은 곳에서 쏘는 총구는 피하기 쉽지만, 어둔 곳에서 쏘는 화살은 방비하기 어렵다"라는 말이 있습니다. 늘 어둠 속에서 타인을 해칠 궁리만 하고, 비수 같은 말로 타인을 아프게 하거나 죄명을 뒤집어씌워 함정에 빠지게 만드는 사람이 있습니다. 해치려는 사람은 늘 보이지 않는 곳에 숨어 있기에 음모를 쉽게 성공시킬 수 있습니다. 그래서 이러한 생각의 폭력이 가장 무서운 것입니다. 열 길 물속은 알아도 한 길 사람 속은 모른다고 했습니다. 타인을 겨냥한 마음속 음모와 폭력은 몹시 조심하여 경계하지 않으면 안 됩니다.

4. 오염 공해는 환경 폭력

현대인들의 환경보호 의식이 고개를 들고 있습니다. 그러나 공중도덕이 결여된 일부 사람들은 쓰레기를 길가에 함부로 버려 수질을 오염시키고 타인의 생사는 상관없이 개천가에서 비닐 등 쓰레기를 태워 다이옥신이라는 유해물질을 발생시켜 공기를 오염시키기도 합니다. 심지어 무분별하게 벌목하고 물줄기를 끊어버리며, 폐기가스를 불법으로 배출하고 산비탈을 과도하게 개발하기도 합니다. 이처럼 생태환경을 파괴하고 환경을 오염시키는 행위는 모두 환경에 대한 폭력이라고 말할 수 있습니다. 인체의 건강을 해치는 것은 물론 후대 자손이 생존해 나갈 지구를 파괴하는 것이기도 합니다. 이처럼 대중에게 해를 끼치고 환경에 대해 폭력을 가하는 사람은 사회대중 누구나 질책할 수 있습니다.

5. 무분별한 포획과 살상은 생태계 폭력

위에서 얘기한 환경폭력 외에 지금은 생태계를 파괴하는 폭력이 적지 않게 자행되고 있습니다. 예를 들어 무분별한 포획과 살상은 이미 공공연한 일이 되었고, 국보급 조류와 어류, 산짐승 등을 포함해 수많은 보호동물이 자주 사냥되고 포획됩니다. 일부 사람은 작은 이익을 얻고자 위법임을 알면서도 포획과 살상을 자행해 생태계를 파괴하는 폭력을 행합니다. 환경보호가와 생태학자가 거듭해 호소하고 있지만 포획자들은 여전히 제멋대로 하고 있습니다. 심지어 어떤 사람은 자선이란 명목으로 '방생'이라 아름답게 포장하지만, 사실은 방사放死여서, 사람들로 하여금 안타까움에 두 손을 두들부들 떨게 만들기도 합니다.

6. 무분별한 개발은 자원 폭력

미국은 비록 지하자원이 풍부하지만 정부가 개발을 제한하고 있어 필요한 석유를 모두 대량 외국에서 사오고 있습니다. 이것은 자원을 보호하고 과도한 개발을 방지하기 위해서입니다. 하지만 멀리 내다보지 못하는 일부 국가에서는 아무 것도 아랑곳하지 않은 채 그저 가까운 이익만을 바라보고 있습니다. 사실 세계의 각종 광물은 모두 수량이 제한되어 있습니다. 유한한 자원을 모두 소비하게 된 다음에는 미래의 우리 자손들이 어떻게 생존할 수 있을까요? 그러니까 인식 있는 인사가 나서서 무분별한 개발이라는 폭력행위를 근절시켜야 합니다. 그렇지 않으면 장차 어떻게 후대 자손들을 대할 수 있겠습니까?

『인간복보·인간만사』(2009. 1. 5.)

마/음/에/새/기/는/글

- 주먹은 꽉 쥐고 있어야지, 아무렇게나 휘두르지 않는 것이 참된 힘이다. 두 발은 굳건히 서 있어야 힘이 생기는 것이지, 함부로 뻗어서는 안 된다. 무릇 폭력은 자신의 단점을 스스로 드러내 보이는 것이며, 본인의 이미지를 스스로 훼손하는 것이다.

- 어휘 사용이 적절하지 못 하고 시비조로 말하는 것은 폭력이 되고 결국 이로 인해 서로 원수가 되기도 한다.

- 생태환경 파괴, 환경오염, 과도한 개발 등은 모두 환경에 대한 폭력이라고 말할 수 있다. 인체의 건강을 해치는 것은 물론 후대 자손이 생존해 나갈 지구를 파괴하는 것이기도 하다.

개방

중국은 개혁개방 이후 정치가 발전을 이루었고 경제는 성장했으며 사회는 안정되었고 국제적 역량 역시 계속 상승하고 있습니다. 이 모든 것은 곧 '개방'의 공이라 할 수 있습니다. 현재 일부 국가에서는 위험에 처하면 움츠러드는 타조와 같은 마음으로 쇄국정책을 취하고 있습니다. 자신을 달팽이 껍질 속에 숨기고 열지 않으면 크게 될 수가 없습니다. 이민을 받아들이지 않아 지금은 저출산 국가가 된 일본은 인구의 동력이 점점 감소해 부득이 이민을 개방하기로 했습니다. 말레이시아는 회교를 국교로 하는 나라로 사우디아라비아처럼 외국기업의 투자를 허락하지 않았습니다. 그러나 국내 경제가 부진하자 후에 총리조차도 외국의 상업자본이 들어오길 원했고 개방을 통해 국가가 생존해 나가길 희망했습니다. 싱가포르는 줄곧 전 세계의 우수한 인재를 흡수했습니다. 건축사, 엔지니어 등 우수한 인재면 모두 갖가지 특혜를 주면서 나라의 문을 활짝 개방해 인재들을 환영하고 있어서 비록 국토는 작지만 국력은 강합니다.

개방은 먼 훗날을 내다보고 하는 것입니다. 개방은 더 넓어지게 할 수 있습니다. 미국은 이민국입니다. 미국의 뉴욕과 샌프란시스코, 로스앤젤레스 등은 인종전시장과 같습니다. 오늘날 미국이 세계를 이끌 수 있었던 주된 요인은 개방이었습니다. 또한 미국학교에는 전 세계에서 받아들인 유학생이 백만 명 이상이 되고 현대인들 역시 미국에서 교육을 받은 걸 자랑스럽게 생각하니, 미국은 개방을 통해 더욱 커진 것입니다.

　미래세계를 가늠해보면 반드시 한 국가, 한 종교, 한 종족이 모든 걸 점유할 수는 없고 반드시 개방해야만 합니다. 그렇다면 어떻게 개방할 것인가요?

1. 대외통로를 개방해야 한다

국가마다 이웃한 국가들과 도로를 개설하고 통로를 개방해야 합니다. 해상에서는 항구가 세계 일부 국가와 서로 연결되니, 서로 왕래하도록 개방해야 합니다. 항공 역시 서로 개방해 인재를 교류해야 하고 관광 역시 서로 오가도록 해야 합니다. 통로가 개방되기만 하면 경제면에서 모든 화물이 막힘없이 유통되고, 인재가 구름처럼 모여들게 되며, 문화면에서 서로 교류하게 되니 개방된 국가와 사회만이 발전할 수 있습니다.

2. 낡은 사상은 개방해야 한다

일부 국가와 국민은 여전히 집단이기주의라는 낡은 사상을 고집하고 있습니다. 큰 포부도 없고 미래 청사진도 없이 타인이 내 이익을 가로채지나 않을까 전전긍긍합니다. 그러나 사실 현대사회에서는 이익을 모두가 나눠가져야 합니다. 현재 온 세상에 '음악에는 국경이 없다', '종교에는 국경이 없다', '사랑에는 국경이 없다'라는 관념이 점점 만연하고 있습니다. '국경이 없다'는 의미는 더 넓게 품을 수 있다는 것입니다. '모두를 포용하기에 더욱 커진다'라고 했습니다. 포용해야 더욱 커질 수 있습니다. 앞으로 우리들은 어느 나라가 위대해질까를 알려면 개방하는 정도를 보면 될 것입니다.

3. 폐쇄적 마음을 개방해야 한다

폐쇄적 생각이든 폐쇄적 마음이든 우선 개방을 해야 국가 사회의 개방을 가져올 수 있습니다. 중국 고대의 '제자백가'는 모두 유명한 사상가이면서 모두 매우 개방적이었습니다. 장자는 우화에서 모든 사람들이 개방적이고 흉금이 넓어야 천지와 어깨를 나란히 할 수 있다고 독려했습니다. 하지만 현대인들의 생각과 마음은 모두 매우 협소하고 이기적이며 자기중심적입니다. 한유韓愈가 말한 우물 안 개구리와 같습니다. 하늘이 작다고 말하지만, 사실 하늘이 작은 것이 아니라 실제로는 자신의 생각이 작은 것입니다.

4. 내적 불성을 개방해야 한다

부처님께서는 '사람은 저마다 불성을 가지고 있다'고 하셨습니다. 하지만 사람이 가진 불성은 무명에 덮여 있기 때문에 증득할 수가 없습니다. 불성은 곧 법신이며 내 생명의 본체이기도 합니다. 법신은 허공과 같아 삼라만상을 포용합니다. "만일 부처님의 경계를 알고자 한다면, 마땅히 그 뜻을 허공처럼 맑게 하여야 한다"고 했습니다. 그래서 우주의 본체를 인식하고 싶다면 먼저 불성을 열어야 합니다. 평등한 불성을 열었는데 더 이상 포용하지 못할 것이 뭐가 있겠습니까?

『인간복보·인간만사』(2009. 1. 31.)

마/음/에/새/기/는/글

- 경제면에서 모든 화물이 막힘없이 유통되고, 인재가 구름처럼 모여들게 되며, 문화면에서 서로 교류하게 되니 개방된 국가와 사회만이 발전할 수 있다.

- 현재 온 세상에 '음악에는 국경이 없다', '종교에는 국경이 없다', '사랑에는 국경이 없다'라는 관념이 점점 만연하고 있다. '국경이 없다'는 의미는 더 넓게 품을 수 있다는 것이다. '모두를 포용하기에 더욱 커진다'라고 했다. 포용해야 더욱 커질 수 있다. 앞으로 어느 나라가 위대해질까를 알려면 개방하는 정도를 보면 된다.

타협

이 세상에는 서로 다른 국가, 민족, 종교, 문화, 생활, 이념 등 수천 종류의 서로 다른 것이 있습니다. 서로 다른 인류가 그토록 많이 세간에서 살고 있는데 어떻게 평안할 수 있겠습니까? 다행스럽게도 총명한 인류는 수많은 다름을 서로 포용하고 공존해 나가는 방법을 생각해냈습니다. 그게 바로 '타협'입니다. 예를 들어 보겠습니다.

1. 당파 정쟁에는 타협이 필요하다
세상에는 수많은 논쟁이 있지만, 가장 심각한 것은 아마도 당파간의 정쟁일 것입니다. 정쟁이 시작될 때 쌍방에게 가장 필요한 것은 승리를 쟁취하는 것입니다. 한쪽이 승리하고 다른 한쪽이 패한다고 칩시다. 수많은 힘을 소모하고 또 많은 대가를 치르기 때문에, 승리했다고 쳐도 얻는 것보단 잃는 것이 더 많을 것입니다. 세상에서 가장 큰 승리는 바로 타협입니다. 삼가 권합니다. 당파의 인사들은 타협을 배울 줄 알아야 합니다. 이것이 당파 정쟁을 없애는 지극히 귀중한 보물입니다.

2. 노사분쟁에는 타협이 필요하다
과거 국가들은 영토를 차지해 더욱 강력한 세력을 갖고자 전쟁을 일으켰습니다. 앞으로 국가 간에는 반드시 '경제전쟁' 승리가 새로운 전쟁의 신무기가 될 것입니다. 국제간에만 '경제전쟁'이 있는 것이 아니라, 국내에서도 경제전쟁이 있습니다. 노사분규가 바로 심각한 경제전쟁이고, 동맹파업 역시 경제전쟁입니다. 홍콩의 케세이퍼시픽항공은 노사분규 때문에 직원들이 파업하고 조종사들도 비행을 거부하기도 했습니다. 타이베이 시의 상공업계는 몇 년 전 연말 보너스를 위해 적지 않은 노동자들과 점원들이 파업쟁의를 시작했습니다. 일단 이런 사태가 발생되면 사회 전체가 마비되고 대중의 생활에 큰 불편을 끼치게 됩니다. 그러므로 가장 좋은 해결방법은 노사 쌍방이 마주앉아 타협점을 찾아내는 것입니다. 양측 모두가 승리를 얻을 수 있다면 더할 나위 없이 기쁜 일이고 가장 고귀한 일이라 하겠습니다.

3. 문화 차이에는 타협이 필요하다

국가마다 서로 다른 문화가 있습니다. 뿐만 아니라 한 국가 내에서도 산지에 거주하는 원주민과 평지에 거주하는 주민 사이에도 문화적 차이가 있습니다. 중국의 변경에 거주하는 민족에게는 자신만의 고유한 문화가 있습니다. 자신의 문화를 유지하기 위해 투쟁까지도 불사하고 이로 인해 무고한 인명의 사상자를 내기도 합니다.

만일 모두 서로 타협할 수 있다면, 서로 다른 가운데 같음을 구하고 서로 같은 가운데서도 다름이 존재한다는 것을 안다면 서로 다른 문화를 상호 존중하고 포용할 수 있습니다. 타협하고자 한다면 서로 포용하지 못할 게 뭐가 있겠습니까? 사람들은 정치의 최고 예술이 바로 타협이라고 말합니다. 사실 세상의 문화 가운데 최고의 경계는 역시 타협일 것입니다.

4. 입장의 차이에도 타협이 필요하다

인류 논쟁의 원인은 대부분 입장 차이에서 기인합니다. 국가에는 국가의 입장이, 민족에게는 민족의 입장이, 사회에는 사회의 입장이 있습니다. 선비는 선비의 입장이 있고, 관리는 관리의 입장이 있지요. 너는 너대로의 입장이 있고, 나는 나대로의 입장이 있듯 각기 서로 다른 입장이 있기 때문에 서로 적대시하고 다툼이 발생하며, 서로 포용하지 못합니다. 사실 입장이 다르다는 것은, 그저 모두의 시각이 일치하지 않기에 서로 다른 입장이 생기는 것입니다. 만일 생각을 조금만 바꿀 수 있다면, 내가 상대방이고 상대방이 나라고 입장을 서로 바꿔볼 수 있다면 생각은 또 달라질 것이고 분열은 일어나지 않을 것입니다. 한 국가 안에도 서로 다른 일원들로 구성되어 있습니다. 공무원, 군인, 교사 등이 있고, 사농공상에 종사하는 사람도 있습니다. 만일 모두 입장에서 생기는 편견을 버리고 서로 타협하여 공존해 나갈 수 있다면 그것이 곧 원만한 인생일 것입니다.

5. 사상의 차이에는 타협이 필요하다

수많은 차이 가운데 사상이 다른 것이 가장 심각합니다. 자고이래로 인류는 이견을 가진 존재를 용납하지 않아 왔습니다. 정치적 입장이 다르고 문화와 사상이 다르다는 이유로 해를 입거나 살해당한 사람이 어찌 천만 명 뿐일까요? 사상이 다른 것이 정말 그토록 심각하고 대단한 것일까요? 지금 누군가가 '사상의 자유'를 부르짖는다고 해도 사실상 그러한 이상적인 경계와의 거리는 멀고도 멉니다. 우리는 그저 서로 다른 사상의 사람들이 서로 타협하고 공생공존할 수 있기를 바랄 뿐입니다. 이렇게 되면 이미 더할 나위 없이 좋을 것입니다.

『인간복보·인간만사』(2009. 2. 9.)

마/음/에/새/기/는/글

- 사람들은 정치의 최고 예술이 바로 타협이라고 말한다. 사실 세상의 문화 가운데 최고의 경계는 역시 타협일 것이다.

- 한 국가 안에도 서로 다른 일원들로 구성되어 있다. 만일 모두 입장에서 생기는 편견을 버리고 서로 타협하여 공존해 나갈 수 있다면 그것이 곧 원만한 인생일 것이다.

전쟁의 불길

1939년 노구교盧溝橋 사변은 일본이 중국을 침략해 중일전쟁의 불씨를 당긴 사건입니다. 그리고 1941년 일본은 진주만을 공격해 세계대전에 불을 붙였습니다.

전쟁의 불길은 반드시 전쟁터에서만 있는 것은 아닙니다. 입법원立法院이 개회하고, 입법 위원들이 난투극을 벌인 것은 입법원의 전쟁 불길입니다. 건축공사장에서 공사인부들이 싸움을 벌이는 것은 공사장의 전쟁 불길입니다. 전쟁의 불길이 있다면 그 불을 끄는 것이 필요합니다. 그렇지 않으면 전쟁의 불길이 널리 퍼져 사회의 손실은 이루 헤아릴 수 없게 됩니다.

그러면 우리는 어떠한 불길을 잡아야 할까요? 또 어떻게 불길을 없앨 수 있을까요?

1. 가정의 불길, 인내와 양보가 필요하다

가정에서 부부싸움은 심각한 전쟁의 불길입니다. 동서지간의 불화, 고부간의 다툼, 형제간의 싸움, 자매간의 불화, 모두 가정 내의 전쟁 불길입니다. 가정의 불길은 비록 총이나 칼을 들이대는 것은 아니지만 집기들이 깨지고, 문과 탁자 등이 부서지며, 고성이 오가고, 결국 온가족 누구 하나 편안할 수가 없게 됩니다.

이런 가운데 누구 하나가 참고 양보한다면 전쟁의 불길은 사그라지지 않을까요? 비록 피 튀기는 설전은 없지만 온 가족이 소리 없는 냉전 속에 있어도 생활하기 편치 않은 것은 마찬가지입니다. 가족의 일원은 누구나 화목한 가정을 건설하고 즐거운 인간세상을 만들 책임이 있습니다. 화목한 가정을 만들려면 참고 양보하여야 하며, 즐거운 인간세상을 만들려면 칭찬과 격려가 필요합니다.

2. 직장의 불길, 소통이 필요하다

전쟁의 불길이 꼭 가정에서만 일어나는 것은 아닙니다. 직장 내에서도 전쟁의 불길이 일어날 수 있습니다. 직장에서 동료들과 함께 일하다가 어느 한쪽이 불공평하다고 느끼거나 억울하고 섭섭하다고 느끼게 되고 그 감정들이 더 이상 참을 수 없는 때가 되면 전쟁의 불길이 시작되고, 그 골이 깊어져 누가 옳고 그른지를 분명히 말하기 어려워집니다.

일반 공공장소 또는 사적인 공간에서 전쟁의 불길을 당긴 사람은 비교적 이유가 타당하지 않은 사람입니다. 쟁의를 해결할 수 있는 수많은 길이 있는데 굳이 서로 욕설을 퍼부어야 하겠습니까? 당신이 전쟁의 불길을 멈추고 고요하게 하려고 해도 영원히 멈출 수 없습니다. 당신이 본래 이치에 합당했다 해도 전쟁의 불씨를 당긴 사람이 당신이라면 사람들은 잘 받아들이려 하지 않을 것입니다. 그러므로 대화를 통해 푸는 것이 최선입니다.

3. 인사人事의 불길, 무아無我가 필요하다

인간 세상에는 재물이 있는 곳이라면 논쟁이 끊이지 않습니다. 이익이 있는 곳이라면 논쟁이 끊이지 않습니다. 명성이 있는 곳이라면 논쟁이 끊이지 않습니다. 세상에는 그저 인간과 관련된 것이라면 한 사람은 그럴 수 있다고 쳐도, 두 사람 또는 그 이상 사람들의 논쟁은 멈추기 어렵습니다.

그 많은 논쟁은 모두 '나'로 인해서 비롯됩니다. 만약 '무아無我'라는 관념을 가지고 있거나, 타인을 으뜸으로 치고 자신을 그 다음에 놓는다면, "금전, 이익, 명예와 지위 모두 당신이 먼저 가지시오. 내 것이 아닌 것은 난 한 푼도 취하지 않겠소. 마땅히 내 것이라면 당신들이 먼저 따져보고 더 많이 요구한다면 난 섭섭해도 양보할 수 있소"라고 할 수 있습니다. '자아제일自我第一'을 하지 않는다면 논쟁이나 전쟁의 불길 같은 것은 없지 않겠습니까?

4. 경기장의 전쟁 불길, 승복이 필요하다

경기장 역시 전쟁의 불길이 타오르기 쉬운 곳입니다. 그래서 중요한 경기에는 늘 경찰이 배치돼 질서를 유지합니다. 주로 경기장의 경기가 치고받는 무술경기처럼 되지 않을까 걱정하는 것입니다. 예를 들어 경기하는 팀마다 엄격한 훈련을 거쳐 승패에 상관없이 모두 기꺼이 결과에 승복한다면, 또 이기고 지든 상관없이 규정에 따른다면, 그리고 경기장의 경기가 얼마나 격렬하든 기꺼이 심판에 복종하기만 한다면 온 세상이 태평할 것입니다.

5. 국제간의 전쟁 불길, 화해가 필요하다

전쟁의 불길이 가장 심각한 곳은 국제간의 전쟁이라 할 수 있습니다. 예를 들어 1, 2차 세계대전, 심지어 누군가는 앞으로 제3차 세계대전이 일어나지 않을까 우려하기도 합니다. 우리는 미국이 아프간과 전쟁을 치르고, 다시 이라크와 전쟁을 벌이며, 심지어 중동의 이스라엘과 아랍 사이의 전쟁을 위해 원정하는 것을 보았습니다. 미래에 양안해협이 장차 화약고가 되는 게 아닌지 우려하는 사람도 있습니다.

전쟁은 가장 잔인하고 가장 의미 없는 행동입니다. 우리는 전 세계의 지성을 가진 이들에게 호소합니다. 사회가 이미 이토록 발전된 시대까지 왔는데 어째서 평화를 도모하지 않고 서로 도발하는가? 어째서 또다시 전쟁의 불씨를 당기려 하는가? 인류가 오로지 전쟁의 불길을 멈추고 국제간 화해를 도모해야 비로소 세계에는 평화로운 날이 올 것이며, 인류는 비로소 편안한 날들을 보낼 수 있을 것입니다.

『인간복보·인간만사』(2009. 2. 15.)

마/음/에/새/기/는/글

- 전쟁의 불길이 있다면 그 불을 끄는 것이 필요하다. 그렇지 않으면 전쟁의 불길이 널리 퍼져 사회 손실은 이루 헤아릴 수 없게 된다.

- 전쟁의 불길을 멈추고 고요하게 하려고 해도 영원히 멈출 수 없다. 당신이 본래 이치에 합당했다 해도 전쟁의 불씨를 당긴 사람이 당신이라면 사람들은 잘 받아들이려 하지 않을 것이다. 그러므로 대화를 통해 푸는 것이 최선이다.

- 전쟁은 가장 잔인하고 가장 의미 없는 행동이다. 오로지 전쟁의 불길을 멈추고 국제간 화해를 도모해야 비로소 세계에는 평화로운 날이 올 것이며, 인류는 비로소 편안한 날들을 보낼 수 있을 것이다.

> 회향
>
> # 생명칠칠生命七七, 운단구구雲端九九
> – 성운대사의 88세 생신에 즈음하여

■ 글/ 고희균

1. 생명 칠칠生命七七

올해(2014년)는 항일전쟁(1937년) 칠칠사변이 발생한 지 77년이 되는 해이다. 천하문화출판사에서는 『우리 생명 안의 77년』(장작금張作錦·왕력행王力行 편집)을 출판했다. 8년간의 항일전쟁은 중국인들의 삶을 산산조각 냈다. 나라와 가정이 패망하여 이리저리 걸식하며 유랑하게 만들어 씻을 수 없는 상처를 남겼다.

성운대사는 책 속에 그 시대를 회고하는 장편의 글을 썼다. 당시 겨우 열 살이었던 대사께서는 남경대학살에 대해 들었고, 일본군의 잔혹한 행위를 보았으며, 특히 서하진에서 출가하여 수행하게 된 인연에 대해 회고했다.

칠칠七七은 우리가 태어났던 그 시대의 사라지지 않는 생명으로 변했다.

2. 생일팔팔生日八八

8월 17일 불광산에서 위대한 종교자의 88세 탄신을 경축하는 행사가 열렸다. 불광산은 화인華人세계에서 자비와 신앙, 개방과 창의의 상징과 같다. 성운대사의 지혜는 오를 수 없을 정도로 높고, 성운대사의 도리는 가늠할 수 없을 정도로 깊다. 만일 '한 생각'으로 모든 것을 바꿀 수 있다면, 불광산은 '좋은 생각'을 만들어 낼 수 있는 최적의 장소이고, 성운대사는 당신에게 '좋은 생각'을 하게 해주는 인물일 것이다. 국내외 대중 모두에게 친숙한 '삼호(三好: 좋은 마음을 갖고, 좋은 말을 하고, 좋은 일을 한다)'운동의 발원지가 바로 여기이다. 대사를 만날 때마다 여러분은 그에게서 감동을 받게 될 것이다.

긴긴 인류역사에서 매 세기마다 위인이 나온 것은 아니었으며, 매 시대마다 존경받는 지도자가 나온 것도 아니다. 65년 전 23세의 양주揚州 화상이었던 그는 반세기 동안 한발 한발 내딛으며 온 마음을 다해, 한해 내내 쉼 없이 공정하게 봉사해 왔고, 이미 화인세계에서 가장 큰 존경과 숭앙을 받는 불교지도자가 되었다. 타이완의 우리들은 무슨 행운으로 이런 분을 만날 수 있었던 걸까? 특히 그는 타이완과 화교사회에 깊은 영향을 끼쳤다.

성운대사께서 견지하고 있는 것은 반세기 동안 줄곧 발전하고 전파시키며 실천하고 있는 인간불교이다.

중화민국 설립 이래로 '백 년 만의 인물'이고 '민족의 빛'인 이 불교지도자는 지혜와 재능으로 심오한 불교교리를 친근한 도리로 바꿨고, 굳센 의지와 창의로 이러한 불교의 이치를 생활 속에서 모범으로 보이도록 바꿨으며, 감화력과 실천력으로 반세기만에 불광산, 불교대학, 미술관, 국내외 대학 5곳을 건립했다. 또한 향해출판사香海出版社, 인간위시人間衛視방송국, 『인간복보』 신문사, 그리고 장엄하고 아름다운 기념관을 세웠다.

이것은 국내외의 무수한 신도들의 자발적인 힘이 결집된 증거이다. 이것은 인간불교에서 감화된 유형有形의 힘이다. 또한 이것은 성운대사의 자비와 지혜에 의해 탄생한 종합적인 힘이다.

3. 운단구구雲端九九

디지털 혁명은 이미 인류의 무한한 정보와 지식을 클라우드(雲端)에 올려놓을 수 있게 만들었다. 11년 후 대사는 99세가 된다. '구구九九'는 '영구함'을 상징한다. 우리는 대사께서 여전히 건재하실지 우려할 필요가 없다. 왜냐하면 대사께서 국내외에서 진행한 법문, 글, 강연, 저서, 언행 등의 평생의 지혜가 이미 모두 클라우드에 담겨져 있어 사라질 일은 영원히 없으며, 클라우드에 들어가기만 하면 대사께서는 생생하게 나타날 것이기 때문이다.

인류 및 신도들에 대한 대사의 영향은 다음 몇 가지로 결론지을 수 있다.

①신도들의 환영을 받음은 물론, 또 각계의 존경을 받았다.

②생활에 더욱 가까이 다가감은 물론, 또 신앙을 심화시켰다.

③끌어들이는 것은 물론, 또 실천하기도 한다.

④일시적 효과(특효약처럼)도 있고, 또 오래 널리 퍼지는 효과(보약처럼)도 있다.

⑤말로써 가르치는 것은 물론, 몸으로도 가르친다.

⑥글로써 가르치는 것은 물론, 부처님으로 가르친다.

⑦타이완의 자신감을 증진시킴은 물론, 중국의 진실된 믿음을 촉진한다.

⑧ 화인사회에 깊이 뿌리내리는 것은 물론, 서방세계로 파급시킨다.

이것은 정말 성운 정신과 성운 가치와 성운의 마음이 빚어낸 믿기 어려운 종합적인 효과이다.

그래서 이 모든 것을 타이완의 '성운 기적'이라 칭할 만하다.

(2014. 8. 20.)

3장
대중사
大衆事

忍讓
인양을 닦아 생활의 도리를 이해한다

단결의 힘

중국 사람들은 보통 '흩어지기 쉬운 모래'라고 인식되어 왔습니다. 심지어 일본인 3명이 있으면 대기업을 세울 수 있고, 독일인 3명은 시 하나를 꾸려나갈 수 있는 반면에, 중국인 3명은 한 가정을 풍비박산 낼 수 있다고 말하는 사람도 있습니다. 왜냐하면 중국인은 단결은 없지만, 늘 '자기발전'에는 강하기 때문입니다. 그래서 어떤 이는 또 '단체정신', '단체창작'을 부르짖습니다. 불교에서는 또한 인연소생법因緣所生法을 들어 모든 인연이 모아졌을 때의 중요성을 강조합니다.

사실 사람은 누구나 단결의 중요성을 알고 있고, 또 사람이라면 누구나 단결이라는 구호를 외치곤 합니다. 그러나 진정 행동에 부합되도록 하는 것은 결코 쉬운 일이 아닙니다. 왜냐하면 인성의 약점에는 '내 뜻에 순종하면 살고, 거스르면 망한다'는 나쁜 습성이 있어 자기 자신과 다른 것을 받아들일 수 없기 때문입니다. 받아들이지 못하니 단결할 수 없고, 단결하지 못하니 서로 힘만 소모하게 됩니다.

아시아의 네 마리 용 중 하나인 싱가포르는 비록 영토는 작지만 단체정신을 부르짖기 때문에 먼저 선진국가의 대열에 뛰어오를 수 있었습니다. 반대로 중국은 비록 나라는 크지만 모두가 서로 개인주의를 표방하고 자기 한 사람의 능력만을 내세우기 때문에 발휘하는 역량에 한계가 있습니다.

왕영경王永慶 타이수台塑 회장, 장영발張榮發 에바항공 회장 같은 기업가들이 타이완의 경제번영을 가져왔습니다만, 뒤떨어져 있던 공업계 회사들이 없었다면 어떻게 타이수와 에바항공의 성공이 있을 수 있었을까요? 타이완 전자공업의 발달에 대해 모두들 시진영施振榮 선생과 장충모張忠謀 선생 등에게 공을 돌리지만, 만일 수많은 과학자들의 노력이 없었다면 어찌 오늘날의 타이완 전자공업이 있겠습니까? 어느 사업의 성공을 예로 들더라도 단체의 수많은 사람들의 노력과 지혜로 그러한 결과를 이끌어내지 않은 것이 없습니다. 이것을 일러 '분업협력'이라 합니다. 이런 가운데 드러난 것이 바로 단결의 정신입니다.

단결은 곧 많은 인연이 모아진 것입니다. 집이라는 건축 하나만 보더라도 철근과 콘크리트만으로는 부족합니다. 반드시 목재와 기와벽돌 등 재료가 필요하고 인력과 공간 등 각종 요건 등이 모두 갖춰져야 비로소 평지에 고층건물을 올릴 수 있습니다.

씨앗이라는 '인因'만으로는 싹을 틔워 커다란 나무가 될 수는 없습니다. 반드시 햇빛과 공기, 수분, 토양 등 많은 '연緣'이 모아져야 비로소 무성한 잎과 그늘을 가진 거목이 될 수 있습니다.

젊은 자녀들이 제멋대로 행동하는 걸 보면 부모가 치렀던 수많은 고생들을 떠올리게 됩니다. 위대한 인물의 성공만을 보고, 그를 옹호했던 수많은 부하들을 잊어서는 안 됩니다.

단결이란 희생과 봉사로 타인을 성공시키는 정신입니다. 오랫동안 중국인은 국내외에서 항상 서로 배척하고 서로 배신하며 서로 비난해왔습니다. 결과적으로 '개가 개를 문다'며 외국인들의 비웃음을 샀습니다. 심지어 '수탉'에 비유하여 지도자에게 복종하지 않는 중국인들의 성격을 형용하기도 했습니다. 결국에는 망하는 결과만 남았습니다. 반대로 일본인에게는 '오리'의 집단적 정신이 있습니다. 그래서 그들은 세계 어디를 가도 그곳에 지역사회를 개발해 회사를 설립합니다.

중국의 역사를 되짚어 보면, 역대 왕조의 패망에는 모두 군신이 화합하지 못하고, 인심을 얻지 못해 고립무원의 처지가 된 뒤 국가의 패망이라는 결과를 불러오는 경우가 있었습니다. 또한 일반 회사가 부도나는 데는 간부들이 협력하지 않고 관리자는 부하를 제대로 다스리지 못해 결국 회사가 문을 닫게 되는 사태로 이어지게 됩니다. 사람의 경우도 마찬가지로 안이비설신眼耳鼻舌身이 마음의 지휘를 따르지 않으면 자연히 모습과 정신이 버틸 수 없습니다.

현대사회 정치에서는 당과 당 사이에 서로 포용할 수 없고, 피차 할 수 있는 모든 걸 동원해 상대방을 비방합니다. 종교계에서는 기독교의 수백 개 종파가 내 것이니 네 것이니 서로 다툽니다. 회교도들은 계파간의 다툼으로 전쟁이 발발하고 있습니다. 불교는 비록 교파를 위주로 하진 않지만 '인人'파가 강해 서로 싸우니, 이른바 "국가는 국가가 아니고, 가르침은 또 가르침이 아니다"라고 할 수 있습니다. 정말 애석한 일이 아닐 수 없습니다.

지금은 비록 민주주의 시대이고, 주권은 국민에게 있으며, 당 결성은 자유라고 하지만, 선진화된 민주국가는 배척이 아닌 소통과 협상, 교류를 더욱 중시해야 합니다. 만일 세상의 사농공상 모두가 사라지게 된다면 우리가 입는 옷과 먹는 음식들은 어디서 구하겠습니까?

다시 말하자면, 한 가정 안에서 부모와 자녀는 서로 자애롭고 존경해야 하고, 이웃 간에는 서로 도와야 하며, 단체나 그룹에서는 상하가 한마음이 되어야 하고, 각 종교와 당파 간에는 단결을 중요하게 여겨야 합니다. 단결해야 평화를 실현할 수 있습니다.

단결하면 힘이 생깁니다. 단결하기만 하면 "초나라가 멸망해도 세 가구만 남아 있으면 반드시 진나라를 멸망시킨다"라고 했습니다. 더구나 "형제가 한마음이면 이롭기가 금덩이도 자를 수 있다"고도 했습니다. 이 신문의 출간이 보여주는 것 역시 단결의 힘입니다. 턱없이 짧은 준비기간 동안 승가와 신도가 한마음 한뜻이 되었습니다. 발심하여 원고를 제공하는 사람, 편집에 참여하는 사람, 인쇄에 도움을 준 사람, 발행을 책임지는 사람, 널리 소개해준 사람, 기쁘게 정기구독하려는 사람 등이 있었습니다. 이러한 수많은 인연이 모아져 『인간복보』가 드디어 발행되었습니다. 진실로 "여러 사람이 힘을 모으면 성城도 지을 수 있다"고 했습니다. 단결하면 힘이 생긴다는 것입니다. 세상의 모든 일이 실로 거짓됨이 없음을 증명합니다.

『인간복보』(2000. 3. 25.)

마/음/에/새/기/는/글

- 단결은 곧 많은 인연이 모아진 것이다. 각자 자신의 자리를 지키며 능력을 바친다면 개인이나 단체 모두 발전할 수 있다.

- '수탉'에 비유해 지도자에게 복종하지 않는 중국인들의 성격을 형용하기도 한다. 각자 행동하니 결국 역량이 저조할 수밖에 없다. 일본인에게는 '오리'의 집단적 정신이 있다. 그래서 그들은 세계 어디를 가도 그곳에 지역사회를 개발해 회사를 설립한다. 그렇게 해외에서 하나의 역량을 형성할 수 있다.

- 젓가락 하나는 부러뜨리기 쉽지만, 젓가락 한 묶음은 무척 단단해 부러뜨리기 쉽지 않다. 의지를 한데 모아 단결하면 곧 역량이 생긴다.

부정선거 반대 지지를 호소하며

부정선거는 공직선거 후보와 유권자 사이에 표를 사고파는 행위를 말합니다. 공직선거는 현명하고 능력 있는 사람을 뽑아 공직에서 일하게 하고자 하는 것입니다.

그렇지만 물건을 뇌물로 주고, 돈으로 표를 사는 것은 자신의 현덕賢德과 능력에 흠집을 내는 것이고, 그런 사람은 공직자에 당선될 자격이 없습니다. 그리고 유권자가 가진 신성한 한 표는 소액의 돈봉투나 라이터, 열쇠고리, 달력 등으로 팔아버리기에는 그 인격적 가치가 너무 저렴하다고 생각지 않으시나요? 타이완에서 민주공직선거가 치러진 지 이미 수십 년이 되었지만, 지금까지도 표를 사고파는 것을 당연시해왔습니다. 근본적으로 이것은 민주에 대한 커다란 조롱입니다.

불법선거는 사회의 질서를 어지럽히고 민주정치의 오점을 야기하며, 현명하고 덕 있는 사람이 드러날 수 없게 합니다. 또한 당선된 공직자들을 보는 시선에는 그들이 달력, 라이터, 손목시계, 조미료, 카메라를 주고 당선된 것이라는 그릇된 인식을 사람들에게 갖게 합니다. 비록 진정한 실력으로 당선된 공직자를 봐도 그 비열한 행위와 물건들이 생각날 뿐입니다. 모 후보자가 선거 전에 제 손안에 10만 위안이 든 봉투를 쥐어주다가 나한테 냉정하게 거절당한 적이 있었습니다. 그런데도 그는 "지금이 선거의 마지막 고비인데 스님께서 받아주시지 않으면 전 누구에게 드려야 할지 모르겠습니다"라고 사정했고, 저는 "당신은 누구에게 줘야 할지 모른다지만, 난 평생 쌓아온 내 일생의 인격을 이렇게 짓밟을 수는 없소"라고 대답했습니다. 일부 재단의 불법매매를 도와주는 이들은 수백만 위안이나 수천만 위안을 들이면 우리의 영혼을 살 수 있다고 생각하지만, 그렇게 하면 우리의 정치는 그 후로 다시는 맑아질 수 없고, 정부는 더 이상 청렴할 수 없으며, 사회는 더 이상 평등하지 않게 되니 도덕과 공의公義가 어디에 있고, 국가의 존엄은 어디에 있으며, 법제의 양심은 어디에 있겠습니까?

선거권을 사고파는 사실을 그저 너와 나만 알고 다른 사람은 모르면 된다고 생각하는 사람이 있습니다. 너와 나만 아는 것도 아니고, 하늘과 땅이 알고 더 나아가 인과가 알고 있습니다. 유권자의 눈이 지극히 밝은데 아는 사람이 없다고 어떻게 단언할 수 있을까요? 공직선거에 나오는 후보자와 모든 유권자 여러분, 나라를 좀 내버려두세요. 민중에게 존엄을 돌려주세요. 앞으로는 불법선거라는 부끄러운 행위는 더 이상 하지 마시길 호소합니다.

여러분 감사합니다.

『백 분에게 듣는다-부정선거』(2001. 9. 16.)

마/음/에/새/기/는/글

- 부정선거는 민주에 대한 커다란 조롱이다. 너와 나만 아는 것도 아니고, 하늘과 땅이 알고 더 나아가 인과가 알고 있다.

타이완 사람은 없다
-타이완에 거주하면 모두 타이완 사람

10월 초에 저는 브라질에서 "국제불광회 제3회 3차 이사회의"를 주재했습니다. 상파울로 연방경찰 총감總監인 프란시스코(Francisco) 박사께서 행사 앞뒤로 열흘 정도 경찰 팀을 파견해 에스코트를 해주고 제가 머무는 곳에 24시간 순찰과 경호까지 해주셨습니다. 이러한 인연으로 서로 깊은 우의를 쌓았고, 행사가 끝난 뒤 부인과 함께 여래사如來寺로 저를 찾아왔었습니다.

브라질에는 브라질 사람이라곤 없다
날 보자마자 그는 무척 감동받은 표정으로 말했습니다.
"불법이 정말 훌륭하네요. 이렇게 훌륭한 불교를 왜 이제야 브라질에 포교하시는 겁니까?"
그 말을 듣고 저는 자연스럽게 칭찬의 말씀을 드렸습니다.
"브라질 사람은 참 순박하고 선량하며 불성도 훌륭하더군요."
이 말을 들은 프란시스코 박사는 곧바로 자신의 견해를 피력했습니다.
"우리 브라질에는 이른바 '브라질 사람'이 없습니다."
그 말을 듣고 저는 잠시 얼떨떨했습니다. 의아해하는 제 표정을 본 그가 덧붙였습니다.

"브라질의 전체 인구는 총 1억 6천만 명이고, 대부분은 외국에서 이민 온 사람들입니다. 그러니 사실상 브라질 토박이는 없는 셈이죠. 전 세계 사람 누구든 브라질에 오면 그가 브라질 사람이 되는 겁니다. 그러니 모두가 브라질 사람이라는 겁니다."

무척 철학적이면서도 지혜 가득한 그의 고담준론을 듣고 저는 문득 깨닫는 바가 있었습니다. 저 자신도 타이완에서 산 지 54년이 되었지만, 지금까지도 저를 엄연한 타이완 사람이라고 생각하는 사람이 없습니다. 현재 타이완의 대다수가 광복 후 출생하였으니 저보다 늦게 타이완에 온 것인데, 그들 모두 자신은 '타이완 사람'이라고 말하면서 오히려 저를 '중국인'이라고 치부합니다.

타이완 사람 모두 '중국인'

'누가 타이완 사람일까?' 더 깊이 파고들어간다면 사실 타이완에는 최초에 사람이 없었습니다. 최초에 타이완에는 곤충, 뱀, 맹수 등만이 있었습니다. 후에 원주민이 생겼고, 3백 년 전에서야 정성공鄭成功이 대만에 거주하게 된 뒤로 연이어 복건사람, 광동사람, 객가(客家: Hakka. 서진西晉 말년부터 원元대까지 황하 유역에서 점차 남방으로 이주한 종족) 사람 등이 대만으로 이민을 온 것입니다. 특히 민국 34년(1945) 일본이 항복한 뒤 타이완에는 한꺼번에 중국 본토 36행성行省에서 이민자들이 물밀듯이 밀려 들어왔고, 그 결과 타이완에는 수백만 명의 인구가 증가했습니다. 그러므로 기본적으로 타이완에는 원래 사람이 없었습니다. 타이완에 처음으로 복건, 광동, 그리고 중국본토의 각 성에서 이민 와서 그 모두를 '대만 사람'이라 부르는 것입니다. 엄격하게 따지면 타이완 사람 모두 '중국인'인 셈입니다.

중국인을 포함하여 세상의 모든 사람은, 시대로 따지자면 고대인과 현대인으로 구분합니다. 중국의 역사상 요순堯舜과 우禹임금, 탕湯임금 시대의 사람이 있고, 춘추전국春秋戰國시대 사람이 있고, 한漢나라 사람, 남북조南北朝 사람, 수당隋唐 사람, 송원명청宋元明淸 시대 사람이 있습니다. 지역별로 구분한다면 신강新疆 사람, 동북東北지역 사람, 광동廣東 사람, 복건福建 사람, 타이완 사람 등이 있습니다. 이 사람들이 만일 자신들은 '중국인'이라는 공통된 인식이 없다면 참으로 안타까운 일입니다.

시대의 비극을 대변하는 사람

세계는 아메리카인, 아프리카인, 아시아인, 유럽인, 오세아니아인 등 '5개 대륙'으로 볼 수 있습니다. 심지어 지금은 또 외계인, 우주인, 주변인(아웃사이더), 유랑인 등이 있습니다.

특히 인류는 매우 잔인한 종족으로, 전쟁을 위해 국민들이 집을 잃고 떠돌게 하였습니다. 원래 이곳에 살던 사람이지만 전쟁을 피해 어쩔 수 없이 다른 곳으로 이주해 그곳 사람이 되었습니다. 또 원래 그곳 사람이었지만 고향을 등지고 머나먼 곳으로 이주해 정착하면서 이곳 사람이 되는 경우도 있습니다. 심지어 전쟁으로 인해 집이 있어도 돌아가지 못하고 나라가 있어도 돌아가지 못하는 '국제인'이 생겨났습니다. 예를 들어 태국 북부의 매싸롱(Mae Salong)에는 지금까지도 국적이 없는 '국제고아'들이 살고 있습니다. 그들은 시대의 비극을 몸소 확인하고 있습니다.

내 자신을 지구인이라 정하다

저는 타이완에서 이미 반세기 이상을 살았습니다. 타이완에서 출생한 수많은 사람이 저보다 늦게 이 땅에 온 것입니다. 그러나 그들은 모두 제가 타이완 사람이 아니라고 말합니다. 타이완은 제가 출생한 곳이 아니라고 생각하기 때문입니다. 그렇지만 제가 출생한 양주에 가면 그들 또한 제가 양주 사람이란 생각을 하지 않습니다. 그래서 후에 저는 제 자신을 '지구인'이라 정했습니다. 날 경시하지 않는 지구만이 제가 거주할 수 있는 곳일 것입니다.

저는 세계 각지를 주유하며 이민 1세대와 이민 2세대를 많이 만나 보았습니다. 이미 모두 현지 국적을 취득하긴 했지만 그들은 여전히 자신들이 '중국인'이라고 생각하고 있습니다. 특히 피부, 종족, 언어가 다르기 때문에 현지의 일부 국수주의자들은 지금까지도 공감하지 않고 있습니다. 가엾은 중화인이란 생각이 드는 건 어쩔 수 없습니다.

이번에 브라질에 도착해 보니 브라질 사람은 '브라질에는 브라질 사람이 없다'고 생각합니다. 모두 외지에서 온 사람이며 모두가 브라질 사람이라고 여깁니다. 그래서 브라질에는 종족 문제가 없으니, 이 얼마나 사랑스런 사회란 말입니까!

너무 사랑스런 브라질 사람

그 밖에도 상파울루 시의원 윌리엄 우(William Woo) 선생 역시 여래사로 날 찾아와 한담을 나눴습니다. 이미 한 차례 시의원을 지낸 적이 있었던 그는 제게 다음 시의원 선거에 다시 한 번 참가해도 좋을

지를 물어왔습니다. 저는 중국인인 그가 이곳 브라질에서 의원에 당선될 수 있었던 이유가 뭔지 물었습니다. 그는 "여기 도착해 보니 중국 사람이 없었습니다. 기왕 브라질에 살고 있으면 모두 브라질 사람입니다. 그래서 어느 나라에서 온 사람이든 공직선거에 참여할 수 있고, 차별대우를 받지 않습니다"라고 말했습니다. 뿌리내리고 살면 곧 그곳 사람이라니 이 얼마나 사랑스런 브라질 사람인가요!

독립기념일에 깃발 흔드는 미국인

2, 3년 전 제가 미국에 있을 때 독립기념일 시가행진에서 중국인들이 국기를 흔들며 '나는 미국인이다'라고 외치는 것을 본 적이 있습니다. 길가에 서서 구경하던 미국 현지인들은 이걸 듣고 무척 기뻐했습니다. 모두 이것이 현지에 대한 공감이라 생각할 것입니다. 그러나 미국인들이 자기 국가의 국기에 대해 중국인과 같은 예경을 표하지는 않아도 국가에 대한 그들의 사랑은 덜함이 없습니다.

제가 유럽을 여행하다 보니 영국인, 프랑스인, 독일인 등이 있지만 지금 그들은 유럽공동체 시장을 건설하며 이구동성으로 '우리는 유럽인이다'를 외칩니다. 미국과 캐나다 사람은 또 자신들을 아메리카 사람이라고 합니다. 칠레, 브라질, 페루, 파라과이 모두 자신들은 남미 사람이라 말합니다. 만일 좀 더 큰 범주로 따지면 다들 지구인이 아니겠습니까!

방위와 표지에 따라 감정 분열시키지 말라

어디 사람이라는 것은 그저 별칭일 뿐이며 한 방위상의 표지標誌입니다. 사실 우리 모두는 '사람'이고 '지구인'인 것입니다.

　과거 타이완에는 북부인, 남부인, 동부인이 있었습니다. 지금은 또 본성인, 외성인으로 나눕니다. 이 모두는 편협한 민족주의자들이 지리적으로 사람과 사람 사이를 억지로 나눠놓고 감정의 골을 만들어 놓고 스스로 국가와 민족의 응축된 단결의 힘을 깎아내니 참으로 일말의 가치도 없는 일입니다.

인류의 세상은 커다란 용광로이다

한 국가 내에는 학자, 노동자, 상인, 농업인 등 사농공상이 있고, 남자, 여자, 노인, 젊은이 각양각색의 사람이 있습니다. 우리 인류가 사는 이 세상은 커다란 용광로이자 또한 오선지와 같습니다. 도레미파솔라시도가 모이면 아름다운 교향악이 되지 않습니까. 그런데 굳이 왜 이 교향악을 끊어버리려 하는 걸까요? 그러므로 미국인이든 브라질인이든 대만인이든 모두 거짓 이름일 뿐입니다. 사실 어디 사람이라는 것은 지리와 시·공간에 따라 만들어진 것일 뿐, 사람은 동등한 인격과 존엄을 갖추고 있으니 인격을 함부로 훼손해서는 안 됩니다.

　저는 타이완 사람이 아니지만 제가 바로 타이완 사람입니다. 제 말 뜻은 '대만 사람은 없다. 그렇지만 대만에 거주하면 모두 대만 사람이다'라는 것입니다. 저는 세상 사람들이 나와 타인 사이에 한계를 만들지 말고 선을 그어 자신을 가두지 말아야 한다고 생각합니다. 우리 모두가 '지구인'이라는 생각을 가져야 합니다. 지구인인데다 함께 살아나가지 못할 이유가 없습니다.

『연합보』(2003. 10. 26.)

마/음/에/새/기/는/글

- 브라질의 전체 인구는 총 1억 6천만 명이고, 대부분은 외국에서 이민 온 사람들이다. 그러니 사실상 브라질 토박이는 없는 셈이다. - 그렇다면 브라질에 거주하면 브라질 사람이 된다는데, 타이완 사람은 왜 같은 생각을 하지 못하는가?

- 어디 사람이라는 것은 그저 별칭일 뿐이며 한 방위상의 표지이다. 사실 우리 모두는 '사람'이고 '지구인'이다. 어디 사람이라는 것은 지리와 시·공간에 따라 만들어진 것일 뿐, 사람은 동등한 인격과 존엄을 갖추고 있으니 인격을 함부로 훼손해서는 안 된다.

선거의 양심, 전 국민의 각성

최근 몇 달 동안 매일 신문을 들여다보는 저의 마음이 무겁고 답답합니다. 아무리 신문을 뒤적여 봐도 왁자지껄 소란스러운 선거 소식만이 지면을 가득 채우고 있기 때문입니다. 앞으로 우리의 지도자가 될 수많은 후보들은 자신의 이상과 포부는 꺼내지도 않고 오로지 상대방의 약점만을 비난하고 공격하고 있습니다. 욕설과 악의에 찬 말에 의지해 당선을 도모한다면 앞으로 우리의 미래가 과연 편안할까요?

타이완의 선거는 4, 50년의 역사를 가지고 있습니다. 지금까지도 유권자를 돈으로 매수하거나 또는 모욕하고 욕설할 뿐, '현명하고 능력 있는 자'를 선출해야 한다는 걸 이해하지 못합니다. 심지어 서로 상처를 입히고, 상대방의 추악한 일면을 하나도 남김없이 죄다 폭로합니다. 특히 상대방에 대해 근거 없는 사실을 만들어내고 속이고 저주합니다. 선거를 위해 수단방법 가리지 않는 지경에 이르렀습니다. 이런 사회에 과연 희망이 있는 것일까요?

4, 50년 전 타이완에 헌정이 실시되던 시기를 회상해 보면, 그 당시에는 항상 '현명하고 능력 있는 자를 뽑자'고 선전했습니다. 지금은 이미 이런 구호를 들을 수 없습니다. 바로 10년 전에도 자신의 정치적 견해를 발표하는 걸 들을 수 있었습니다. 이른바 '자신의 최고

의 능력을 내어 보이는 것(把牛肉端出來)'입니다. 지금의 후보자 역시 더 이상 정치적 견해로 당선되고자 하지 않습니다. 누군가는 다른 후보를 중상모략하고, 상대방의 잘못을 널리 퍼뜨려 결국 당선되지 못하게 만듭니다.

이른바 '공직'이란 국민을 위해 봉사하는 '공복公僕'이 아닌가요? 이 지경에 이르도록 아귀다툼을 하다니, 그토록 많은 이익을 얻을 수 있는 자리인가요? 이 사람들은 관료가 되는 것 외에 다른 일은 절대 할 수 없는 것인가요? 특히 지금 관료에 있는 사람은 정책을 잘 실시하지는 않고 하루 종일 표를 얻고자 뛰어다니고, 장사하는 사람도 장사는 뒷전이고 매일 선거운동에 뛰어들어 돕느라 바쁩니다. 이 사람들은 마치 선거를 위해 살아가는 사람들 같습니다. 지금 타이완은 거의 모든 시·군에 다 대통령, 원장, 주석 등의 자리가 필요한 듯 모두 총출동합니다. 지방 한 곳의 선거인데 전국의 중요한 당정 책임자가 총동원되어야 한단 말인가요?

타이완의 선거는 시간이 지날수록 유권자들이 더욱 분열되고 있어, 타이완의 미래가 우려스럽습니다. 타이완을 자유·민주국가라 호칭하므로 깨끗한 선거풍토를 조성하는 것에서부터 시작해야 합니다. 나는 '양보讓步선거, 정견正見선거, 건전健全선거, 공비公費선거, 절약節約선거, 문선文喧선거, 방문訪問선거, 무성無聲선거, 무상無傷선거, 이성理性선거' 등 '선거십법選擧十法'과 '표 매매하지 않기, 뇌물선거 안 하기, 욕설하지 않기, 유언비어 살포 안 하기, 중상모략 안 하기, 명예를 손상시키지 않기, 황색 페인트 칠하지 않기, 붉은 색으로 물들이지 않기, 낭비하지 않기, 비열한 짓 안 하기' 등 하지 말아야 할 10가지 '선거십불選擧十不' 등을 제창할 생각을 한 적이 있습니다. 후보자들께서는 객관적으로 양보하고 서로 칭찬하며, 상대방에게도 자신의 이상과 포부, 정견 등을 구체적으로 설명해야 합니다. 또한 유권자들은 유권자 자신이 선택하고 판단하며, 이성적으로 자신이 생각한 현명하고 능력 있는 사람을 선택하도록 해야 합니다. 후보자들의 정견 또한 TV와 전화, 서신 또는 직접 방문하는 등의 방법을 통해 보여줌으로써 과거의 골목 여기저기 누비는 깃발행렬, 홍보선전물을 뿌리는 행위, 특히 유세용 차량으로 쿵쾅거리는 거리유세 등을 대신할 수 있을 것입니다. 또한 지나친 향응접대가 이어진다면 국민을 혹사시키고 물자를 낭비할 뿐만 아니라 더럽고 지저분하게 만들 것입니다.

　우리는 화합하고 겸양하는 사회를 희망합니다. 전 국민이 이성과 예의로 선거하는 바른 선거풍토를 다함께 창조하기를 희망합니다. 그러나 최근의 선거문화를 보면, 그런 것은 그저 꿈에 지나지 않습니다. 타이완은 이미 전 국민이 광란의 선거라는 돌아오지 못하는 길로 들어섰습니다. 타이완은 최근 무질서한 현상이 도처에 가득합니다. 특히 선거철만 되면 침과 무기명 투서들이 하늘을 가득 메웁니다. 표를 파는 뇌물선거는 시시때때로 들려옵니다. 저질의 선거문화는 타이완 혼란의 근원 중 하나입니다. 원인은 바로 대부분의 후보자가 전혀 정견을 제시하지 않고, 상대방의 실수를 찾아내 일부러 거짓말을 보태 분쟁을 일으키고, 서로 공격하기 시작하고 서로 욕하는 데 마음을 쓰기 때문입니다. 유권자와 마찬가지로 일부 매체 역시 종종 이성을 잃고 객관적이지 못하고 군중의 대립을 조성하고 사회화합을 해치고 있습니다. 이처럼 후보자가 이상과 포부를 말하지 않고 정책과 목표를 제시하지 않으면 당선되더라도 정책을 내놓을 수 없습니다.

유권자가 시비를 묻지 않고 입장만 묻는다면 자연히 국가를 위해 현명하고 능력 있는 사람을 선출할 수 없을 것입니다. 결국 탐관오리만 득세하고 청렴한 인사는 포부를 펼칠 수가 없습니다. 이러한 선거문화에 대해 선거가 반드시 이럴 수밖에 없는지에 의문을 던지지 않을 수 없습니다.

사실 선거는 일시적인 것이고 사람은 한평생을 가는 것입니다. '선거'는 민주사회의 커다란 상징이므로, 선거는 마땅히 군자들의 경쟁이어야지 감정적이어서는 안 됩니다. 사회의 혼란을 조성해서도 안 됩니다. 선거는 반드시 현명하고 능력 있는 자를 선출해야 하고 유능한 사람에게 국가와 사회를 위해 봉사할 기회를 주어야 합니다. 유권자는 지연이나 친인척 관계, 또는 뇌물을 받았다는 이유로 그에게 표를 던져서는 안 됩니다. 선거는 자신의 인격과 양심으로 뽑는 것이니 유권자는 거짓말이나 유혹에 넘어가서는 안 되며 후보자도 그걸 알아야만 합니다. 선거에는 당연히 이기는 자도 있고 패배하는 자도 있으며 승패가 갈리게 마련입니다. 선거에 참가한 사람은 한 번의 승패에 목매지 말아야 합니다. 이번에는 운 좋게 당선됐다 하더라도 자신의 책무를 다하지 않는다면 다음에는 국민이 또다시 기회를 주지 않을 수도 있습니다. 또 이번에는 불행하게도 낙선했다 하더라도 능력이 있고 국민을 위해 봉사하고자 하는 진실한 마음만 있다면 다음 선거에는 재기할 수도 있을 것입니다. 그러므로 선거는 한 차례의 승패에 연연해서는 안 되고, 다음 선거에는 올바른 정책을 가지고 유권자를 설득시켜야 합니다.

'오늘'은 투표하는 날입니다. 선거가 끝난 뒤에는 모든 사람이 민주적 소양을 가져야 합니다. 그리고 평상심을 가지고 상대방을 대해야 합니다. 서로 존중하고 포용해야 합니다. 전 국민이 각성하여 다 함께 선거문화를 더욱 승화시키고 이성적으로 신성한 한 표를 행사해야 화합과 발전된 사회를 다함께 이룰 수 있을 것이며, 비로소 타이완을 구할 수 있습니다.

『민생보』(2005. 12. 3.) & 「인간복보」(2005. 12. 3.)

마/음/에/새/기/는/글

- 선거는 일시적인 것이고 사람은 한평생을 가는 것이다. '선거'는 민주사회의 커다란 상징이므로, 선거는 마땅히 군자들의 경쟁이어야지, 감정적이어서는 안 된다. 오랜 세월 관행처럼 되어 온 나쁜 선거문화를 유권자의 양심과 각성으로 바꾸어보자.

사법이 무너질 때

현대화된 국가의 그 공평함과 공정함의 형상은 사법司法에 의지해 수립됩니다. 사법이 믿음을 주지 못할 땐 결국 민의에 기댈 수밖에 없습니다. 그러므로 진정한 자유·민주주의 국가에서 민의는 모든 것을 초월합니다. 반대로 만일 민의 역시 소수 정객의 감정이나 집착에 좌지우지될 때 그런 국가에는 이미 진정한 자유·민주가 없다고 봐야 할 것입니다. 현재 타이완에는 많은 정당이 있고 각 정당마다 자신의 입장을 표방하고 있습니다. 하지만 어떤 말을 한다고 해도 가장 중요한 것은 '다수'입니다. '국민투표'는 대중의 뜻을 취합해 결정하기 위한 행동입니다. 만일 한 사람이나 한 당에 의해 민의가 좌지우지되고 민의의 위에서 군림하며, 심지어 다수결의 원칙을 무시하고 문제를 억지로 통과시키려 하고, 지식인으로서의 견해를 잃어버린다면 이 또한 국가의 앞날에 커다란 장애입니다.

그리스 철학자 아리스토텔레스는 "나의 스승을 사랑하지만 나는 진리를 더 사랑한다"고 말했습니다. 불교에서도 "가르침에 의존하되 사람에 의존하지 않는다(依法不依人)"라는 이론이 있습니다. 중국문화 속에는 '대의멸친大義滅親'이라는 도리가 있습니다. 이 모든 것은 뛰어난 민족이라면 시비와 진리에 대해 마땅히 공도公道를 돌려줘야 한다는 것을 설명하고 있습니다.

최근 타이완은 당파 싸움이 심각하여 정치, 사법, 재정 등과 관련된 문제에 대해 시시비비와 책임추궁론 등을 불러일으켰습니다. 오랜 세월 동안 '침의 전쟁'에 빠져 있다 보니 국민들은 시시비비와 좋고 나쁨에 대한 가치관이 모호해지는 느낌이 들게 되었습니다.

사실 사법이라고 해도 좋고 민의하고 해도 좋은데, 국가에는 반드시 보편성과 평등성, 역사성이 있어야 합니다. 그렇지 않으면 편견과 집착, 속 좁음, 이기심에 빠지게 될 것입니다. 더 이상 현대적 국제공론을 갖출 수 없을 것입니다. 예를 들어 대중의 쟁론을 발생시킨 마잉지우(馬英九) 선생의 '특별비' 사안은 그 한 사람 개인의 문제가 아니라 전국의 수천 개 수장들의 공통된 문제이며, 더 나아가 국가의 장래와 관련해 시행될 제도들의 문제이기도 합니다. 그러므로 소정창蘇貞昌 선생은 그것을 '역사의 공통과제'라고 결론지었습니다.

이 '역사의 공통과제'에 대해 지금은 '선택성 사건처리' 현상이 나타났습니다. 예컨대 여수연呂秀蓮, 마잉지우, 유석곤游錫堃 등의 수장首長은 수사를 당해 기소되었습니다. 아무 일 없이 지나가는 사람도 있었습니다. 심지어 똑같이 기소를 당한 사건도 수사과정에서 남북의 인식차이가 있었습니다. 어쩐지 여수연 부통령은 첫 재판 때 법정에 출석해 특별히 매체에 대고 타이완 전체 현직 6,500여 개의 행정수장을 대신해 나온 것이라 강조했습니다. 마잉지우 선생은 일전에 2심 변론 중에 보기 드물게 검찰관에게 '나를 기소하기 위해', '논리는 없고 오로지 중상모략만 있다'고 재판의 불공정함을 호되게 비난했습니다.

타이완에는 오로지 하나의 정부, 하나의 헌법만이 존재합니다. 이처럼 중대한 문제에 어떻게 기준이 상이한 상황들이 발생할 수 있을까요? 이처럼 역사성이 없는 공인公認, 평등성이 없는 공정公正, 역사성이 없는 공판公判, 대중성이 없는 공의公議한 사법처리 재판을 국민이 어떻게 납득할 수 있을까요? 줄곧 타이완의 '자유·민주'를 늘 자랑스럽게 여겨왔는데 만일 '형법'이 '인의人意'에 스며들게 되면, 만일 대중의 양심이 사법의 몰락을 되돌리지 못하면, 대다수의 국민이 사법에 대한 믿음을 잃어버린다는 것이야말로 타이완 최대의 위기입니다.

그러므로 국가는 역사성이라는 중요 시점에서 사법 판결은 특히 더 신중하여야 하며, 한두 사람의 편견 때문에 전 국민의 여론과 마음의 소리에 영향을 주어서는 안 됩니다.

마지막으로, 우리는 여전히 사법이 신임 받지 못할 때 민의에 기대야 한다는 것을 재삼 강조합니다. 다만 우리의 민의는 어디에 있는 것일까요?

『연합보』(2007. 12. 4.)

마/음/에/새/기/는/글

- 사실 사법이든 민의든, 국가에는 반드시 보편성과 평등성, 역사성이 있어야 한다. 그렇지 않으면 편견과 집착, 속 좁음, 이기심에 빠지게 되고, 더 이상 현대적 국제공론을 갖출 수 없다.

권력 앞에서 어찌 해야 하나?

정치는 권력을 목적으로 합니다. 권력은 인간을 교만하게 만들기도 하고 지혜와 인자함을 펼치게도 합니다. 권력은 마땅히 '대중'의 바탕 위에서 세워야 합니다. 만일 '민의'가 없다면, 제왕이나 대통령처럼 높은 지위에 있더라도 민의를 기초로 삼지 않는다면 권력이 어디에서 올까요? 그러므로 민의를 존중하는 것은 지도자가 권력을 얻는 중요한 비결입니다.

이번 입법위원 선거 후, 국민당 주석 오백웅吳伯雄 선생은 "우리들은 타이완 전 국민의 영명함에 감사드립니다. 덕분에 국민당이 선거에서 승리했습니다. 그러나 앞으로 저희들은 더욱 겸손해질 것입니다"라고 말했습니다. 마잉지우 선생 역시 "국민당은 민의를 존중하며 절대 직권남용하지 않을 것입니다"라고 했습니다. 국민당의 지도자가 이러한 생각을 갖고 있다니 정말 국가의 복이자, 국민의 복입니다.

현재 국민당은 전국적 승리를 얻었습니다. 당내에는 권력을 탐하기 위해 꿈틀대기 시작하는 일부 인사들이 반드시 존재합니다. 권력과 이익을 위해 다투는 것은 결국 다시 실패를 이끌어내는 원인이 될 것입니다. 그러므로 미래의 권력싸움은 국민당이 두려워하는 근심거리가 될 게 뻔합니다.

저는 개인적으로 단체, 정당 사람들 앞에 '탱고'를 출줄 알아야 한다고 강력하게 주장합니다. 서로를 존중하고 나아갈 때 나아가고 물러날 때 물러나는 탱고처럼, 인연이 닿으면 올라가고, 인연이 없으면 내려옵니다. 석가모니 부처님도 "인연이 있어 세간에 나셨고, 인연이 다하여 적멸에 드셨네. 올 때는 중생을 위해 오시고, 갈 때는 중생을 위해 가셨네"라고 하셨습니다. 그러므로 저는 위대한 인물은 "오르고 내려오고"에 너무 집착하지 말아야 한다고 생각합니다. 당신이 능력 있다면 전 국민이 옹호할 것이고, 인간세상이 전부 다 당신의 능력을 펼칠 무대가 될 것입니다. 민의와 맞지 않는다면 올라간다 해도 대중은 야유를 보내며 내려오라 외칠 것입니다.

전 행정원장 당칠唐七 선생은 "무엇이 군자와 소인을 가르는가? 소임을 맡으라고 하긴 어려워도 물러나게 하긴 쉬운 것이 군자이다. 소임을 맡기긴 쉽지만 물러나라고 하긴 어려운 것이 소인이다"라고 말했습니다. 참으로 '오르고 물러나고' 하는 중생의 모습을 정확하게 간파한 말입니다. 그러므로 진정한 '애국'은 높은 직위에 올라야만 되는 것도 아니고, 권력을 잡아야만 하는 것도 아닙니다. 개인의 선거권으로 국가의 권력이 결정되는 것은 아닙니다.

불광산은 현재 불타기념관을 건립 중에 있습니다. 이 방대한 공정을 누가 맡을 수 있을까요? 저는 '무아無我'의 관념을 지닌 사람이라면 누구든 맡을 수 있다고 건의했습니다. 왜냐하면 '무아'의 관념이 있어야 귀를 기울이고, '대중'의 의견을 받아들이기 때문입니다. 저는 현재 국민당의 오백웅, 마잉지우, 왕금평王金平, 오돈의吳敦義 선생 등과 같은 중진 인사가 모두 '무아'의 정신을 가질 수 있길 간절하게 희망합니다. 이렇게 해야 미래에 공평하고 공정하게 국가의 공공기구들이 운영될 수 있고, 무아·무사하게 국민에게 복을 가져다 줄 수 있다고 믿기 때문입니다.

국민당의 기타 정부요인들은 권력을 쥐고자 '너 죽고 나 살자' 할 필요가 없습니다. 당신의 학력과 능력, 공헌을 전 국민이 다 안다고 하더라도 모든 일에는 '인연'이 있음을 알아야 합니다. 만일 모든 조건이 갖춰졌는데 인연만이 결여되었다면 역시 물거품이 됩니다. 그러므로 오늘 국민당의 모든 어진 여러분께서는 절대 권력다툼을 해서는 안 되고, 모두가 '무아'의 마음으로 널리 선연을 맺고 국민을 위해 봉사하며 필요할 때는 지도자의 직위를 맡고, 필요하지 않을 때는 물러나 타인을 응원하는 사람이 되어야 합니다.

저는 국민당의 이번 입법위원 선거 중 타이베이 시의 팔선과해(八仙過海: 8명의 신선이 자신의 능력을 최대한 발휘해 바다를 건넜다는 뜻으로, 자신의 핵심역량을 바탕으로 난관을 극복하고 목표를 달성한다는 의미), 타오위안 현의 오자등과(五子登科: 후주后周 시대 두우균竇禹鈞의 다섯 아들이 과거에 급제했다는 것을 비유함), 그리고 전국에서 그토록 자질이 뛰어난 입법위원들이 나타난 것을 보고 국민당의 앞으로의 희망을 볼 수 있었습니다. 그리고 라문가羅文嘉, 단의강段宜康, 임대화林岱樺, 여정헌余政憲 등의 민진당 인사들은 비록 낙선했지만 낙담할 필요가 없습니다. 아직 상당한 정당표가 있어 그대들과 같은 당의 인사들을 비례대표 명의로 국회에 보내는 것 역시 당신들의 정신을 입법원에 들여보내는 것 아니겠습니까? '민주정치'는 어느 한 사람이 이룰 수 있는 것이 아니므로 '단체창작'의 정신, 단체라는 것을 중시해야 합니다. 성공을 꼭 내가 해야 할 필요는 없다는 아량이 있어야 합니다.

입법위원 선거는 이미 막을 내렸습니다. 저는 국민당과 민진당 양당의 인사들 모두 타이완 전 국민에게 감사하고, 민주적으로 치른 그들의 결정을 마땅히 기쁜 마음으로 받아들이기를 희망합니다.

『연합보』(2008. 1. 15.)

마/음/에/새/기/는/글

- 정권을 가진 자는 '무아'의 정신이 있어야 사심 없이 국민의 복지 증진을 도모할 수 있고, 정권을 내려놓은 자는 물러나 상대방을 응원해주는 아량이 있어야 민주가 더욱 승화된다고 할 수 있다.

국민투표 거절의 중요성

최근 타이완은 'UN 재가입 국민투표'라는 주제로 사회 전체가 들끓고, 사람들은 불안해합니다. 비록 타이완 UN 재가입 국민투표는 줄위를 걷는 행위임을 분명히 알고 있지만, 일부 사람은 안위를 고려하지 않고 자신의 뜻만을 고집하여 국민당에서는 부득이 '국민투표 거절'을 들고 나와 저항할 수밖에 없습니다.

사실 민진당 인사들은 '타이완'이란 나라 이름이 아니라 그저 지역의 하나일 뿐임을 마땅히 알아야 합니다. 'UN 재가입'에 조건은 없지만, 'UN 재가입'의 아름다운 환상에 빠져 시국을 제대로 보지 못하고 외부세계의 목소리를 전혀 들을 수 없는 일을 초래했습니다. 예를 들어 국제사회에 미국, 일본, 그리고 유럽연맹 각국은 모두 나서서 반대의사를 분명히 표했습니다. 특히 미국 주재 타이완협회 타이페이 사무소장 양소체楊甦棣 선생은 타이완 UN 재가입이 '불필요하고도 불리한' 일이라고 말하며, 타이완과 미국의 상호 신뢰를 무너뜨릴 뿐만 아니라 양안兩岸의 대립을 격발시킬 수 있다고 말했습니다.

국내에서는, 중국에 진출한 대만기업들은 이 행위가 양안의 긴장 관계를 더 높이는 건 아닐까, 장차 중국에 진출하는 대만기업에게 부정적인 충격을 끼치는 건 아닌가 걱정하고 있습니다. 그래서 다들

'UN 재가입 국민투표' 반대서명에 참가하고 있습니다. 타이완에 있는 학자, 교수, 의사, 전문가 등 지식 있는 인사들은 소수를 제외하고 대부분은 모두 '국민투표 거절'에 찬성합니다. 그 중에 특히 초등학교 교사인 문수탁文須琢 선생은 '국민투표는 공비公費 낭비'라는 이유로 인터넷상에서 적극적으로 '국민투표 중지'를 호소하고 있습니다. 그는 대선이 만일 합병해서 함께 국민투표를 한다면 분명 많게는 4억 5천만 위안을 소비할 것이며, 만일 지금 당장 브레이크를 밟을 수 있다면 적어도 3억 위안은 아낄 수 있다고 의견을 제시했습니다.

국민투표를 치르면 세금이 낭비될 뿐만 아니라 사실상 통과되기도 쉽지 않습니다. 왜냐하면 현재 국민투표법의 문턱이 너무 높기 때문입니다. 천만여 유권자로 계산해도 적어도 800여만 명이 국민투표에 투표해야만 통과될 수 있습니다. 국민투표가 통과됐다고 쳐도 과거 민진당 정부가 두 차례나 UN 가입 신청을 했지만 '거절' 당한 상황에서, 국민투표가 통과되었다고 UN 가입을 할 수 있는 건가라는 것을 우리나라 외교부조차도 확신할 수 없을 것입니다.

본래 민진당에서 '타이완 명의로 UN 가입'을 제출했고 이걸 계기로 타이완의 외교적 곤경을 돌파하고자 했었습니다. 그러나 근래 국제관계의 반대의 목소리를 보건대, 이 행동이 외교공간을 뚫는 데 도움이 되지 않을 뿐만 아니라 오히려 타이완의 외교를 더욱 궁지로 몰 뿐이었습니다. 기왕에 타이완이 UN에 가입할 조건이 안 된다면 국민투표로 국민들을 기만할 필요도 없습니다. 지금 타이완이 필요한 것은 경제발전이고, 안정과 평화입니다. 그래서 절대 다시는 터무니없는 번거로움을 만들지 말아야 합니다. 모두가 어렵게 얻은 지금의 성과를 유지해야지, 한순간에 물거품이 되게 해서는 안 됩니다. 특히 최근 베이징 시가 양안관계에 대해서도 호의적 해석을 내놓으면서 대등한 조건하에서 양안의 협상을 회복할 수 있다는 뜻을 비쳤습니다.

이처럼 유리한 국면을 맞이해 타이완은 사실 감정적으로 나가면 안 됩니다. 지금 우리는 타이완의 화합을 도모해야지, 국민투표를 해서는 안 됩니다. 타이완의 성장을 도모해야지, 국민투표를 해서는 안 됩니다. 타이완 국민의 안전한 생활을 도모해야지, 국민투표를 해서는 안 됩니다. 타이완의 중국진출 기업이 중국에서 평탄하게 발전토록 도모해야지, 국민투표를 해서는 안 됩니다. 더 나아가 타이완과 미국, 일본 등 국가 간의 우의유지를 도모해야지, 국민투표를 해서는 안 됩니다. 만일 미국의 경고를 무시한다면 결과는 어떻게 될까요? 만일 중국의 생각을 존중하지 않는다면 결과는 또 어떻게 될까요? 모두 심사숙고해 보지 않을 수 없습니다.

제 개인의 마음은 무척 간단합니다. 그저 양안의 전쟁이 도발되지 않기를 바라고, 타이완 국민이 도탄에 빠지지 않기를 바랄 뿐입니다. 제 자신이 북벌전쟁 시기에 태어났고, 8년간의 항일전쟁과 그 후 이어진 내전까지도 겪었기 때문에 전쟁의 잔혹함을 피부 깊숙이 이해하고 있습니다. 어렵사리 수십 년 동안 타이완의 경제성장을 보게 되었습니다. 각 종목에서 비약적인 발전을 장식하고 있고, 자유와 민주 또한 이미 꽃을 피우고 열매를 맺었으며, 도처에서 새로운 기상이 넘쳐흐르고 있습니다. 게다가 중국 역시 개혁개방을 통해 국제사회에 이름을 떨치고 있는 지금, 이것은 중국인들이 단결할 대단히 좋은 기회입니다. 중국이 평화적 통일을 이룰 수 있다면 양안 국민의 행복일 뿐만 아니라 해외에 거주하는 1억 이상의 화교들의 희망이기도 합니다.

저는 타이완에서 60년을 보냈습니다. 저는 타이완 국민이 사랑스럽다고 생각합니다. 사랑스런 타이완 국민은 근검절약하고 선량하며 소박합니다. 정객들은 더 이상 그들을 농락하지 말고, 그들을 자신의 정치투쟁의 도구로 삼지 말며, 또한 타이완을 사랑하는 타이완 국민의 마음을 이해하길 바랍니다. 타이완은 타이완에 거주하는 모든 타이완 사람의 것입니다. 타이완에 거주하는 타이완 사람, 그가 민남인이든 객가인이든 외성인이든 모두 중국인입니다. 중국인은 마땅히 서로 화목해야 합니다. 함께 번영을 누려야 합니다. 중국인은 마땅히 평화적 통일을 위해 나아가야 합니다. 이것이야말로 미래의 우리 앞날입니다. 이와 반대라면 타이완이 독립할 생존의 기회가 없고 그저 죽음의 길로 걸어갈 수밖에 없습니다.

최근 인터넷에서 거듭 종교계 인사들이 나서서 제게 국민투표 거절을 해달라고 호소하길 희망하는데, 비록 저는 이미 80을 넘은 노인이지만 국민을 이해하고 있고 타이완 60년 동안 저를 키워준 인연을 위해서 흉금을 털어놓지 않을 수 없었습니다. 진심으로 공개적으로 호소하지 않을 수 없습니다. 만일 3월 22일 국민투표를 중지할 수 있으면 가장 좋고, 그렇지 않으면 전 국민이 다 같이 나서서 국민투표를 거절할 수밖에 없습니다.

그때가 되어 만일 국민투표 거절이 성공한다면 민진당도 약간 반성할 수 있길 희망합니다. 이후 다시는 민족의 뜻을 조롱하지 말고 다시는 성적省籍의 감정과 동류 집단(族群) 간 대립을 도발하지 말아야 합니다. 지금은 이미 자유·민주의 시대입니다. 소수인의 집착을 가지고 다수인의 안전과 권리에 영향을 주어서는 절대 안 됩니다. 이것이 바로 현명한 선택입니다.

『인간복보』(2008. 3. 13.) & 『연합보』(2008. 3. 13.)

마/음/에/새/기/는/글

- 정치적으로 외줄타기를 하는 행위이고, '불필요하고도 불리한' 일이며, 정객들이 환상으로 국민을 기만하는 일이기에 국민은 마땅히 지혜를 발휘해 진상으로 자세히 밝혀 막다른 골목으로 잘못 들어가는 일이 없도록 해야 한다.

'선현여능選賢與能'을 부활시키자

60년 전 저는 국민당을 따라 타이완으로 건너왔습니다. 당시 국민당 역시 타이완을 아름다운 섬으로 만들고자 민주헌정 선거를 실시했습니다. 현縣과 시市의 지방관 선거에서 성省의 의원 선거까지, 그리고 원할시院轄市의 시장선거에서 입법위원 선거까지, 심지어 국가의 대통령 선거까지 큰 선거 작은 선거까지 거의 매년 한 차례 이상 치른 것 같습니다.

  선거를 위해 정부가 선거 업무에 쏟은 시간과 비용은 얼마인지 모르겠습니다. 국민은 선거 상황에 관심을 갖고, 인사人事와 시비是非에 대해 의견이 분분하고, 심지어 선거 물결의 들썩임에 따라 얼마나 많은 정신적 기력을 소비했는지 모릅니다. 이 가운데 제가 가장 생각나는 변화는 60년 전 가장 처음 치렀던 선거에서 중요한 구호였던 '선현여능(選賢與能: 어질고 능력 있는 사람 선출하기)'이란 말이 그 뒤로는, 특히 지금의 각종 선거에서는 더 이상 강조되지 않는다는 것입니다.

  현재의 선거는 모두 지역으로, 관계로, 사적 교우관계로, 이익으로 뽑습니다. 이미 '선현여능'해야 한다는 걸 잊은 지 오래입니다. 그저 지금은 누구나 '정견'에 관심이 없습니다. 설령 후보자가 정견을 들고 나왔다고 해도 물어보거나 들을 사람이 없습니다. 모두가 중시하는 것은 개인의 좋고 싫음이며, 모두 자기 한 몸의 작은 이익일 뿐입니다. 심지어 모두 감정적으로 일처리 하고, 대립을 만들고, 이미 아름다운 말인 '선현여능'은 잊어버린 지 오래입니다. 국가와 민주 정치에 대해 그게 얼마나 중요한 것인데도 말이지요.

사실 후보자와 내가 얼마나 관계가 있느냐는 크게 중요하지 않습니다. 그러나 그가 펼칠 정책은 전 국민과 대단히 밀접한 관계가 있습니다. 그러므로 후보자의 인품, 능력은 선거의 첫째 조건이 되어야 합니다. 이것은 매우 중요한 일입니다.

타이완에서 수년간 치러진 민주선거로 인해 전 국민은 신성한 한 표를 행사함으로써 자신이 국가의 주인임을 인지하게 되었습니다. 그러나 문제는 이 신성한 한 표가 국가의 미래를 결정짓는 한없이 귀한 것인데도, 이 신성한 한 표의 가격을 종종 300위안 내지 500위안으로 타락시키니 정말 안타깝지 않을 수 없습니다.

그러나 결과적으로 보면 타이완은 최근의 선거에서 투표하는 사람들이 자주, 자립, 자존, 자강을 배웠다는 걸 알 수 있습니다. 겉으로는 당신과 악수하고 웃기도 하지만 반드시 당신에게 투표하는 것은 아닌, 후보자의 각종 유세에 응수하는 걸 배웠습니다. 뿐만 아니라 모든 사람이 선거 속에서 독립적이고 자주적인 성격을 보여주었으니 많이 성숙됐다고 할 수 있습니다. 그러나 이 속에서도 안타까운 것은 '선현여능'에 대한 인식이 나아지지 않았다는 것입니다. 선거 때문에 형제가 불화하고 부부가 서로 반목하는 가정도 있고, 심지어 어떤 후보들은 선거를 위해 상대방을 비방하고 폭로하길 아끼지 않습니다. 민주선거로 인해 타이완은 더욱 빛났습니다. 가장 만족스러운 것은 국제사회에서 두드러진 성과를 나타낸 것입니다. 그러나 선거로 인해 발생한 부끄러운 사건들 역시 타이완을 국제사회의 웃음거리로 만들었으니, 깊은 우려를 감출 수 없습니다.

또 한 가지 얘기할 만한 것이 있습니다. 역대 선거마다 후보자들은 표를 모으기 위해 부처나 신들을 찾을 수밖에 없었고, 종교 발전에 대해서는 늘 성실하면서도 진실한 입장을 보여주었습니다. 이와 동시에 불교의 일부 출가자들도 현대 민주정치라는 열차에 올라타고 싶어 열심히 투표에 참가하기도 했습니다. 그러나 타이완 사회는 출가자가 정치에 관심을 갖고 선거에 투표하는 것에 대해 떨떠름하게 생각하는 사람이 있습니다. 심지어 당치도 않다는 말투로 "출가자도 투표를 해야 해?"라며 비난하기도 합니다.

사실 이것은 틀린 말입니다. 출가자가 비록 '출가'한 것은 맞지만 '출국'은 아니지 않습니까? 출가자 역시 세금도 내고 병역의 의무도 지고 국가에 대해 각종 공익의무를 다합니다. 그들 역시 국민의 의무를 다하는데 왜 투표할 수 없다는 건가요? 한 국가의 국민은 범죄로 인해 그 권리를 빼앗겨야 투표의 권리를 잃어버립니다. 그럼 모든 불제자들이 공공의 권리를 다 빼앗겨야 하는 건가요? 사회 대중이 불교를 공평하게 대우하지 않는 것 역시 타이완의 민주 소양을 더욱 고양시켜야 할 방면 중 하나입니다.

올해는 중화민국 건국 100주년이고, 내년에는 2012년 대통령 선거가 또 치러질 것입니다. 오랜 세월 타이완의 민주선거를 되돌아보니 제일 처음에는 당내인사, 당 외부인사로 나눠 선거를 했고, 후에는 이 당이냐, 저 당이냐를 놓고 선거를 했으며, 그 후에는 또 '사람을 보고 뽑는 게 아니라 당을 보고 뽑는' 선거였습니다. 심지어 '사람'을 보고 뽑는 것이 아니라 '돈'을 보고 뽑는 선거였습니다. 수년간의 민주 훈련과 교육으로 국민은 더 나아져야 하고, '선현여능'해야 합니다. 민주 헌정의 정신과 가치가 여기에 있습니다. 그래서 미래의 선거는 전 국민이 모두 공통된 인식을 지닐 수 있게 되고, '선현여능'이 다시 부활되도록 하길 바랍니다. 이것은 민주 헌정의 복된 일이자 전 국민의 복입니다.

『인간복보』(2011. 8. 11.)

마/음/에/새/기/는/글

- 선거에서 가장 중요한 것은 '선현여능'이다. 그러나 현재는 모두 당파로, 지역으로, 관계로, 사적 교우관계로, 이익으로 뽑는다. 심지어 몇백 위안의 '가격'으로 뽑는다.

- 민주선거로 인해 타이완은 더욱 빛났다. 가장 만족스러운 것은 국제사회에서 두드러진 성과를 나타낸 것이다. 그러나 선거로 인해 발생한 부끄러운 사건들 역시 타이완을 국제사회의 웃음거리로 만들었다. 수년간의 민주 훈련과 교육으로 더 나아지고 각성하여 '선현여능'이 다시 부활되도록 하자.

선현여능에 관한 나의 의견

많은 사람이 제게 최근 타이완 선거에 관련된 질문을 합니다. 나이가 들다 보니 귀찮은 게 싫어져 각 방면의 문제를 모아 다음과 같이 회답합니다.

첫째, 타이완의 정치 핵심인 '자유·민주'는 타이완의 지위를 한층 격상시켰습니다. 그러나 현재 타이완의 자유·민주는 서로 존중과 포용하는 것이 아니라 서로 나쁜 말로 싸우는 것입니다. 이것은 타이완의 꼴불견만을 더 가중시켰습니다.

둘째, 저는 최근 『예운대동편禮運大同篇』을 일필자一筆字로 썼습니다. 60여 년 전 처음 타이완으로 건너올 때가 생각납니다. 그 당시 타이완의 선거는 모두 이 책에 나오는 "선현여능, 강신수목(選賢與能, 講信修睦: 어질고 능력 있는 사람을 선출하며, 신의를 가르치고 화목함을 닦자)"이란 문장을 구호로 삼아 소리를 질렀습니다. 그러나 지금은 이런 소리를 전혀 들을 수 없을 뿐더러 심지어 욕설을 선거의 수단으로 삼고 있는 지경입니다. 이것은 자유·민주주의의 퇴보가 아닌가 싶습니다. 안타깝게도 아름다운 섬 타이완에서 이런 흉측한 소리를 듣게 되다니 정말 어울리지 않습니다.

셋째, 불광산의 사부대중 숫자가 굉장히 많습니다. 저도 누구 한 사람에게 투표하라고 규정지을 방법은 없습니다. 민주란 저마다 하나의 표를 가지고 자유의사로 선거하는 것을 말합니다. 그러므로 후보자는 정견을 가지고 타인의 표 한 장을 가져와야 하는 것입니다. 표를 얻고자 악수 한 번에 인사만 해서는 어렵습니다. 여기에서 저는 우선 각 후보자에게 양해를 구합니다. 저는 타인에게 영향을 끼칠 능력도 없고 방법도 모릅니다.

넷째, 저는 타이완의 후보자가 깨끗한 경선을 치르자고 제창하길 희망합니다. 표를 사지 않고, 욕설하지 않고, 청탁하지 않고, 빈 공약하지 않고, 자신의 정견과 이념을 발표한다면 순조로울 것입니다. 타이완이 다년간의 선거를 통해 국민은 '선현여능'에 대한 분별력과 인식을 이미 갖추게 되었습니다.

저도 후보자들에게 선거는 일시적인 것이고 인정과 도의는 일생을 가는 것이니 당선이나 낙선에 특별히 마음 쓰지 않기를 권합니다. 민주는 봉사를 우선으로 삼습니다. 대장부가 벼슬에 나아가면 천하를 두루 이롭게 하고, 나아가지 못하였다면 홀로 자신의 몸을 닦는데 힘쓰라고 했습니다. 나아가고 물러나는 것에, 또 당선되고 낙선되는 것에 연연할 필요는 없습니다.

다섯째, 저의 유언인 『진심어린 충고-나의 마지막 당부』에서 전 이렇게 밝혔습니다.

"난 이 한평생 가장 좋아한 사람도 없고, 또 가장 싫어한 사람도 없다. 국민당이든 민진당이든 공산당이든 심지어 세계의 모든 국민까지도 난 최대한 공평하게 대하려고 애썼고 모두에게 애증의 마음을 가진 적이 없다."

과거 타이완은 선거 때만 되면 저를 국민당 편으로 치부했습니다. 제가 국민당원인 것은 사실이지만, 수십 년 동안 저도 적지 않게 민진당에 투표했습니다. 왜냐하면 저는 출가자라면 마땅히 평등심을 가져야 되고, 능력 있고 어진 사람을 뽑아야 하며, 당을 보고 뽑는 게 아니라 사람을 보고 뽑아야 하고, 올바른 국가의 방침을 뽑아야 한다고 생각했기 때문입니다. 저를 '정치 스님'이라 말하지만 여기서 모두에게 분명히 밝히고자 합니다. '정치에는 조금도 관여 안 한다'가 제 인생관입니다. 저는 그저 사회에 관심 있는 불교의 한 중일 뿐입니다.

여섯째, 2011년 불광산 불타기념관이 개관된 이래 세계신명조산世界神明朝山 대회를 매년 한 차례씩 개최하고 있으며 수천의 신명이 불광산에 모여 우의를 다집니다. 전 세계적으로 볼 때 가장 아름다운 일이 아닐까 합니다. 저는 타이완과 전 세계의 각 종교는 서로 배척하거나 대립하지 말아야 한다고 생각합니다. 중화전통종교총회의 회장에 당선된 왕금평王金平 선생 역시 그와 궁묘宮廟 여러 곳과 밀접한 연관을 맺고 있는 것뿐 저와는 관계가 없습니다. 그러므로 왕 선생의 정치적 입장과 사람됨은 사회의 공론에서 자연히 평가될 것이지 제가 좌지우지할 수 있는 것이 아닙니다.

장차 어떤 후보를 선출하느냐에 대해 저는 그래도 이렇게 말하고 싶습니다. 타이완의 모든 유권자께서는 감정, 집착, 편견을 다 제쳐두고 타이완의 앞날을 위해 '현명하고 능력 있는 자를 선출'하는 민주적 소양을 보여주십시오. 우리는 그런 자를 선출하여 모두를 위해 봉사토록 해야 합니다. 그러면서 우리는 희망합니다. 그가 국민의 문제를 무시하거나 시간을 지연시키지 않고 해결에 나서길. 그가 뇌물을 받아 챙기지 않고 스스로 규율을 지키길. 그가 각종 명목으로 세금을 증가부과하지 않고 힘없는 기업을 돌봐주길. 그가 가능한 자원개발과 경제발전을 공권력으로 방해하지 않고 적극적으로 건설하길.

우리는 또한 누가 경선에 나가든 장래의 지도자가 타이완에 믿음을 주어 공평하고 정의로운 타이완을 건설할 것을 기대합니다. 평안하고 행복한 미래를 건설하여 모두에게 기쁨을 주길 기대합니다. 청렴한 정부를 건설하여 사회에 희망을 주길 기대합니다. 문제는 밀어두고 국민을 괴롭히지 말며 전 국민에게 편리함을 주길 기대합니다.

우리는 종교계가 공익에 대해 열렬히 지지하기를 바랍니다. 기업계가 벌어들인 수익을 정부에 돌려주길 바랍니다. 전 국민이 자아에 집착해 타이완의 앞날을 잃어버리지 말고, 이성적으로 타이완을 사랑하고 보호하길 바랍니다. 국가가 화목하게 발전하길 바라며, 사회가 화목하게 안정되길 바라며, 양안이 평화롭게 우의를 다지길 바라며, 국민들이 선량하게 교류하길 바랍니다.

마지막으로 저는 또한 각 후보자에게 그대들이 어떤 선거에 출마하는지 묻고 싶습니다. 중화민국의 총통에 출마한다면 중화민국을 위해 봉사해야 합니다. 일본의 수상에 출마한다면 일본에 가서 봉사해야 합니다. 태국의 총리에 출마한다면 태국에 가서 봉사해야 합니다.

저는 중화민국의 총통에 출마하는 그대들이 중화민국을 위해 봉사하고 중화민국의 국민 모두가 행복하고 안락하며 평안토록 최선을 다해 주길 발원합니다. 그렇게 해야만 그대들이 총통 경선에 나올 자격이 주어질 것입니다.

『인간복보』(2015. 6. 14.)

마/음/에/새/기/는/글

- 날 '정치스님'이라 말하지만 여기서 모두에게 분명히 밝히고자 한다. '정치에는 조금도 관여 안 한다'가 제 인생관이고, 난 그저 사회에 관심 있는 불교의 한 중일 뿐이다.

- 타이완의 모든 유권자께서는 감정, 집착, 편견을 다 제쳐두고 타이완의 앞날을 위해 '현명하고 능력 있는 자를 선출'하는 소양을 보여주어야 한다.

- 각 후보자는 어떤 선거에 출마하는지 분명히 알아야 한다. 중화민국의 총통에 출마한다면 중화민국을 위해 봉사해야 한다. 일본의 수상에 출마한다면 일본에 가서 봉사해야 한다. 태국의 총리에 출마한다면 태국에 가서 봉사해야 한다. 중화민국의 총통에 출마하는 그대가 중화민국을 위해 봉사하고 중화민국의 국민 모두가 행복하고 안락하며 평안토록 최선을 다해주길 바란다.

> 회향
>
> '성운가치', 국회의 난맥상을 개선시킬까?

글/ 고희균

1.

오늘(18일) 연합보 1면에는 굵직한 기사 두 가지 밖에 없었다. '입법원 개의, 결국 또다시 헛바퀴'란 보도가 지면의 3분의 2를 차지했고, 흥행을 기록하고 사람들에게 감동을 주었던 량리주(楊力州) 감독의 다큐멘터리 '줄다리기(拔一条河)'를 다룬 기사가 지면의 3분의 1을 차지했다. 이것은 십여 년 동안 타이완 사회의 기묘함과 숙명이다. 국회는 끊임없이 국민의 세금을 낭비하고도 무가치한 싸움만 계속하고 있다. 또 다른 민간에서는 변변찮은 재력을 가지고 비할 수 없는 열정으로 88수재를 당한 뒤의 갑산甲山초등학교 줄다리기 팀의 노력을 보여주었다.

　최근 국회의 행태는 절망에 가까웠지만, 민간에서는 포기하지 않고 노력하여 충분히 희망이 있었음을 보여주었다.

　민심을 고무시키는 또 다른 장면을 보자. 지난 주 일요일 불광산의 불타기념관에는 제2차 '성운인문세계논단星雲人文世界論壇'에 참가한 모옌(莫言) 선생이 '문학가의 꿈'을 강연했고, 성운대사께서는 '종교학자의 꿈'을 강연했다. 2천여 명의 청중은 강연에 집중하며 꿈

속으로 빠져들었다. 정신을 집중하며 몽상에 심취했다가 다시 현실 속으로 돌아왔다. 이건 정말 전에 없던 성대한 대회였다.

21세기 중국의 동란 시대에 양주에서 태어난 성운대사와 산동의 까오밀(高密)에서 태어난 모옌은 28년의 세월차가 있지만, 두 아이는 모두 기아와 빈곤 가운데 자랐으며, 둘 다 초등학교 교육을 다 마치지 못했다.

모옌은 고향땅의 양분을 먹고 빈곤한 농촌에서 단련하며 스스로 떨쳐 일어나 글을 써 세계문학이라는 산꼭대기에 올라섰고, 작년 (2012)에 노벨문학상을 받았다.

성운대사는 12세에 출가하여 1949년 23세의 나이에 대만으로 건너와 인간불교에 온 몸을 바쳤으며, 64년 동안 아무리 먼 곳이라도 닿지 않는 곳이 없을 정도로 '성운세계'를 개척했다.

빈곤했던 두 아이는 사회 전체를 풍부하게 했는데, 탐욕스러운 정객들은 그저 자신의 배를 불리기에 급급했다.

2.
성운대사는 국내외에 다수의 일반 대학과 지역사회 대학, 중화 단과대학을 설립했고, 인간복보 신문사, 인간위시人間衛視 방송국, 다수의 도서관, 미술관, 전 세계 300여 곳에 달하는 말사, 그리고 막 낙성된 장엄하고도 따스한 불타기념관을 건립했다.

나는 입법원 개의 첫날의 싸움판 대회가 자비와 지혜의 상징인 불타기념관으로 옮겨놓는다면 과연 어떤 광경이 벌어졌을까 생각해본다. 만일 입법위원들이 시간을 내서 내가 종합해 놓은 '성운가치'

를 한 페이지, 아니 한 번이라도 읽어본다면 국회의 운영이 더욱 순조롭게 흘러가지 않을까? 양 당이 서로 평온하지 않을까?

수년간의 성운대사의 저서, 언행, 그리고 신념 등을 통해 난 다음과 같은 10가지의 '성운가치'를 종합해 보았다.

①이 모든 것들은 나의 것이 아니다. 난 책상 하나 가진 것이 없다. (비움을 즐거움으로 삼는다.)

②없음을 있음으로 삼아 자신이 가진 것에 의존하지 않는다. (무욕은 곧 강함이다.)

③무리 가운데 내가 있고, 내 가운데 네가 있다. (운명공동체이다.)

④대중이 첫 번째고, 자신은 두 번째이다. (두 번째 철학)

⑤네가 옳고 내가 그르다. 네가 크고 내가 작다. 네가 있고 나는 없다. 네가 즐겁고 나는 힘들다. (포용, 겸손)

⑥행하기 어려운 일을 행하고, 어울리기 어려운 사람과도 어울린다. (어려움을 극복한다.)

⑦정과 의리가 있으니 모두가 즐겁다. (정과 의리를 두루 돌보다.)

⑧난 관리할 줄 모르고 그저 사람 마음만 안다. (마음으로 타인을 대한다.)

⑨타인과 인연 맺음에는 그저 진실한 마음만 있으면 된다. (마음으로 친구를 사귄다.)

⑩난 자비로운 마음 하나와 중국인의 마음 하나 가지고 있다. (마음을 근본으로 삼는다.)

이러한 가치들은 모두 '아낌없이(捨得)'를 핵심으로 한다. 특히 밤

낮없이 권세와 재물만 좇는 사람은 '아낌없이'를 행하는 것이 자신의 건강과 가정, 품격, 명예, 그리고 불면증 등으로부터 자신을 구할 수 있으니 어떠한 약물보다 더 효과적이다.

성운대사의 가치가 오늘날 국회의 난맥상을 변화시킬 수 있을까? 불교신도인 왕王 원장이라면 다른 일반인보다 더 잘 이해할 것이다.

(2013. 9. 18.)

4장
담심사
談心事

선행을 권하고 어리석은 잡념에서 벗어나라

자비사랑 열차, 영원히 이어가기를

저는 1949년 타이완으로 건너온 후 줄곧 인심을 정화하고 사회를 안정시키는 일에 매진해왔고, 50여 년 동안 한 번도 멈춘 적이 없었습니다. 출가자는 자비를 항상 지녀야 하고 사회와 중생에 관심을 가져야 하는 것이 마땅히 해야 할 일이니 들춰내 떠벌릴 필요는 없습니다. 작년 말 이후 타이완에서는 몇몇 굵직한 형사사건이 연속해서 발생했습니다. 그렇지 않아도 불안한 사회에 거대한 파란을 일으켜 국내에 거주하는 사람들은 자신이 안전하지 않다고 느끼는 분위기였고, 해외의 화교들 역시 귀국하려는 계획을 모두 취소하고 있습니다. 모든 사람들이 "도대체 타이완이 왜 이러는 거야?"라고 묻습니다.

일전에 전 세계 각지에서 온 국제불광회 이사회를 개최하던 중 '자비사랑 열차(慈悲愛心列車)' 활동을 거행해 보자고, 불광회 회원이 앞장서서 사회의 모범이 되자고 의견제시를 했습니다. 즉 불광회원이 자신의 선한 마음과 다리로 골목길과 시장, 학교 등을 누비고, 군중이 모이는 곳이라면 어디든 길거리 강연, 합창, 소책자 배포 등의 방식으로 대중의 선심과 양심을 일깨우도록 포교하는 것을 말합니다. 제가 제시한 「현대선지식 53참參」이라는 수신어록修身語錄은 일상생활에서 쉽게 실천할 수 있는 것들입니다. 저는 사람들이 매일 착한 일 한 가지 실천하기, 칠계七戒 운동 전파하기, 십선염十善念 수행하기, 십악습十惡習 없애기, 매일 자신을 되돌아보고 반성하기, 지족하고 은혜에 감사하기, 참회와 발원하기 등을 저마다 실천하길 바랍니다. 모든 사람이 스스로를 개선하는 것에서부터 우리의 사회는 정화될 수 있고 국가에는 희망이 생깁니다.

'자비사랑 열차'의 첫 운행은 5월 25일 시작으로 1개월간 지속되어 슬슬 열기가 올라가기 시작했습니다. 이어서 두 번째 운행은 '자비사랑인(慈悲愛心人)'이라 명명했습니다. 모든 사람이 자비사랑 열차가 되는 것이다. 우리는 2천 명을 모집해 '자비사랑인'을 만들었습니다. 모든 사람이 1주일 동안 2시간씩 시간을 내 학교, 거리, 골목, 기차역 등에서 자비사랑 홍보를 했습니다. 예를 들어 2시간 동안 '사랑인' 한 명이 10곳에서 설명을 했다면 2천 명이 하루 동안 만여 곳에서 홍보한 것입니다. 지나는 행인들은 거리 곳곳에서 우리의 사랑인들을 볼 수 있고 우리의 노랫소리를 들을 수 있으니, 이러한 광경이 일정 시간 지속된다면 대중의 관심을 끌게 될 것이고, 민중 누구라도 우리가 제창하는 '53참' 수신어록을 기꺼이 보고 듣기만 한다면 반드시 좋은 성과를 거두게 될 것입니다.

'자비사랑인'을 훌륭하게 다듬고 난 다음에, 세 번째 운행은 학교로 가서 자전거 부대를 조직합니다. 봄 소풍이나 포크댄스를 추면서, 또는 가든파티를 하는 방식을 통해 그들 주위의 같은 학생들에게 영향을 줄 수 있습니다. 이러한 조직은 젊은이들을 끌어들입니다. 국가의 미래 주인공들인 이런 젊은 학생들을 모두 가르치지 않으면 안 됩니다. 그들은 '자비사랑 청년인'이든 '자비사랑 자전거인'

이든 이름이야 뭐라도 괜찮습니다. 그들 한 사람 한 사람이 매주 두 시간씩 시간을 내 교정과 시 근교, 산꼭대기나 골짜기에서도 학생들에게 자비사랑의 관념을 홍보하게 합니다. 이 팀의 학생들은 다른 학생들에게 영향을 주기 전에 자신이 먼저 이러한 관념을 이해해 받아들여야 합니다. 기초가 확실한 밑바탕이 교육되어야 우리 사회풍토가 개선될 가능성이 있습니다.

우리는 이런 의미에서부터 확산을 시작해 나갔습니다. 이 하나의 '점點'이 널리 퍼져 결국 하나의 '면面'에 이르게 되고, 이후에는 '자비사랑 연예인'으로 발전할 수 있습니다. 연예인은 기풍을 불러일으키는 작용을 합니다. 그들이 나서 홍보하면 힘은 더욱 커집니다. 더 나아가 '자비사랑 공상인', '자비사랑 기자'로 발전해 나갈 수 있습니다. 기자들로 하여금 선전하게 하고, '자비사랑 가정', '자비사랑 사회' 등등 자비사랑의 열차'는 영원히 굴러갈 수 있습니다.

사람은 누구나 자비를 필요로 하고, 사람은 누구나 사랑을 좋아합니다. 우리는 전부를 잃어도 자비심 하나만큼은 절대 잃어서는 안 됩니다. 자비가 있어야 재물과 인연을 가진 것이고, 사랑이 있어야 환희와 화목을 가진 것입니다. 자비사랑의 최종 목표는 바로 모든 사람이 '자비사랑인'이 되는 것입니다. 사람이 저마다 자비사랑인이 되면 타이완은 자비사랑의 아름다운 섬이 되는 것 아니겠습니까?

『보문普門』잡지 제215호(1997. 8. 1.)

마/음/에/새/기/는/글

- 사람들이 기풍을 불러일으키면 힘은 더욱 커진다. 자비와 사랑을 목표로 삼으면 생명의 의미는 또 달라진다.

- 모든 사람이 자비사랑 열차가 되어 약간의 시간과 능력, 그리고 자비심을 보시하면 '점'에서 출발한 열차는 '면'으로 확산되고, 기쁨과 화합의 자비로운 땅 타이완으로 바꿀 수 있다.

복보福報는 무엇인가?

복보福報란 무엇입니까? 간단하게 말해 선하고 아름다운 보답입니다. 예를 들면 어려서는 행복한 가정에서 태어나 용모가 단정하고 총명하며, 신체 건강하고 마음씨 착하고 명랑하고 즐거우며, 자라서는 학업이 순조롭고 사업이 뜻대로 이루어지며 아름답고 다복한 가정을 꾸리는 것입니다. 그리고 노년에는 자녀들의 효도를 받고 청렴한 마음으로 만족과 즐거움을 알고, 무병장수하며 호상을 맞는 것 등이 모두 소위 말하는 '복보'입니다. 모두들 복보를 원합니다. 그래서 우리는 설 명절이 되면 많은 집 문에 '오복입문五福入門'이라는 춘련春聯을 붙인 걸 볼 수 있습니다. 보통 사람들은 새로운 한 해가 시작될 때면 복福, 봉급(祿), 장수(壽), 재물(財), 기쁨(喜) 다섯 가지 복이 집안에 내려 가족 모두 복 받기를 기도합니다.

 모두가 복보를 구하지만 각자 받는 복보는 저마다 다릅니다. 가족 내의 형제자매라도 같을 수 없는데 세상의 수많은 중생이야 더 말할 것도 없겠지요. 왜 모두들 복보가 다를까요? 불교식으로 얘기하면 '선한 인因을 심으면 선한 과果를 얻고, 악한 인을 심으면 악한 과를 받는다'는 인과관계를 벗어날 수 없기 때문입니다. '전생에 심은 인을 알고 싶다면 현생에서 받는 것을 보면 되고, 미래에 얻을 것을 알고 싶다면 현생에 짓는 것을 보라'고 했습니다. 이것은 전세, 금세,

내세의 삼세가 복보의 많고 적음과 밀접한 관계가 있음을 분명하게 설명하고 있습니다.

과거세에서 행한 선악을 우리가 되돌릴 방법은 이미 없습니다. 그러므로 중요한 것은 금생과 내세의 복보를 위해 노력해야 한다는 것입니다. 복보가 없는 사람은 당연히 그렇게 해야 하고, 반면 복을 가진 사람 역시 언제나 복을 아끼고 복을 더 늘려나가야 합니다. 왜냐하면 복을 누릴 줄만 알고 아끼거나 더 키울 생각을 하지 않는다면 복보는 언젠가 다 써서 없어질 것입니다. 은행 예금을 꺼내 쓰기만 하고 저축하지 않으면 금액이 날로 줄어드는 것과 같습니다. 또한 학생이 아무리 총명해도 열심히 노력하지 않으면 결국에는 '어려서 총명하다고 자라서 반드시 잘 되는 것은 아니다'라는 결과를 맞게 될 것입니다.

그렇다면 어떻게 복보를 얻을 수 있는지가 우리의 최대 관심사일 것입니다.

1. 너그러운 말투로 복보를 얻는다

일처리와 대인관계에 너그러우면 많은 편리함을 얻을 수 있고 일하기에 편리하고 막히는 일이 없으니 복보입니다. 친구를 사귐에도 너그럽고, 처세에도 너그러우며 항상 칭찬하는 말을 하고, 어질고 너그러우면 자연히 복보를 얻을 수 있습니다. '너그럽게 타인을 대하고, 엄격함으로 자신을 대한다'는 중국 유교의 행동이나 일처리 방식일 뿐만 아니라 불교에서 복에 이르는 방식이기도 합니다.

2. 타인과 인연 맺음으로 복보를 얻는다

평소 사람을 만나면 가벼운 목례와 미소, 친절하게 안부를 물으며, 쉽게 할 수 있는 사소한 봉사, 어려운 사람을 보고 열심히 돕거나 타인의 좋은 일을 끝까지 도울 줄 알고, 항상 좋은 일 많이 하는 것이 모두가 타인과 인연을 맺는 방법입니다. 이렇게 하면 자연히 복보가 늘어날 것입니다. 법계의 일체 중생은 서로 의존해서 살아가고 공존 공생하는 생명체이기 때문입니다. 그래서 복보를 얻고 싶다면 인연을 맺는 것이 무척 중요합니다.

3. 기쁘게 보시하면 복보를 얻게 된다

보시는 씨를 심는 것과 같습니다. 잘 파종하는 법을 알기만 하면 반드시 풍성한 수확을 거둘 것입니다. 불교에서 말하는 공덕을 쌓으라는 것이 곧 복전福田에 씨를 뿌리는 것입니다. 복전은 또 경전敬田, 사전思田, 비전悲田으로 나뉩니다. 불보살과 고승대덕을 존경하고 공양하는 것이 경전입니다. 부모와 웃어른, 자신을 키워준 국가와 사회의 은혜에 보답코자 노력하는 것이 사전입니다. 자비심으로 빈곤한 사람을 구제하는 것이 비전입니다. 이 중 어느 것 안에라도 파종하면 수확을 얻을 수 있고 복보를 늘릴 수 있습니다.

　결론적으로 좋은 말하고, 좋은 일하고, 좋은 마음을 갖는다면 자신과 사회를 정화하고 화목하게 하는 것이며, 자신의 복보를 키우는 것일 뿐만 아니라 사회 대중까지도 복보를 누리게 하는 것입니다. 불광산은 4월 1일부터 「인간복보」라는 신문을 정식으로 발행하기 시작했습니다. 내용은 참되고 착하고 아름다운 온정과 관심, 광명의 소식을 위주로 다룰 것입니다. 주로 사람의 마음을 정화하고 사회의 화목을 촉진하는 것을 목표로 할 것입니다. '인간에 복보가 있고, 복보가 인간에 가득하길' 희망합니다.

『국어일보國語日報』(2000. 7. 3.)

마/음/에/새/기/는/글

- 모두가 복보를 구하지만 각자 받는 복보는 저마다 다르다. 복보의 많고 적음은 '전생에 심은 인을 알고 싶다면 현생에서 받는 것을 보면 되고, 미래에 얻을 것을 알고 싶다면 현생에 짓는 것을 보라'와 관계가 있다.

- 복보를 얻고 싶다면 복전福田에 씨를 뿌려야 한다. 경전敬田, 사전思田, 비전悲田 모두 복전이다. 존경하고 감사하고 자비로운 것 모두 복전에 씨를 뿌리는 것이다.

방생放生과 호생護生

일전에 유명한 TV프로그램 사회자인 진문묘陳文茆 씨가 잡지에 한 편의 글을 발표했는데, 그녀가 참여한 방생 활동에 대한 내용이었습니다. 매체 상에서 열띤 토론이 벌어지자 많은 사람들이 불교의 입장에서 방생이라는 것을 어떻게 생각하는지, 현대사회는 또 어떻게 정확한 생명 관념을 수립해야 하는지에 대해 제게 질문을 했습니다.

먼저 지구의 환경은 서로 밀접하게 연결되어 있다는 것을 우리는 잘 알고 있습니다. 예를 들어 지구상 어디에선가 나비가 가볍게 날갯짓만 해도 다른 곳에서는 토네이도가 일어날 수 있다는 것이 이미 증명되었습니다. 생태계는 매우 복잡하면서도 정밀한 시스템입니다. 모든 생물의 종種 간에는 서로 깊은 연관이 있습니다. 타이완을 예로 들어봅시다. 일찍이 소라가 들어왔는데 이 외래종이 주객이 전도돼 수역을 강제 점령하고 앉아 농어업의 골칫거리가 되었습니다. 후에 또 남미주로부터 피라니아를 몰래 들여와 시장 시세가 안 좋을 때 또 몰래 르위에탄(日月潭)에 방류해 여행업계에 위협이 되었다고 들었습니다. 심지어 공원의 연못에서 악어를 잡았다는 뉴스는 상상도 못할 정도로 놀랍습니다.

우리 불광산은 해마다 누군가 유기견이나 고양이를 가져다 놓곤 합니다. 이건 말할 것도 없고 심지어 독사와 거북이를 가져다 놓는 사람도 있습니다. 생각해 보십시오. 멋대로 독사를 사찰에 풀어놓다니, 위험한 행동 아닙니까? 이것들은 모두 무책임한 행동이며 올바르지 못한 관념들로 인한 부작용들입니다.

누군가는 "방생은 좋은 일 아닌가요?"라고 말합니다. 불교신자는 인권을 존중하는 것은 물론 생권生權 역시 존중합니다. 그래서 방생을 앞장서서 제창합니다. 그러나 후에 여법如法하지 않은 행태들로 변천되었습니다. 예를 들어 삼귀의를 위해 방생하려는 물고기와 새를 조롱이나 유리병 안에 넣고 몇 시간을 기다리게 합니다. '살도록' 놓아주기도 전에 이미 '죽은' 것들이 부지기수입니다. 더욱 심각한 것은 방생법회를 치르고자 하면 행사 전 생선 소매상과 조류 소매상들이 대규모 방생에 맞춰 수량을 많이 확보한다는 것입니다. 또한 많은 가정에서 기르던 새와 짐승을 아직 야생 생존능력이 갖춰지지 않은 것을 알면서도 방사하고 나면 나 몰라라 하니, '방생'으로 인해 생명체가 더욱 고통 받게 됩니다.

옳지 않은 방생은 이름만 그럴싸하게 방생이라 포장했지만, 사실상 여법하지도 않고 도덕적이지도 않습니다. 불교에서 제창하는 살상하지 말고 적극적으로 생물을 보호하자는 것은 일체의 유정한 생명에 대한 존중입니다. 이런 사상은 게송에 잘 나타나 있습니다.

내 육신과 중생의 육신이 이름만 다를 뿐 몸은 다르지 않다.
본래 같은 계급이나 형체만 다를 뿐이다.
고통과 번뇌는 그가 받고 나는 맛난 고기로 살찌우니,
죽어 염라대왕의 판결 기다리지 말고

마땅히 어찌해야 할지를 지금 생각하라."

많은 생물의 생명이 미약하다 누가 말했던가?
다 같은 골육이요, 또한 다 같은 피붙이이거늘.
권하노니 그대 나뭇가지로 새 때려죽이지 마오.
어린 새끼가 둥지에서 어미 새 돌아오길 기다린다오."

　그러므로 불교의 계율은 동물의 보호에 대해 적극적인 자비사상을 담고 있습니다.
　불교의『육도집경六度集經』에는 부처님이 아득한 전생 때에 사슴왕으로 태어났는데 어미사슴을 대신해 몸을 던지자 감동받은 국왕이 동물보호구역을 지정해 수렵과 살상을 금지했다고 기록되어 있습니다. 부처님이 세상에 계실 때 아쇼카 대왕은 널리 나무를 심어 중생에게 그늘을 만들어 주고 병원을 설립했으며, 궁궐 주방에서는 살상해서는 안 된다는 규정을 만들기도 했습니다. 이 모든 것이 호생(護生: 생명 보호)에 대한 불교의 가장 훌륭한 귀감입니다. 오늘날 사람이 동물의 집을 만들어주고 늙을 때까지 키우며 병나면 치료까지 해준다면 이것은 모두 적극적인 호생입니다.
　그 밖에 채식 역시 적극적인 호생의 방법입니다. 현재 채식은 이미 여러 나라에서 유행하는 한 문화가 된 것 같습니다. 중화문화권을 넘어서 유럽과 아메리카 국가에까지 전파되었습니다. 제가 알기로 유럽, 아메리카의 많은 사람이 불교신자가 아니면서도 오로지 건강상의 이유로 널리 채식을 전파한다고 합니다.

최근 연구보고에 따르면, 현대사회는 대규모의 육식 수요를 공급하기 위해 일관된 작업생산 방식으로 가축과 물고기, 새우 등을 양식하여 대량의 토지, 물, 전기, 인력, 양식 등을 소모할 뿐만 아니라 대량의 천연자연림을 베어버리고 있습니다. 육식문화는 삼림의 손실, 토지의 황폐화, 온실효과, 환경오염 등을 초래해 지구의 반격이라는 악과惡果를 발생시키고 있습니다.

사실 세계의 모든 생물은 상호의존관계에 있기 때문에, 반드시 균형적으로 발전해 나가야 합니다. 하지만 오랜 세월 인류의 무분별한 살생과 포획으로 이미 생태계는 파괴되기 시작했으며, 수많은 동물이 멸종위기에 놓여 있습니다. 물고기가 한가로이 노니는 광경을 상상해 보십시오. 참으로 아름다운 생태환경이 아닙니까? 그러나 과거에는 낚싯대나 어망을 이용해 고기를 잡았지만 오늘날에는 폭약, 독, 전기 등을 사용한다니 진정 모두 죽여 씨를 말려야 속이 시원하단 말입니까? 심지어 매년 타이완의 핑동(屛東) 헝춘(恒春)을 지나가는 회색독수리와 백로를 항상 온갖 방법으로 포획하고 살생하려는 사람들이 있습니다. 인류가 이렇게 생태계를 파괴하고 대자연의 자원을 점점 고갈시키는 것은 살 길을 스스로 끊는 것이며, 결국에는 나쁜 결과를 자신이 받게 될 것입니다.

그러므로 우리는 생명에 대해 그 생존까지도 보호해야 합니다. 생명이 있는 것은 사람은 말할 것도 없고, 참새 한 마리, 물고기 한 마리, 잠자리 한 마리, 나비 한 마리, 심지어 산하대지의 화초와 수목 하나라도 생명이 있는 것이라면 우리는 그 생존을 보호해야 합니다. 사람과 자연만물은 '동체공생'의 관계이기 때문에 서로 존중해야만 함께 존재하고 번영해 나갈 수 있습니다.

　사실 호생의 가장 큰 의의는 사람에게 살 길 하나를 놓아주는 것입니다. 타인에게 편리함을 주고, 타인을 구제해 주고, 타인을 괴로움에서 건지고, 타인과 선하고 좋은 인연을 맺고, 타인의 좋은 일을 도와 완성시키는 것 등이 호생이며 생명 존중입니다.

『인간복보』(2011. 10. 10.)

마/음/에/새/기/는/글

- 우리 불광산은 해마다 누군가 유기견이나 고양이를 가져다 놓곤 한다. 이건 말할 것도 없고 심지어 독사와 거북이를 가져다 놓는 사람도 있다. 멋대로 독사를 사찰에 풀어놓다니 위험한 행동 아닌가? 이것들은 모두 무책임한 행동이며 올바르지 못한 관념으로 인한 부작용이다.

- 불교신자는 인권을 존중하는 것은 물론 생권生權 역시 존중한다. 그래서 방생을 앞장서서 제창한다. 그러나 후에 여법如法하지 않은 행태들로 변천되었다.

- 불교는 살생하지 않음에서 더 나아가 적극적으로 생물을 보호하길 제창한다. 일체의 유정한 생명을 존중하고, 동물을 보호하기 위해 계로써 채식 식사를 하는 것 모두 적극적 자비사상이 담겨 있다.

- 사람과 자연만물은 '동체공생'의 관계이기 때문에 서로 존중해야만 함께 존재하고 번영해 나갈 수 있다.

화합에서 평화로

최근 중국에서는 수많은 구호를 쏟아내고 있으며, 일부 훌륭한 구호들은 중국에 발전을 가져오기도 했습니다. 예를 들어 덩샤오핑 선생은 '개혁개방'을 부르짖은 적이 있습니다. 지금의 중국을 보십시오. 경제발전을 이룩했고, 고속도로가 늘어났으며 고층빌딩이 쑥쑥 세워지고 해외여행객들의 발길이 끊임없이 이어지고 있습니다. 이 모두가 '개방'이 가져온 결과가 아니겠습니까? 장쩌민 선생의 '중국을 변화시키자'는 구호는 중국을 단결시켰고 중국을 안정시켰습니다. 이 모두가 반박할 수 없는 사실입니다. 그러나 그 중에서 가장 이루기 힘든 것은 후진타오 선생이 제의한 '사회화합'입니다.

'사회화합'은 지극히 평범한 말 같지만 중국인들은 미래의 지표로 세웠습니다. '세계평화 선도'라는 것은 수준이 높아서 따라 부를 수 있는 사람이 드문 곡과 같습니다. 그러나 '사회화합'은 모든 국가와 사회가 필요로 하는 것입니다.

세간에서 전쟁보다 더 참혹한 것은 없습니다. 역사를 되돌아보면 중화민족이 우수한 문화를 가졌지만 역대 이래로 크고 작은 전쟁이 끊이지 않았고 모두가 참혹한 투쟁이었습니다. 심지어 부유한 자에 기대 가난한 자를 괴롭히고 강한 자에 빌붙어 약한 자를 괴롭히는 등 화목하지 못했습니다. 그 중에는 물론 국민당의 '나와 다른 것을 배척한다'와 공산당의 '문화대혁명'도 포함됩니다. 그보다 더 잔혹한 살생은 앞으로 다시 볼 수 없을 것입니다.

지금 후진타오 선생이 '사회화합'을 제시했고, 일전에 마잉지우 선생이 중국과 체결한 '양안평화' 협의를 배척하지 않겠다고 했으니 모두 중요한 논의들입니다. '사회화합'의 기초 위에서 '양안평화'를 이루기는 어렵지 않을 것입니다. '사회화합'에서 더 나아가 마잉지우 선생의 '양안평화'협의를 수긍하길 희망합니다. 화합에서 평화로, 아마 모두가 기쁘게 반길 것입니다.

사실 화합 또한 모두가 한 모습일 필요는 없습니다. 눈은 보기를, 귀는 듣기를, 입은 먹기와 말하기를 담당합니다. 소위 '사회화목' 내에도 사농공상과 각 계층의 사람 등 각자의 자리에서 각자 자기 일을 담당하고 있습니다. 서로 싸우지 않고, 살육하지 않길 바랄 뿐입니다.

고희균 교수께서 제창한 것처럼 지금은 '블루오션 전략(Blue Ocean Strategy)'의 시대이니 마땅히 '레드 오션(Red Ocean)'의 지난 일은 지양해야 합니다. 제 생각에 오늘의 대만해협교류기금회(海基會)와 중국해협양안관계협회(海協會) 역시 양안 인사들에게 '사회화합'의 중요한 이론적 기초, 즉 '논쟁을 내려놓자'를 더 선전해야 합니다.

'논쟁을 내려놓자' 얘기가 나왔으니, 저는 '같은 가운데 다름이 존재하고 다른 가운데 같음을 찾는다'는 주장을 펼칩니다. 정치도 좋고 경제도 좋고 사회도 좋고 종교도 좋고, 무슨 주의도 좋습니다. 모두에게는 수많은 다름이 존재합니다. 그러나 비록 서로 수많은 다른 점이 있다 하더라도 서로 방해하지 않고 서로에게 피해를 주지 않는다면 모두가 함께 공생하고 평화롭게 공존할 수 있습니다.

마치 노래를 부르는 것과 같습니다. 2부 합창이나 4부 합창에는 소프라노와 베이스가 서로 다르지만 조화롭기만 하면 매우 듣기 좋습니다. 또한 춤과도 같습니다. 당신이 손을 들면 그는 발을 움직입니다. 동작은 다르지만 무척 아름답습니다. 사람의 오관五官은 저마다 다르지만 균형적으로 갖춰져 있다면 아름답게 보입니다. 입고 있는 옷들은 길이와 색깔이 저마다 다르지만 몸에 맞기만 하면 보기 좋습니다.

사실 한 국가 안에서 당파싸움이나 사람 사이의 다툼은 피할 길이 없습니다. 우리의 입 안만 하더라도 가끔 실수로 혀를 깨무는 경우도 있지 않습니까? 그 모든 것을 걱정할 것 없습니다. 우리는 그래도 희망합니다. 국가는 '싸움'이 아닌 '사랑'을 원한다고.

오늘 우리가 만일 아름다운 타이완, 아름다운 중국, 아름다운 세계, 아름다운 인류를 보고자 한다면 '화합'이 중요한 키포인트가 됩니다. 당시 소련이 해체된 것은 각자 딴 마음을 품고 친한 척 지내기보다는, 차라리 화합하면서 각자의 발전을 꾀하겠다는 의미입니다. 또 유럽연맹체처럼 유럽의 국가가 많지만 개인의 이익을 내려놓기만 하면 대중을 위해 오래도록 화합된 사회를 이룰 수 있습니다. 그러므로 후진타오 선생의 '사회화합'에서 마잉지우 선생의 '평화협의'까지를 우리들은 손꼽아 기다립니다.

화합은 전 국민이 모두 원하는 것이고, 평화 역시 모든 당파와 종족이 원하는 것입니다. 저는 양안의 주요 정부 인사들께서 '화합'도 좋고 '평화'도 좋으니 모두가 확실하게 공평하고 정의로운 책임을 지고 전 국민의 복지를 위해 힘써주시길 희망합니다. 이것이야말로 가장 중요한 것입니다.

『인간복보』(2011. 10. 24.)

마/음/에/새/기/는/글

- '개혁개방'과 '중국을 변화시키자'에서 '사회화합'이란 구호까지 크고 작은 전쟁이 끊이지 않았던 중국의 긴 역사에서 얻기 쉽지 않은 발전의 길을 걷게 했다.

- '사회화합'의 기초 위에서 '양안평화'를 이루기는 어렵지 않을 것이다.

- '사회화합'의 중요한 이론적 기초는 즉 '논쟁을 내려놓자'는 것이다. '같은 가운데 다름이 존재하고 다른 가운데 같음을 찾는다'는 말처럼 서로 방해하지 않는다면 모두가 함께 공생하고 평화롭게 공존할 수 있다. 우리는 이날을 손꼽아 기다린다.

현장법사의 유적인 당나라 흥교사 철거에 대한 견해

2013년 4월 초, 중국 섬서성 서안에는 1,300여 년의 역사를 지닌 당나라의 고승 현장법사의 유해가 모셔진 흥교사가 대규모 철거라는 위험에 놓여 있다. 이 소식이 전해지자 각계 인사들의 반대의 목소리가 쏟아지고 있으며, 성운대사 또한 이에 대한 견해를 공개적으로 표출했다.

이 소식을 듣고 저는 놀라지 않을 수 없었습니다. 저는 중화문화를 부흥시키려는 중국의 지도자라면 문화에 대해 존중해야 한다고 생각합니다. 당나라의 흥교사는 중국의 광영입니다. 특히 당나라 때 현장법사玄奘法師는 중국 불교를 위해 수많은 기초를 세웠습니다. 그는 국제문화를 소통시킨 첫 출가자이고, 고난을 뚫고 모험을 감행한 첫 유학생이며, 장안에서 정치를 도와 공을 세운 첫 대덕입니다. 그러므로 지금 그의 역사를 철거하겠다는 것은 문화에 대한 일종의 훼손이라 말할 수 있습니다.

사실 건축물을 철거하기 전, 중앙정부는 사찰을 어떻게 전체적으로 수리할 것인지 설명과 함께 설계도를 곁들여 세상에 발표해야 합니다. 이렇게 해야 들끓는 여론을 잠재울 수 있습니다. 특히 문화부흥이라는 전제하에서 문화를 마땅히 정돈하고 부흥시키고 더욱더 발전시켜야 합니다. 더구나 흥교사는 실크로드(현장법사가 인도에 경전을 가지러 가는 여정)의 기점으로, 이미 UN에 '세계문화유산'으로 신청되어 있는 상태입니다. 철거는 후대에 지어진 건축물 부분만이라 합니다. 사실 모든 고대 건축물은 필요에 의해서 서서히 하나씩 지어진 것입니다. 그렇게 하나씩 지어져 지금의 모습을 갖춘 것이라면 더 이상 철거해서는 안 됩니다. 그러므로 담당책임자는 현재 상황에 대한 전면적인 이해를 한 뒤 평화적 해결방안을 내놓길 희망합니다. 그토록 드넓은 중국 땅에서 현장법사의 홍교사 하나 품을 수 없단 말입니까?

저는 다른 나라에 있는 인사로서 중국의 내정에 간섭할 수 없고 자세한 상황까지는 이해할 수 없으며, 모두 들려오는 말들을 전해들은 것이지만, 중국불교회에서 나서 중재해주길 희망합니다. 홍교사는 가치를 매길 수 없는 것인데, 만일 훼손되면 중국문화의 입장에서는 대단히 안타까운 일이 아닐 수 없습니다.

불광산은 불교문화를 보호하기 위해 많은 노력을 기울여 왔습니다. 부처님 사리 하나를 위해 불타기념관을 지었습니다. 역대 문물의 손실을 우려해 48곳의 지하궁전을 지어 수집과 보관을 하고 있습니다. 심지어 십여 년을 공들여 『세계불교미술도설대사전世界佛敎美術圖說大辭典』 20권을 편찬했습니다. 경전문화의 소실을 우려해 천 권 이상의 『불경대장경佛經大藏經』을 편찬했습니다. 어쨌든 우리는 문화의 선양에 마땅히 마음을 다해야 합니다.

성운대사 웨이보(미니 블로그)(2013. 4. 15.)

마/음/에/새/기/는/글

- 당나라의 흥교사는 중국의 광영이다. 특히 당나라 때 현장법사는 중국불교를 위해 수많은 기초를 세웠다. 그는 국제문화를 소통시킨 첫 출가자이고, 고난을 뚫고 모험을 감행한 첫 유학생이며, 장안에서 정치를 도와 공을 세운 첫 대덕이다. 그러므로 지금 그의 역사를 철거하겠다는 것은 문화에 대한 일종의 훼손이라 말할 수 있다.

- 그토록 드넓은 중국 땅에서 현장법사의 흥교사 하나 품을 수 없단 말인가! 더구나 흥교사는 실크로드(현장법사가 인도에 경전을 가지러 가는 여정)의 기점으로, 이미 UN에 '세계문화유산'으로 신청되어 있는 상태이다.

- 불교문화의 보호와 선양에 불자 여러분은 마음을 다해야 한다.

> 회향
>
> # 자비와 지혜
> - 성운대사가 창건한 불타기념관

● 글/ 고희균

세계에 위대한 건축물이 등장할 때면 전 세계의 이목이 그곳으로 집중된다. 지금 만인이 우러러볼 새 건축물이 탄생하려 한다. 찬란한 문화적 생명과 불교세계의 빛인 불광산 불타기념관이다.

 이 위대한 건축을 계획한 사람은 성운대사이다. 수년간 마음 속 깊이 간직한 무엇보다 간절했던 소원은 세계 사람들로 하여금 부처님의 정신을 느끼도록 하는 것이다. 건국 백 년이 되는 해 12월, 성운대사는 그 소원을 실현시켰고 그것을 다시 타이완 국민, 화인華人 세계, 지구 전체 불자들에게 바쳤다.

 돌이켜보면, 기념관 건립 발원의 처음은 1998년 부처님 사리를 맞이하면서 시작되었다. 100헥타르 면적에 9년의 시간이 걸려 까오슝 불광산 위에 자리 잡았으며, 올해 12월 낙성을 눈앞에 두고 있다. 이 긴 과정에서 우리는 수많은 고난을 겪었으며, 체력과 정신력의 한계를 맛보았지만, 그래도 무한한 기대를 갖고 불타기념관을 기다려왔다.

 난 최근 몇 년 동안 불광산에서 설을 보냈다. 불광산을 방문할 때마다 성운대사의 말씀을 듣고 싶었고, 건립 중인 불타기념관을 보고 싶었다. 현장에 갈 때마다 불타기념관의 웅장함에 압도되었고, 떠날 때는 늘 이 위대한 건축물이 기간 내 완성될 수 있을까 하는 걱정이 늘 마음속에 자리하고 있었다.

얼마 전에 곧 낙성될 우뚝 솟은 건축물들 사이를 천천히 걸을 기회가 있었다. 중앙의 '본관'을 바라보든 저 멀리 '사성제탑'이나 '팔탑'을 바라보든, 어디를 보든 어느 각도에서 감상하든 성운대사의 구상과 마음 씀에 깊은 감동을 받았다.

나는 비록 불교신자는 아니지만, 불타기념관의 드넓은 천지에 서 있으니 가슴이 두근거리면서 다음 세 가지 느낌이 떠올랐다.

1. 유구한 '시간'이 존재하는 곳

불타기념관에 모셔진 부처님 사리는 2,600여 년 전 부처님의 교화로 돌아가게 만든다. 심원한 부처님의 마음으로 돌아갈 뿐만 아니라 수천 년 뒤를 전망하게 한다. 예를 들면 '지하궁전(地宮)'은 바로 완전히 미래를 위해 설계돼 있다는 것이다.

지하궁전에는 당시대를 대표하는 기념비적 문물들이 소장돼 있어 후대 자손들이 선현들의 역사를 충분히 이해할 수 있도록 했다. 앞으로 백 년마다 지하궁전 한 곳씩 개방할 것이다. 48개 지하궁전을 다 개방하는 데 4,800년이 소요된다니 얼마나 끝없는 시간의 흐름이란 말인가!

2011년 2월, 나는 현장에서 치른 '진귀한 보물, 지하궁전 입궁법회'에 참가했다. 무엇보다 행운은 '오곡전五穀磚'이란 진귀한 보물을 직접 지하궁전에 봉행하는 인연을 얻은 것이다. 오곡전은 부처님 나라에서 온 성물이다. 다시 태어난다 해도 아마 수백 년이 흐른 뒤가 아닐까! 이 순간, 인류는 면면히 이어진다는 걸 느꼈다. 한 세대 한 세대가 연결되어 있다는 것이다.

2. 생동하는 '공간'이 존재하는 곳

과거 반세기 동안 성운대사는 심오한 불교이치를 문자를 통해 책으로 발간하였고, 이해하기 쉬운 이야기로 강연하였으며, 입에 착착 감기는 노래 가락으로 편곡했으며, 감동을 주는 연극으로 만들었다. 지금 불타기념관의 건설을 통해 심오한 불교 이치에 사람마다 가까이 다가갈 수 있는 친근한 공간으로 그려내고 있다.

예불이나 참선을 하고 싶은 사람을 위해 안에 부처님을 모신 전각과 수행할 수 있는 작은 동굴 등이 있다. 예술품 등을 감상하고 싶은 사람을 위한 예술관이 있다. 아기자기한 정원을 둘러보고 싶은 사람을 위해 불타기념관에는 꽃과 나무가 무성하고 가지런하다. 산과 바위가 들쑥날쑥 솟은 모습이 제법 정취가 담긴 '지원祇園'이 있다. 음식을 먹고 싶은 사람을 위해 아름답고 우아하며 실내분위기가 밝고 깨끗한 '적수방'이 있다.

어른이나 아이, 노인까지도 불타기념관 안에서는 마음에 드는 편안한 공간을 찾을 수 있다. 이게 바로 사람 마음을 가장 잘 이해한다는 불광산의 특징을 보여주는 것이다. 이러한 모든 공간이 사람들의 마음에 그리움으로 남을 수 있었던 것은 기념관의 저 밑바닥에 헌신과 베풂이 드리워져 있기 때문이다.

3. 부드러운 '인간'이 존재하는 곳

나는 "부처님의 말씀처럼, 중생이 원하는, 맑고 깨끗하며, 선량하고 아름다우며, 인생을 더욱 행복하게 만드는 것이라면 모두 인간불교이다"라는 성운대사의 인간불교에 대한 해석을 줄곧 기억하고 있었다. 평범하고 쉽고 친근한 설명은 기념관 안의 '팔탑八塔'에서 구체적으로 확인할 수 있다.

팔탑은 2층에서 7층까지 탑마다 진귀한 불교문물을 소장한 천궁天宮이다. 이는 '부처님의 말씀처럼'을 상징한다. 그리고 탑의 1층에는 젊은 친구들의 단체 활동 장소로, 청소년을 위한 공간으로, 공익기금의 사회봉사 공간으로, 내방객들이 차 마시거나 필요한 것을 제공하는 봉사의 공간으로 설계되었다. 이것은 모두 '중생이 원하는' 것에 대한 세심한 설계이다.

시간, 공간, 인간 이 세 가지가 역사와 종교, 신앙과 문화, 생활과 실천에 녹아들어 기묘하고도 조화롭게 불타기념관의 '체험'에서 집대성되었다.

성운대사는 '인간불교'의 선도자이자, '타이완 기적', '조용한 혁명', '타이완의 빛'의 실천자이다. 그는 일생 종교를 개혁했고, 인심을 개선했으며, 세계를 변화시켰다.

타이완 남부에 우뚝 솟은 불타기념관은 불광산의 새로운 기상이자, 세상 사람이 자비와 지혜를 추구하도록 성운대사께서 평생 온 마음을 다해 쌓아올린 마음의 새 지표이다.

(2011. 10. 18.)

5장
지혜사
智慧事

책 읽기 좋아하니 세상 어리석음 벗어난다

교육에 대한 성찰

"10년 뒤를 내다보며 나무를 심고, 100년 뒤를 내다보며 사람을 심는다(十年樹木, 百年樹人)"란 말이 있습니다. 교육의 대업은 처세의 근본이고, 국가의 기초입니다. 교육을 통해 국가 미래의 발전을 이끌어가니 중요시하지 않으면 안 됩니다.

현대사회는 진학만을 중요시하고, 사람은 저마다 높은 지위에 오르고자, 직업을 얻고자, 돈을 벌고자 학력을 취득합니다. 지식인들은 쟁취하기 위한 목적으로 지혜와 재능을 교육 받아 오로지 이익만을 도모하고 공리사상을 발산하니 이기적 마음들만 널리 퍼져나갑니다. 오늘날 교육은 스승과 제자간의 윤리가 다 사라졌으며, 주입식의 교육, 모의고사, 방과 후 학습, 그리고 학생의 자질을 우열로 가르는 연합고사 제도 등은 젊음을 마음껏 펼칠 본래의 마음을 꽁꽁 묶어두고 있습니다.

우려스러운 것은 차라리 열등반의 학생이 자신감을 잃어버리는 것이 낫지, 직업학교의 학생들은 장차 직업을 구해 배만 부를 수 있으면 된다는 생각입니다. 오늘날의 학교를 전면적으로 살펴보면 학생이 스승을 구타하고, 파당을 만들고, 지하세계에 가입하고, 가출을 하고, 놀러 다니느라 결석하고, 집단으로 패싸움하고, 강도질과 도박, 마약을 하고, 심지어 살인을 저지르는 잘못까지 한다니 일일이 열거할 수 없을 정도로 많습니다. 우리 교육의 문제가 과연 뭘까요?

정부는 여기에 대해 온갖 방법을 다 동원하여 교육의 문제를 해결하려고 했습니다. 교사의 급여 및 대우를 개선하고, 학교의 과학기술 설비를 제고하여 학교의 난상亂象을 개선하고자 '교육개혁위원회'를 설립했고, 한 반의 학생 수를 줄여 교학의 질을 높이려 했습니다. 지도교사 제도를 강화하여 사제 간의 어울림을 증진했습니다. 학교의 행정을 간소화하고 선생님의 창작을 격려했습니다. 교사의 부담을 줄이고 각지의 동아리에 교사가 참여할 수 있게 허락하는 등 수많은 방안들을 실시했습니다. 그리고 영화 관람, 예술 감상, 인터넷 교육 등 야외활동과 요즘 핫이슈인 의무교육 12년 연장, 청소년 가방 무게 줄이기, 학생의 수면시간 연장, 유아교육권 배부 등 갖가지 복지 실시를 제창했습니다. 모두 교육대계를 위해 살아 넘치는 활력을 주입해 미래의 희망을 다시 한 번 개발하려는 것들입니다.

우리는 교육당국의 고심에 대해 기쁜 마음으로 찬탄해 마지않습니다. 그러나 교육의 근본적 문제는 급여 인상에 있지 않으며, 학교 설비의 개선에 있지 않습니다. 중국의 위대한 교육자 공자는 나무 그늘 아래를 교실로 삼아 가르쳤고, 길가에서도 가르침을 주고받으며 의문점을 푸는 장소로 사용했어도 절대 나태하지 않았습니다. 그러므로 우리는 전 국민이 힘써 '자아교육' 속에서 즐겁고도 발전적인 인생을 창조하고 도덕적으로 승화된 인격교육을 창조할 수 있도록 하는 교육개혁에 대한 의견을 제시합니다.

정부가 인격배양과 생활교육을 중시해 배움에 있는 청년들이 자아를 인식하게 하고, 특히 부모에 효도, 웃어른 공경, 학생 간의 화목, 생명 보호와 사랑을 통해 청소년이 법률을 준수하고 사회질서를 인정하며 사랑을 발휘하고 본성을 깨닫도록 이끌길 바랍니다. 이런 인품과 덕성을 증진시키는 교육이야말로 교육개혁의 핵심입니다.

특히 대중이 마음 가꾸기 교육의 성장을 중시함으로써 생명에 대한 이해를 높이도록 합니다. 언제나 한결같은 교육을 통해 국가에 대한 자신의 사명, 사회에 대한 책임, 가정을 중시하고 친구에 대한 의리를 함양하게 합니다. 또 감사하는 교육을 통해 대중은 복을 아끼고 인연을 아끼고 정을 아끼는 마음을 길러냅니다. 생활 속 교육을 통해 신사숙녀의 면모를 배우게 하고 자신과 다른 것을 존중하고 포용하는 아량을 배양토록 합니다. 종교 신앙 교육을 더욱 중시함으로써 국민의 도덕을 더욱 배양시킵니다.

결론적으로 말하면, 우리는 시대의 요구에 부합되는 현대교육을 생각할 때 다음 네 가지를 주의해야 합니다.

1. 생활교육이 지식교육보다 중요하다

현대인들은 보통 교육이라면 지식의 전수만 중시할 뿐 생활 속 교육을 등한시하고 있습니다. 비록 학사, 석사, 심지어 박사학위를 얻더라도 밥하고 빨래하고 집안일을 전혀 못하는 사람들이 많습니다. 차를 따르고 차를 내오는 것조차 못합니다. 생활과 전혀 융합되지 못하고, 오로지 지식의 전수만 중요시하는 교육은 진지하지 못하고 대충 대충하는 지경에 이르게 합니다.

2. 도덕교육이 공리교육보다 중요하다

지금 사회에서는 누구나 공을 세워 이름을 떨치고 이익을 좇기에 바쁩니다. 하지만 공명과 관직은 안장을 벗어던지고 사방으로 날뛰는 야생마와 같습니다. 도덕교육이 있으면 말을 부릴 수 있고, 옆길로 새는 자신을 경계할 수 있습니다.

3. 보편적 교육이 개인적 교육보다 중요하다

현대 교육은 대부분 개인적인 것을 추구합니다. 그저 내가 갖고 있고 내가 누리고 있으며 내 자신에게 유리하기만 하면 됩니다.

다른 사람이 소유하는지의 여부는 나와 크게 상관이 없습니다. 사실 사회는 대중의 것이며, 모두가 함께 생활하는 환경입니다. 만일 우리 모두가 대중의 이익을 개인의 이익보다 중시한다면 사회는 가장 아름답고 훌륭하게 될 것입니다.

4. 자각교육이 주입식 교육보다 중요하다

오늘날의 청년은 선생님이 가르치는 대로 난 받기만 하면 되고, 부모가 가르치는 대로 난 받기만 하면 된다고 생각합니다. 그러나 주입식의 진부한 교육은 배운 바를 소화시키지 못해 활발하게 활용하지 못합니다. 만일 이후의 교육이 자각을 중시하고 자기 사상의 계발을 중시하는 방향으로 나간다면 교육은 더욱 활발히 쓰일 것입니다.

송나라 때 장재張載는 "천지를 위해 마음을 세우고, 백성을 위해 목숨을 바치며, 옛 성인을 위해 끊어진 학문을 잇고, 미래를 위해 태평성대를 열어야 한다"고 말했습니다. 교육에서는 지식을 추구하고 기능을 배우는 것뿐만이 아니라, 인문사상의 소양과 정신, 마음 세계의 승화가 더욱 중요합니다.

『인간복보』(2002. 12. 11.)

마/음/에/새/기/는/글

- 백년지대계인 교육은 다음 세대의 인재를 길러내고 시대에 맞는 교육 방법을 찾는 것이 중요하다.

- 덕성을 가진 자와 유용한 자를 배양하는 것은 모두 중요하다. 생활교육과 지식 전수 역시 똑같이 중요하다.

사형제도 폐지에 대한 나의 견해

어제 저는 홍콩대학 명예박사 학위를 받기 위해 홍콩에 도착했습니다. 오늘 새벽 홍콩의 법무부장 왕청봉王淸峰 선생이 사형제 폐지를 주장하다 물러났다는 소식을 듣고 유감을 감출 수 없었습니다. 그래서 이 글로써 사형제도 폐지에 대한 저의 생각을 전하고자 합니다.

 수년간 사형의 존폐에 대해 사회 각계의 생각은 저마다 다 달랐습니다. 그리고 각자 자신의 의견만을 고집해 왔습니다. 그러나 사형은 사람이 죽느냐 사느냐의 굉장히 중요한 일입니다. 그러므로 현재 인도주의자들은 모두 사형제 폐지를 주장합니다. 물론 사형은 면했다 하더라도 살아서 받는 벌 역시 녹록하지는 않습니다. 사형 대신 살아서 받는 벌이 징벌의 한 가지가 아니라고 할 수는 없습니다. 다만 불교의 선악업보라는 관점에서 보면 소위 말하는 선과 악은 중간 지역에 토론의 여지가 매우 많습니다.

 소위 사형은 형을 받는 사람이 지은 악한 일에 대한 징벌입니다. 한 사람이 악행을 저지르면 마땅히 또 처벌을 받게 마련입니다. 양자 간에도 대등한 원칙이 부합되어야 합니다. 이래야 징벌이 공정·공평하다고 할 수 있습니다. 악행을 징벌하고자 일률적으로 사형으로 처리하는 것도 궁극적인 결말은 아닙니다.

 예를 들어, 제가 어렸을 때 모기가 물면 사람들은 곧바로 손바닥으로 내리쳐 모기를 가루를 내버리기라도 하겠다는 듯이 쳐 죽입니다. 모기에 대한 인류의 형벌이 조금은 과한 것이 아닌가라는 생각이 듭니다. 왜냐하면 모기가 당신 피 조금 빤 것이 죽을죄까지는 아닌데 오히려 목숨 하나 죽여 보상받으려 하니, 사실 지나치게 가혹합니다. 그래서 어린 마음에 저는 모기와 장난을 좀 쳤습니다. 모기가 제 팔을 물면 저는 팔의 근육에 힘을 줘 팽팽하게 만들었습니다. 그러면 모기는 주둥이가 끼워져 있어 날아가지 못하게 됩니다. 손으로 건드리면 모기는 놀라고 두려워 어쩔 줄 모르면서도 방도가 없습니다. 이렇게 1, 2분 쯤 후에 그래도 놓아주었습니다. 이미 모기에게는 충분한 처벌이 되었다고 생각했기 때문입니다. 이것이 제 어린 시절 균형적 상벌에 대한 저의 관념입니다.

20여 년 전 장경국 정부 시절, 타이베이의 어느 길거리에서 오토바이 날치기 사건이 발생했습니다. 오토바이 기사가 한 부인의 수만 위안이 든 가방을 날치기한 것입니다. 장경국 선생은 굉장히 화가 났고 2, 3일 만에 바로 이 젊은이는 사형선고를 받고 형이 집행되었습니다. 이런 사안은 사실상 공평성을 잃은 것이라 볼 수 있습니다. 기본적으로 한 생명이 수만 위안의 가치밖에 안 되는 것은 아닙니다. 비록 장경국 선생은 타이완 사회의 치안을 위해서였으며 이 사건이 범죄의 재발을 방지할 수 있길 희망해서였겠지만, 그 후 타이완의 강도사건은 감소하지도 않고 도리어 사형의 살육이 많아질수록, 위험한 길로 당당히 걸어가는 사람 역시 그 수가 증가했습니다. 이로 볼 때 사형이 범죄의 발생을 줄이는 데는 전혀 소용이 없었습니다.

예전에 중국에서는 관풍을 정돈하기 위해 작은 액수라도 횡령했다가 발각되기라도 하면 그 즉시 사형에 처했습니다. 중국은 인구도 많고 국토도 넓어 어지러운 시대가 이미 오래되었기에 '엄격한 처벌'이 필요하지만, 궁극적 목표는 아닙니다. 일부 사람들은 여전히 생명의 위험을 무릅쓰고라도 법률에 도전하려 합니다. '성공하면 좋고, 실패해도 그만이다'라는 심산입니다. 만일 순조롭게 목적을 달성하면 일생이 탄탄대로일 테고, 만일 실패해도 탐관의 비참한 말로를 기꺼이 받아들이겠다는 심사입니다. 이렇게 잘못된 생각을 가진 사람에게 만일 관념상 바르게 지도하지 않는다면 사회는 여전히 편안치 못할 것입니다.

그러나 '난세에는 엄격한 법률을 행하라'는 것이 반드시 범죄의 근절 효과를 얻을 수 있는 것은 아닙니다. 그러나 사형제 폐지는 불교의 인과법칙에서도 성립될 수 없습니다. 왜냐하면 '여시인如是因하면 여시과如是果를 초래한다'고 했기 때문입니다. 원인을 지었는데 과보를 안 받는 것은 이치에 맞지 않습니다. 그러므로 우리는 되도록 사형을 처결하지 않고 대신 다른 방법으로 사형을 대신해 사형을 줄이길 희망합니다. 그렇다고 사형제 폐지를 주장하는 것은 아닙니다.

일생을 인권운동에 몸 바친 백양柏楊 선생은 살아생전 저와 '국제특사조직'의 내용에 대해 얘기를 나눈 적이 있었습니다. 거기에는 인도적 배려와 사형 폐지 등도 포함돼 있었습니다. 저의 의견과 약간의 차이는 있었지만, 저는 그의 의견에 대체로는 찬성합니다. 쉽게 결정해서는 안 되고, 형법 역시 반드시 목숨으로 물어야 하는 것은 아닙니다. 감금, 격리, 노역, 노동, 개선, 교육으로 대체할 수 있습니다. 심지어 고대에 행했던 변경지역으로 보내 병역의 의무를 지게 하는 등도 형벌인데, 굳이 꼭 사형을 시켜야 합니까?

그러나 타인의 생명을 갖고 놀고 죽음에 이르도록 몰아붙이고 심지어 살인을 밥 먹듯 하는 일부 죄질이 나쁜 사람이 있다고 합시다. '그가 지은 인因이 있으면 반드시 그가 받는 과果가 있다'라고 했는데 만일 사형 제도를 전부 폐지하면 죽음을 당한 수많은 사람은 죽어 마땅하고, 살인자는 도리어 사형이 폐지됐기 때문에 살아야만 합니까? 이건 공평한 인과의 이치가 사라진 것이 아닙니까?

인과에 관한 얘기가 나왔으니, 일본의 구스노키 마사시게(楠木正成, 1294~1336: 일본 가마쿠라 말기에서 남북조 시대의 무사. 사무라이 정신의 귀감임) 장군이 있었는데 그는 억울하게 사형을 당했습니다. 죽은 뒤 그의 옷에서 '비非', '이理', '법法', '권權', '천天'이라는 다섯 글자가 발견되었습니다. 비논리(非)는 질서정연한 논리(理)를 이기지 못하고, 논리는 법(法)을 이기지 못하며, 법은 권력(權)을 이기지 못 하니, 권력을 가진 자가 법률을 바꿀 수 있다는 것입니다. 그러나 권력 역시 하늘(天)을 이길 수 없으니 하늘이 곧 인과의 법칙입니다.

우리 사회는 법률에 의해 복잡한 사회질서를 유지합니다. 기본적으로 법률은 사회 및 대중 모두에게 중요합니다. 그러나 '비非', '이理', '법法', '권權', '천天' 다섯 가지 항목 가운데 법률이 최종 목표는 아닙니다. 마음속의 죄악을 법률이 다 제재할 수 없고 마음의 감옥을 법률이 걷어 내버릴 수 없는 것처럼 말입니다. 오로지 인과의 이치와 법칙 하에서만 공평하다고 말할 수 있습니다. 솔직히 사형에 국한된 저의 의견은 이러합니다. 과거 타이완에서 발생했던 중대사건인 '백효연白曉燕 사건'이나 '육정陸正 사건'처럼 사형은 살인자를 죽이는 데 사용해야 합니다. 이렇게 해야 인과의 법칙에 부합됩니다. 만일 다른 형刑에는 반드시 사형으로 판결하지 말고 다른 형벌을 고려해 볼 수 있습니다. 본래의 사법체계에 참고할 만한 부분이 있을까 하여 이러한 의견을 각계의 벗들에게 말씀드립니다.

『인간복보』(2010. 3. 13.) & 『연합보』(2010. 3. 13.)

마/음/에/새/기/는/글

- 인도주의자들은 모두 사형제 폐지를 주장한다. 일부 죄질이 나쁘지 않다면 감금, 격리, 노역, 노동, 개선, 교육으로 대체할 수 있다. 그러나 불교에서 말하는 인과는 죄질이 무척 나쁘고 사람의 생명을 우롱하는 자에 대해서는 "그 원인이 있으면 반드시 그 과보를 받게 된다"라고 한다. 그러나 최대한 사형을 피해야겠지만, 완전한 사형제 폐지를 주장하는 것은 아니다.

남편의 칠거지악

고대 중국사회에는 '여인의 칠거지악(女人七出)'이라는 것이 있어 여자가 출가한 뒤에 7가지 중 하나를 범해도 남편은 이혼서를 써주고 이혼할 수 있었습니다. 7가지란 ①시부모를 잘 섬기지 못하고, ②아들을 못 낳고, ③부정한 행위, ④질투, ⑤나병·간질 등의 유전병, ⑥말이 많은 것, ⑦도둑질입니다.

고대에 여인은 사회적 지위가 낮고 반드시 남자에 의지해 살아야 했는데, '여인의 칠거지악'에서도 당시 여성의 처지가 얼마나 힘들었을 지 짐작이 됩니다.

그러나 현대는 다릅니다. '남녀평등'을 부르짖고 있을 뿐만 아니라 현재 신시대 신여성이나 여권의식도 높아졌으며, 여자의 독립적이고 자주적 능력도 강해져서 이미 더 이상 남자에게 의존해 생활하지 않아도 됩니다. 그래서 현대 가정에서 남자가 결점이 너무 많아 여자가 견딜 수 없으면 여자도 이혼서류를 내밀 수 있습니다. 그래서 지금은 '남편의 칠거지악'이 생겼습니다.

1. 게으름
태생이 게으른 남자가 있습니다. 평소 게으름 피우기 좋아합니다. 가족을 부양할 정당한 직업도 없을 뿐만 아니라, 심지어 집에서는 양반처럼 행세하며 집안일 하나 도우려 하지 않고, 가족들과 잘 어울리지도 못합니다. 이렇게 책임감 없는 남자는 가족들에게 행복을 가져올 수 없으니 아내는 그저 이혼할 수밖에 없습니다.

2. 도박
'열 번 도박에 아홉은 지게 돼 있다'는 속담이 있습니다. 도박에 중독된 남자는 종종 가산을 탕진하고 심지어 빚까지 떠안아, 하루가 멀다 하고 빚쟁이들이 찾아와 소란을 피우니 가족들의 생활 역시 편치 않습니다. 결국 지위도 명예도 다 잃고 신세를 망치며 처자식은 다 떠나갑니다. 특히 지금의 도박은 마작에 그치지 않고 스포츠나 선거 등 도박하는 방법도 무수히 많습니다. 그러나 이기고 지는 승패가 갈린다는 것만은 같습니다. 그러므로 도박 좋아하는 남자에게 시집갔거나 갈 계획인 여자는 하루빨리 헤어지는 것이 상책입니다.

3. 알코올 중독
술에 취해 운전하다 사고 내고, 술 마신 후 추태를 부리며 욕하고 때리는 등, 술을 마시면 실수하기 쉽습니다. 보통 자주 술을 마시는 남자는 가정폭력사건을 유발하기 쉽습니다. 특히 술을 마신 뒤에는 정신이 온전치 못하니 어떤 사건도 발생할 수 있습니다. 그러므로 술을 많이 마시는 남자가 가정에 있으면 언제 터질지 모르는 시한폭탄을 안고 있는 것과 같습니다. 보통 여자라면 이런 남자와 함께 살고 싶지 않을 것입니다.

4. 가정폭력

어떤 남자는 비록 고주망태가 되도록 술을 마시지는 않지만, 독재자의 포스를 풍기는 사람이 있습니다. 걸핏하면 욕하고 심지어 부인과 아이들한테도 손찌검을 합니다. 이런 폭력적인 남자 역시 여자들이 뒤도 안 돌아보고 버릴 수 있는 대상 중의 하나입니다.

5. 마약

마약을 하는 나쁜 습관의 남자는 평소 사귀는 친구 역시 아편하는 친구이고 종사하는 일 역시 법률과 인정에 저촉되는 일이 대부분입니다. 특히 마약을 하기 위해 종종 빚을 빌려 생활하고 심지어 가산을 탕진합니다. 이런 남자 역시 여자가 뒤도 안 돌아보고 떠나갑니다.

6. 무직

어떤 남자는 빈둥거리기만 하고 정당한 직업에 종사하지 않습니다. 특히 품성이 단정하지 못하고 횡령, 도둑질, 사기, 유괴 등 전과가 한 보따리인 남자 역시 여자가 고개를 들고 다니지 못하게 합니다.

7. 부절제한 행동

천성적으로 여색을 탐하고 늘 밖에서 여자를 농락하며 심지어 불륜을 저지르기도 하는 남자가 있습니다. 이렇게 한눈파는 남자는 여자가 함께 생활하기 더욱 힘들고 감당할 수도 없습니다. '세상은 돌고 돈다'는 말이 있습니다. 과거 사회에서는 '일부일처'가 정상이고 '일부다처' 역시 보통 현상이었습니다. 그러나 사회구조가 바뀌면서 남녀 인구비율도 균형이 깨졌습니다. 앞으로도 여자보다 남자가 많을 것이고 사회 관념도 바뀌어 '일처다부'가 새로운 혼인제도가 될 수도 있습니다.

　사실 '일부일처'든 '일부다처'든 '일처다부'든, 부부간에는 서로 존경하고 사랑하며 이해해야 합니다. 이것이야말로 부부가 화목한 방법이며, 그렇게 해야 행복하고 아름다운 결혼생활을 이어갈 수 있습니다.

『인간복보·인간만사』(2006. 5. 1.)

마/음/에/새/기/는/글

- 고대 중국사회에는 '여인의 칠거지악(女人七出)'이 있었다. 현대 여성은 의식도 높아졌고 독립적이고 자주적 능력도 강해져서 남자가 결점이 너무 많아 여자가 견딜 수 없으면 여자도 이혼서류를 내밀 수 있다. 그래서 지금은 '남편의 칠거지악'이 생겼다.

- '세상은 돌고 돈다'는 말이 있다. 혼인관계 역시 사회구조가 바뀜에 따라, 새로운 혼인제도가 어떻든 서로서로 존경하고 사랑하며 이해하면 부부가 행복해지는 길일 것이다.

문화출판업계를 조속히 구하라

최근 서점을 열고 있는 몇몇 인사와 만날 기회가 있었는데, 문화사업적인 서점을 구해야겠다는 생각이 문득 들었습니다.

지금 사회에는 실제로 수많은 서점들이 대부분 더 이상 운영할 수 없는 곤란한 지경에 직면해 있습니다. 왜냐하면 책을 팔아 얻는 이윤을 가지고는 이미 생활을 꾸려나가기엔 턱없이 부족하기 때문입니다. 이대로 가다간 사람들이 정신적 식량으로 마음을 채웠던 것이 사라질 판입니다. 생을 이어나갈 쌀이 없어지는 것과 같은 위기라고 비유할 수 있습니다.

농산물은 인류가 살아나가는 데 생명선입니다. 가뭄이나 폭풍을 만나면 손실을 입기도 하고 아예 작황이 좋지 않으면 '농산물 가격 하락에 농민들은 울상 짓는다'라고 합니다. 이렇듯 정부는 항상 농가가 어려움을 넘길 수 있도록 도와줄 방책을 내놓습니다. 그래서 수십 년 동안 타이완 정부도 끊임없이 농업연구 및 개량을 추진해 왔습니다. 수리시설 확충, 농경지 보호, 수재손실 보조, 농산품 가격 안정 등 농민들을 위한 각종 저이자의 대출우대, 농산품의 소비촉진 등은 모두 농업생산을 증가하고 사회대중의 생활이 안정되며 양식공급에 차질이 없길 바라는 것에서입니다.

농산품이 생명을 키우는 물질생활의 식량이라면, 문화서적은 정신생활에 반드시 필요한 식량으로 그 가치 또한 농산물에 뒤지지 않습니다. 그러나 지금은 사회의 발전과 과학기기의 발달로 인해 전자출판물이 쏟아져 나와, 오프라인 출판업은 점차 도태되고 있는 지경입니다. 누군가는 디지털화된 문화적 제품 역시 같은 기능적 가치가 있어 인류의 정신식량이 될 수 있으니 오프라인 서점의 서적판매, 출판, 신문 잡지와 같은 간행물의 발행 등은 필요치 않다고 생각합니다. 그러나 저는 고도로 발전된 문명사회에서 문화서적에 대한 정신적 수요가 감소해서는 절대 안 된다고 생각합니다. 우리 사회에 책이 한 권도 없다는 걸 상상해 보십시오. 도서관은 문을 닫고, 인쇄공장은 파산하고, 서점도 사라질 것입니다. 이런 모습의 사회를 뭐라고 불러야 할지 모르겠습니다.

지금 작은 서점 하나 꾸려나가는 데 하루에 수입이 만 위안을 넘기기 쉽지 않습니다. 보통은 그저 수천 위안을 버는 것이 고작입니다. 임대료, 전기수도세, 서적구입 원가, 직원 월급까지 주고나면 정말로 유지해나갈 최저비용까지도 되지 않습니다.

'예로부터 문인은 굴곡이 참으로 많았다'라고 했습니다. 과거 문자옥文字獄 사건과 금서禁書 사건 등 사상이 구속받던 시대에 출판물 하나 때문에 곤혹을 치르고 패가망신하거나 생명까지 잃는 경우가 종종 있어 왔습니다. 현대에 와서 헌법에 이미 출판의 자유를 보장하고 있음에도 불구하고 서점과 출판업은 오히려 경영상의 위기를 맞고 있으니, 이건 운영업자의 무능이 아니라 시대의 추세에 따른 산물일 것입니다.

예를 들어 과거 『중앙일보中央日報』는 정당의 지지가 있어 한동안 영광을 누려왔지만 지금은 이미 역사의 뒤안길로 사라진 지 오래입니다. 『연합보聯合報』와 『중국시보中國時報』는 당시 100여만 부 발행했지만 지금은 당시의 위풍을 다시 볼 수 없습니다. 또 체인점 형식의 신학우서국新學友書局, 금석당서국金石堂書局 등은 이미 몇몇 오프라인 서점을 축소했다고 들었습니다. 심지어 '정대서성政大書城'처럼 규모가 비교적 작은 서점은 이미 타이베이 지역에서는 바람 앞의 등불과 같은 지경입니다.

현재 일부 문화계 인사들은 본래 모두 '노병은 죽지 않는다'라는 정신으로 현 상황을 꿋꿋이 버티고 있습니다. 그 중에 성품서점誠品書店을 제외하고 특수한 경영이념으로 두각을 나타내는 출판업은 천하문화天下文化가 좋은 예입니다. 『원견遠見』 같은 제법 발행부수가 되는 서적을 출간해 30여 년 동안 국가·사회·정치·경제·관리, 관념·지식, 과학기술생산력의 발전을 이끌었다고 말할 수 있지만, 매일 책 한 권씩 찍어대던 그 시절의 호황으로 돌아가기에는 여러 가지로 어려움이 있습니다. 그러므로 초심을 잃지 않고 그 이념을 견지해 나가도록 노력할 뿐입니다.

국민의 생활에 소용되는 물질과 정신에 필요한 식량은 똑같이 중요합니다. 우리는 정부가 농업발전 정책을 내놓고 농업을 구하고자 애쓰는 것처럼, 문화산업도 구하러 달려와 줄까 생각해 봅니다. 예를 들어 우량도서와 출판업자를 장려하고 출판원가를 낮추고 좋은 서적을 소개하고 각종 인문강좌에 보조금을 지급하고 책을 사서 읽는 풍토를 불러일으키는 등등 말입니다.

물론 저 역시 출판계는 자성과 반성을 통해 출구를 스스로 모색하길 희망합니다. 예를 들어 독서인구가 감소되면 전국적으로 '독서회 讀書會'를 불러일으켜 독서를 장려합니다. 고희균 교수가 제창한 '술 창고 대신 책 창고'란 구호에 호응해 서점의 생존을 유지하기 위해서는 출판물의 판매 외에도 문구, 기념품, 아동완구, 그리고 문화와 관련된 책가방, 노트, 신발, 모자 등의 문예창작품들을 개발해야 합니다. 서점을 다방면으로 경영해보는 것도 나쁘지 않을 것 같습니다.

또한 문화정책을 적극 발전시켜 문화계를 살리고 출판업계를 중시해 주길 정부에 호소합니다. 특히 지금 문화건설위원회 위원인 용응태龍應台 여사는 문화에 대해 굉장한 열정과 개혁에 대한 이념 및 관용의 정신을 갖추고 있습니다. 우리는 문건회가 단지 문예활동 몇 건을 개최하는 데 그치지 않고 격에 맞는 일을 하길 바랍니다. 서점이 몰락하는 지경에 이르렀지만, 지금이라도 실질적 방침을 내놓아 출판계의 발전을 도와주고 문화출판계가 몰락하지 않게만 해준다면 다행한 일입니다. 현재 수많은 사람들이 정신적으로 공허하다는 것은 활자로 된 서적을 읽지 않고 온종일 컴퓨터만 끼고 마음에 집중하는 것이 없기 때문입니다. 예전에 『삼국연의』, 『수호전』, 『홍루몽』, 『서유기』 등은 남녀노소 누구에게나 대화거리였습니다. 소위 말하는 '학자 가문, 선비의 삶'은 여전히 중국인들에게 필요합니다. 마지막으로 정부는 독서와 출판을 중시하길 바랍니다. 그래야 국가가 흥성하고, 사회가 건전하며, 국민의 마음이 부유해지기를 기대할 수 있기 때문입니다.

『연합보』(2012. 4. 5.) & 『인간복보』(2012. 4. 6.)

마/음/에/새/기/는/글

- 지금 사회에는 실제적으로 수많은 서점들이 대부분 더 이상 운영할 수 없는 곤란한 지경에 직면해 있고, 생을 이어나갈 쌀이 없어지는 것처럼, 사람들이 정신적 식량으로 마음을 채웠던 것이 사라질 판이다.

- 우리 사회에 책이 한 권도 없고, 디지털화된 문화적 제품이 인류의 정신적 식량이 된다면, 이런 모습의 사회를 뭐라고 불러야 할지 모르겠다!

- '책 읽기 좋아하는 인생'은 중국인들에게 필요하다. 정부는 독서를 중시하고 출판업계를 중시해 주길 바라며, 한편으로 실질적 방침을 내놓아 출판계가 계속 이어져 국민의 마음을 풍부하게 해주길 바란다.

사찰 입장료 폐지에 대한 생각

최근 중국 호남성의 29개 불교사찰에서 입장료를 받지 않겠다고 하는 기사를 보았습니다. 저는 이 보도가 무척 마음에 들었습니다.

중화문화는 줄곧 중국인들의 자랑이었습니다. 중화민족은 오천 년의 우수한 역사문화를 가지고 있습니다. 우리의 문화에는 어떤 것이 있는지 좀 더 세세히 생각해 봅시다. 역대 봉건왕조는 시대의 뒤안길로 사라졌고, 도덕에 맞지 않는 행동들은 이미 개선되었습니다. 역사적인 제자백가의 사상은 인류의 재산입니다. 불교는 중국에서 업력(業力: 과보를 가져오는 업의 큰 힘)사상, 인연과보, 머리 위에서는 신명神明이 굽어본다, 마음이 고와야 고운 사람이다 등의 풍조를 민간에 퍼뜨렸습니다. 이 역시 우리의 귀중한 중화문화입니다. 그리고 사회에서는 인의도덕, 충효·인애·신의·평화, 자비와 생명보호, 역지사지易地思之, 예의, 근면 등등 우수한 관념을 강조합니다. 제자백가가 없고 역사적 사상, 문학, 시사詩詞, 가부歌賦가 없다면, 또 불교가 전파되지 않았다면 무엇을 중화문화라고 하겠습니까?

지금 중국 지도자는 줄곧 문화부흥을 표방하고 있습니다. 최근 몇 년 동안 문화의 생명력을 확실히 표출하기도 했습니다. 그러나 그중에서 막대한 수입을 거두는 관광지와 사찰의 입장료 항목만큼은 중화문화를 촉진하는 데 역행합니다. 둔황, 맥적산, 용문, 운강, 대족

산 등의 석굴 및 중요한 사찰 등 수많은 불교문화는 모두 역대 고승들과 수천만 신도들이 안 먹고 안 입고 아껴가며 시주하여 다함께 이룬 중화문화 속의 질 높은 내용물들입니다. 그런데 지금 우리들은 조사들의 유산에 의지해 생활하면서, 원래 선조들이 건축했던 이 수많은 것들을 그들의 후손이 좀 보겠다는데 도리어 입장료를 받고 있다는 것이 참으로 받아들이기 힘듭니다.

청나라 말기 국력이 약해지자 열강들이 쳐들어와 중국의 문화재들을 많이 약탈해 갔습니다. 영국의 대영박물관, 프랑스의 루브르박물관과 기메 국립동양미술관(Musée Guimet), 독일의 베를린 국립박물관, 일본의 도쿄 국립박물관, 러시아의 에르미타쥐 국립박물관 등에 그들이 약탈한 중국의 문화재들이 전시되고 있습니다. 그 많은 불교의 보물을 그들은 하나하나 소장하면서 서양문화보다 우수한 중화문화를 홍보해주고 있으며, 우리 전 중화민족을 빛내주고 있는 것이라 할 수 있습니다. 우리는 선조들의 노고와 공헌에 감사할 뿐입니다. 아무리 볼품없고 자그마한 것이라도 조상의 은덕이라 여기고, 자손들은 그것을 모신 수많은 곳에 들러 옛 조상들이 중화문화를 어떻게 빛냈는지를 보아야 합니다.

오늘날 중국 경제가 성장하면서 문화도 동반 성장하고 있습니다. 푼돈 같은 입장료를 받아서 국가에 큰 도움이 되지는 않습니다. 지금 많은 박물관, 미술관 등이 대부분 입장료를 받지 않거나 기본적 유지비만 받고 있습니다. 국민들이 문화에 참여하여 음악, 미술, 건축, 문물 등을 자신의 생활로 삼아 자기 생활의 질을 개선시키고자 하고 있습니다. 하지만 중국의 관계부서는 도리어 입장료를 대폭 인상하고 있습니다. 심지어 인민폐 100위안, 200위안까지 받는다 하니, 문화를 널리 알리려는 좋은 뜻에 위배되는 것은 물론 문화를 제창하는 중앙정부의 아름다운 뜻에 위배된다고 봅니다.

이번 호남성의 29곳 불교사찰이 입장료를 받지 않겠다고 결정한 것은 좋은 일임에 틀림없습니다. 이보다 앞서 소주의 영암산靈岩山, 복건성의 남보타사南普陀寺 등도 입장료를 받지 않겠다고 나섰다 하니, 이로 볼 때 오늘날 중국의 사찰 입장료 문제에 대해 다시 생각해볼 필요가 분명히 있습니다. 그리고 일본의 불교사찰 역시 입장료 존폐를 고심 중에 있다고 들었습니다. 불교와 상업은 본래 떼려야 뗄 수 없는 관계입니다. 입장료를 판매하는 일은 신앙과 국민 간에 사고팔기가 행해진다는 의미입니다. 입장료를 폐지해야 신도들이 스스로 원해서 보시하고, 사고팔기를 넘어서 후대 자손들이 자신의 선조들이 건설했던 곳에서 선조들이 남긴 덕을 우러러 볼 것입니다. 그렇게 해야만 장차 문화를 선양할 수 있고 더욱 발전시킬 것입니다. 그것이야말로 성대한 업적이라고 할 수 있지 않겠습니까?

불교건축, 조각, 회화, 음악 등은 모두 중화문화의 귀한 보물입니다. 국민의 생활과 밀접한 관계가 있습니다. 수많은 불교문화는 모두 심신을 안정시키는 힘과 인과업보의 도리를 발산하고 있습니다. 인류 생존의 희망을 북돋으며, 시공간에 대한 국민의 이해를 증진시킵니다. 우리는 호남성 불교계의 행동을 지지하며, 중화문화를 이끌 모든 공직자들은 곰곰이 생각해서 소탐대실하지 않길 바랍니다.

미국『월드뉴스』홈페이지(2013. 5. 23.) &『왕보旺報』(2013. 5. 24.)

마/음/에/새/기/는/글

- 역사상의 제자백가의 사상은 인류의 재산이다. 불교는 중국에서 업력(業力: 과보를 가져오는 업의 큰 힘)사상, 인연과보, 머리 위에서는 신명神明이 굽어본다, 마음이 고와야 고운 사람이다 등의 풍조를 민간에 퍼뜨렸다. 이 역시 우리의 귀중한 중화문화이다.

- 중국은 줄곧 문화부흥을 표방하고 있다. 그 중에서 막대한 수입을 거두는 관광지와 사찰의 입장료 폐지는 중화문화를 촉진하려는 아름다운 뜻이 담겨 있다. 수많은 불교문화는 모두 역대 고승들과 수천만 신도들이 다함께 시주하여 이룬 중화문화 속의 질 높은 내용물들이다. 그런데 지금 우리들은 조사들의 유산에 의지해 생활하면서, 원래 선조들이 건축했던 이 수많은 것들을, 그들의 후손이 좀 보겠다는데 도리어 입장료를 받고 있다니 참으로 받아들이기 힘들다.

- 불교와 상업은 본래 때려야 뗄 수 없는 관계이다. 입장료를 판매하는 일은 신앙과 국민 간에 사고팔기가 행해진다는 의미이다.

> 회향

성운의 마음
-『백년불연』을 읽고

●글/ 고희균

1. 투명함과 무사함

성운대사께서 구술한『백년불연』15권을 읽었다. 이 작품은 마치 백과사전과도 같아서 풍부한 내용에 빠져 들지 않을 수 없었으며, 또한 자서전의 본보기라고 생각한다. 대사께서는 일을 행할 때면 항상 마무리까지 최선을 다했다. 1년 전 낙성된 불타기념관과, 막 출판된『백년불연』이 바로 90세에 가까운 나이에 이룩한 두 가지 예이다.

『백년불연』이란 자서전에는 생동감 있는 경험들이 기록되어 있다.『백년불연』의 특징은 대사 자신이 등불의 심지가 되어, 일생 동안 겪었던 고난으로 자신을 태워 백 년 동안 인연을 맺었던 불교인들과 사건들을 밝게 비춘다는 것이다. 또한 자신을 스크린으로 삼아 책 속의 생명 하나하나와 사건 하나하나에 따스한 빛을 비추고 있다.

그래서 대사가 서술한『백년불연』속 그의 생명의 여정 - 생활, 사회인연, 문화교육, 승가와 신도, 도량, 행불行佛을 막론하고 흥미롭지 않거나 아름답지 않은 것이 없다. 또한 격동의 시대 속에는 고난과 투지가 녹아들어 있다. 백 년 동안에 발생한 중국의 격랑, 타이완 사회의 변화와 발전, 해외 화인華人이 처한 상황까지 들어 있다.

대사는 마음 깊은 곳에 투명하고 공평무사한 신념을 품어 왔기에, 왕래했던 수많은 인물, 관찰했던 수많은 사물들, 추진했던 수많은 개혁들, 나눴던 수많은 불교 인연들을 책 속에 기술할 수 있었다.

2. 성운 정신

60년간 대사가 바친 공헌은 종교를 개혁하고, 사회를 변화시켰으며, 인심을 개선시켰다는 세 방면으로 나눌 수 있다. 난 이것을 '성운 정신', '성운 가치', '성운 마음'이라고 약간 확대 해석한다.

'성운 정신'은 고난과 좌절을 두려워하지 않고 새로운 변화를 좇아 당당하게 앞으로 나아가는 것이다. 2005년에 전 세계적으로 판매된 영문 저작 『블루오션 전략(blue Ocean strategy)』과 비교해 보면 좋을 것 같다. 경영학자인 김위찬 교수와 르네모보르뉴(Renee Mauborgne) 교수는 이 책에서 "어떤 기업이나 조직도 영원히 우수성을 지속시킬 수는 없다. 이 운명의 굴레를 벗어나려면 경쟁이 치열한 '붉은 바다(red ocean)'을 떠나 완전히 참신한 상상의 공간을 추구해야 한다. 더 이상 예전의 시장을 집착하지 말고 용감하게 새로운 무대, 새로운 시장, 새로운 활로를 건설해야 새로 발견한 블루오션에서 돛을 달고 항해해 나갈 수 있다. 그렇지 않으면 죽음의 물이 가득한 연못에서 허우적거리다 결국 사라지게 될 것이다"라고 지적한다.

블루오션을 창조하려면 다음 네 가지 요소가 있어야 한다.

①당연하게 받아들이는 요소들 중 어떤 것을 '제거'할까?
②불필요한 요소들 중 어떤 것을 '감소'시킬까?
③필요한 요소들 중 어떤 것을 '증가'시킬까?
④시장에서 아직 제공되지 않은 요소들 중 어떤 것을 '창조'할까?

①과 ②는 원가를 절약하면서 수요를 늘리는 것이고, ③과 ④는 '차별화'되고 '새로운 가치'를 가지고 시장을 개척하는 것이다.『블루오션 전략』의 작가로 하여금 놀라게 했던 것은, 그들이 제창한 블루오션 이론이 사실은 이미 대사께서 그의 제자들과 묵묵히 추진하고 있다는 것이다.

- 불광산은 줄곧 인간불교의 '새로운 시장'을 열고자 노력한다.
- 다른 종교와 항상 서로 교류하여 '경쟁'을 '비 대립'으로 바꾸어 놓았다.
- 새로운 신도들을 끌어들이고, 사회의 새로운 수요를 창조했다.
- 새로운 사업과 청사진으로 신도의 열정과 사회의 믿음을 증가시켰다.
- 내적으로 끊임없이 인재배양과 외국어 능력을 제고하고, 작업시스템을 강화했다.
- 서로 다른 언어와 포교방식으로 인간불교를 전파한다.

이와 같은 마음 씀씀이, 행동방식, 효과 등은 블루오션 전략을 뛰어넘고도 남는다. 그러므로 2005년 만의滿義 스님이 쓴『성운대사식의 모델 인간불교』는 '성운 정신'을 널리 확대한 것이며, 인간 블루오션 확산의 중국어판이다. 더 정확하게 말하면, 성운대사는 인간 블루오션의 선장으로 영문판 저작보다 이미 반세기는 앞서 출항했다.

그러나 기업이 추구하는 '블루오션'은 기업 이윤, 개인의 재산, 그리고 산업에 국한되지만, 인간불교가 추구하는 '블루오션'은 현세의 정토세상, 아름다운 인간세상, 자비와 관용임을 구분할 필요는 있다.

이와 같은 블루오션 전략인 '성운 정신'이 인간불교를 개척했다.

3. 성운 가치

'성운 가치'는 한 단계 더 나아가 사회를 변혁시켰다. 대사의 가치관은 부처님의 말씀처럼(佛說的), 중생이 원하는(人要的), 맑고 깨끗하며(淨化的), 선량하고 아름다운(善美的) 것 등 행복한 인생을 만드는 데 도움이 되는 것들이라면 모두 인간불교라는 것이며, 사람이 누구나 친근하게 다가갈 수 있는 인간불교를 굳건하게 추진해 왔다.

이와 함께 '타인에게 믿음을, 타인에게 기쁨을, 타인에게 희망을, 타인에게 편리함을'이란 구호를 제창했다.

불안한 사회를 보면서는 좋은 일을 하고, 좋은 말을 하고, 좋은 마음을 갖자고 제창한다.

인간불교는 직·간접적 방식으로, 종교와 문예활동을 통해 군중 속으로, 생활 속으로, 지역사회와 국제사회로 뻗어나갔다. 그 중에 가장 중요한 인물이라면 당연히 대사 본인이다. 그와 만난 사람이라면 그의 말 한마디, 행동 하나에 감동받지 않는 이가 없다

성운대사는 또 인생에서 금전, 애정, 지위, 권력을 떠날 수 없다는 것을 잘 알고 있다. 그래서 합리적인 경제생활, 정의로운 정치생활, 봉사하는 사회생활, 예술적인 도덕생활, 존중하는 윤리생활, 맑게 가꾸는 감정생활 등 끊임없이 올바른 가치관들을 제창한다.

대사 자신은 저술을 통해 자신의 주장을 내세우고, 학교를 세워 인재를 양성하며, 강연을 통한 설법, 실천을 통한 확대, 왕성한 활동 등을 멈춘 적이 없었다. '성운 가치'는 이렇게 대중의 생활 속으로 스며들었고, 해를 거듭할수록 사회의 좀 더 발전된 거대한 역량으로 변화했다.

4. 성운 마음

'성운 가치'와 '성운 정신'을 하나로 모은 것이 '성운 마음'이다. 대사는 '버려야 얻을 수 있다', '난 자비로울 뿐 명령하지 않는다', '출세出世의 정신으로 입세入世의 사업을 하라', '타인에게 부림을 받아야 가치가 있다' 등을 언행으로 몸소 보여주셨다. 대사께서 항상 하는 짧은 열 마디가 바로 '성운 마음' 10가지 요소를 표출한 것이다.

- 너 가운데 내가 있고 내 가운데 네가 있다. (운명공동체)
- 없음을 있음으로 삼아 자신이 가진 것에 의존하지 않는다. (무욕이 곧 강함이다)
- 대중이 첫 번째고 자신은 두 번째이다. (두 번째 철학)
- 네가 옳고 내가 그르다. 네가 크고 내가 작다. 네가 있고 나는 없다. 네가 즐겁고 나는 힘들다. (포용, 겸손)

- 행하기 어려운 일을 행하고, 어울리기 어려운 사람과도 어울린다. (도전을 수용)
- 정과 의리가 있으니 모두가 즐겁다. (정과 의리를 두루 돌보다.)
- 난 관리할 줄 모르고 그저 사람 마음만 안다. (마음으로 타인을 대한다.)
- 타인과 인연 맺음에는 그저 진실한 마음만 있으면 된다. (마음으로 친구를 사귄다.)
- 나의 글자를 보지 말고 나의 마음을 보시오. (마음으로 글을 쓴다.)
- 난 자비로운 마음 하나와 중국심中國心 하나를 가지고 있다. (마음을 근본으로 삼는다.)

이 '성운 마음'은 자비와 지혜가 있어 찬란하게 빛이 난다. 그래서 대사께서 가시는 곳마다 물보라가 피어나고, 분위기가 활짝 피어나며, 열정을 일으키고, 민심을 개선하는 무한한 가치가 창조되었다.

5. 마지막 질문과 답변

1949년 23세의 양주揚州 출신 스님 한 분이 중국에서 대만으로 건너왔다. 친척 하나 없고 대만 사투리도 못하며 의지할 곳 없는 외톨이 신세였다. 간첩이라는 누명을 쓰고 23일간 옥에 갇히기도 했지만 잡념을 버리고 마음을 한곳에 모아 60년 간 심혈을 기울여 무한한 인간불교 세계를 창조했다.

'오철悟徹'이란 법명을 가진 출가자가 바로 지금 여러분이 존경해 부르는 성운대사이다.

인간불교, 불광산, 불타기념관, 성운대사는 모두 이미 '타이완의 빛'이 되었다. 이것은 '타이완 기적'의 일부분이다. 이것은 타이완의 '조용한 혁명'의 또 다른 페이지이다. 이것은 중화민국 개국 100년사의 종교적 전기傳奇이다.

대중의 마음속에는 성운대사에 관한 궁금증이 자리하고 있다.

- 어떤 지혜로 심오한 불교 이치를 사람들이 저마다 친근하게 여기는 도리로 바꾸었는가?
- 어떤 의지로 다시 이 도리를 구체적 행동으로 바꿨는가?
- 어떤 재능이 있어 거대한 조직을 질서 있게 관리하는가?
- 어떤 흉금이 있어 58세에 자리를 넘겨주고 세대교체를 완성했으며, 다시 해외에 더 넓은 불교세상을 만들었는가?
- 어떻게 2천여만 자에 달하는 저술과 구술을 하였고, 영어와 일어 등 20여 종의 언어로 번역되는가?
- 어떻게 30개 이상 국내외 명예박사학위와 무수한 상을 받았는가?
- 어떻게 국내외에 그 많은 대학, 지역대학, 중화학교를 세웠으며, 또 어떻게 『인간복보』 신문사, 인간위시人間衛視 방송국, 다수의 도서관, 미술관, 전 세계 300여 곳의 도량, 그리고 막 낙성된 장엄하고도 아름다운 불타기념관을 세웠는가?
- 마지막으로 어떤 원력願力, 인연, 덕행이 있어 결국 '무에서 유를 만들어냈으며', 인간불교를 한 구석, 한 지역, 한 나라에서 전 세계까지로 퍼뜨렸는가?

『백년불연』 전체를 자세히 읽어보면 아마 힌트나 답을 찾을 수 있을 것이다.

이런 모든 업적, 성취와 명예에 대해 대사는 도리어 담담하게 말한다.

"이 모든 것은 다 내 것이 아니라 모두 대중의 것이다."

뜻밖에도 대사께서는 자신의 서재나 책상은 물론, 자신의 이름으로 된 통장과 돈도 없다.

대사께서는 더 결연하게 말한다.

"난 중이 돼서도 제대로 잘한 거 같지 않아, 내세에도 중이 될 것이다."

대사의 마음속에는 시간이 지날수록 여전히 마음에 걸리는 것이 있다. 바로 양안의 평화교류와 양안의 화목이다.

(2013. 3. 6.)

6장 불가사 佛家事

수행을 통해 입세(入世)의 법을 벗어난다

불교청년 시대 도래의 시련

음침한 겨울이 지나면 만물이 소생하는 새봄이 시작됩니다. 봄이 오면 온갖 초록들이 얼었던 땅을 비집고 고개를 내밀기 시작하고, 각양각색의 꽃들은 저마다 아름다움을 뽐내느라 바쁩니다. 가지 끝에 앉은 새는 봄을 위해 노래하고, 연못에서 노니는 물고기는 봄을 위해 춤을 춥니다. 봄! 이 얼마나 활력이 충만하고 새로운 기운이 가득 담긴 말입니까! 봄은 참으로 활력이 충만한 계절입니다. 만물이 생동하는 봄을 불교의 올곧은 청년에 비유한다면 이보다 더 좋은 비유는 없을 것입니다.

봄이 한겨울 시들었던 만물에게 생기를 불어넣어 주듯이, 청년은 쇠퇴한 불교에 활력을 불어넣어 줄 수 있습니다. 봄이 없다면 만물은 성장할 수 없습니다. 불교에 청년들이 없다면 필경 다시 일어나지 못할 것입니다. 그러니 얼마나 아름다운 봄이란 말입니까! 얼마나 용감한 젊은이란 말입니까!

비스마르크(Otto von Bismarck)는 "그대들의 젊은이들을 내게 보여주시오. 그러면 내가 당신들 국가의 미래를 알려주겠소"라는 명언을 남겼습니다. 우리는 이렇게 바꿀 수 있을 겁니다. "불교가 장차 부흥할지를 알려면 우리 세대가 살고 있는 지금의 젊은이들을 보면 될 것이다." 젊은이는 국가의 영혼입니다. 영혼이 없는 국가가 어떻게 존재할 수 있겠습니까? 불교의 젊은이는 불교의 버팀목이자 든든한 기둥입니다. 불교의 기둥 같은 젊은이가 없다면 어떻게 지탱할 수 있겠습니까? 그렇습니다. 한 국가, 한 그룹이 부강하고 융성하고 튼튼한지 알려면 그 안의 젊은이들을 먼저 살펴봐야 합니다. 젊은이란 한 국가 또는 한 그룹의 흥망성쇠를 결정짓는 명맥입니다.

세계의 역사를 되짚어보면 프랑스 대혁명에서 영국의 입헌제도까지, 워싱턴에서 독립·자유·민주를 제창한 미국에서 터키의 민주 부흥까지, 경천동지할 대사건 어느 하나에도 젊은이들의 힘이 실리지 않은 것이 없고, 위대한 업적과 사업 어느 하나에도 젊은이가 힘을 보태 완성시키지 않은 것이 없습니다. 또한 근대 중국의 역사적 사건을 살펴보면 청나라 몰락에서 5·4운동까지, 북벌전쟁에서 항일전쟁까지 단 한 차례도 젊은이가 시대를 전진시키는 기어를 밀어 넣지 않은 때가 없었고, 젊은이가 어렵고 힘든 책임을 짊어지지 않은 때가 없었습니다. 이제 불교를 돌아보니, 위험이 닥쳐오면 항상 젊은이들이 불굴의 정신으로 막아내고 항상 담담하게 의를 위해 희생했습니다. 불교를 금지하려는 북위의 태무제에 맞서 죽음으로 부당함을 간하고 결국 자신의 배를 갈라 심장을 꺼내 바치고 죽은 담시曇始 화상, 폭정에 맞서 항의한 지현知玄 선사, 사도邪道에 맞서 변론한 혜원慧遠 등은 모두 불교 젊은이의 열정과 용감성을 보여준 사례입니다. 또한 법현法顯, 현장玄奘, 의정義淨 등의 스님들이 불교를 위한 젊은이의 열정을 품지 않았다면 중국과 인도의 문화가 서로 이어질 수 없었고, 불교는 융성할 수 없었을 것입니다. 그러므로 국가에 젊은이는 없어서는 안 될 존재이고, 불교에도 역시 젊은이가 없어서는 안 됩니다.

인생에서 젊은 시기는 사업을 성공시키는 가장 중요한 단계입니다. 인생에 청년 시기가 없다면 그건 아름다운 물보라를 일으키지 못하는 그저 평탄한 작은 냇물일 뿐입니다. 젊은 시절에 끊임없이 적극적으로 노력하고 쉼 없이 창조해 나가며, 앞날의 탄탄대로를 닦아놓지 않고 사업의 기초를 닦아놓지 않으면 아무 것도 성취할 수 없을 것입니다. 그러면 할 일은 생기 없고 노쇠한 노년이 되길 기다리는 것뿐일 것입니다.

불교의 청년은 평소엔 남의 이목을 집중시키는 행동을 전혀 하지 않습니다. 그러나 막상 불교 존망의 위급한 순간에는 일말의 망설임도 없이 이기적인 소아小我를 벗어던지고, 열정을 불태우며, 분연한 의지와 애민정신, 그리고 솔직한 타고난 성품으로 불교의 사명을 짊어지곤 했습니다. 젊은이들의 한 줄기 굳세고 강한 정의감과 호기가 닿는 곳에는 일체의 난폭함이 그 아래 고개를 숙이고, 일체의 죄업이 그 아래에 다 사라져 버렸습니다. 수구적인 것이 더 이상 수구적이지 못하고, 타락하는 것은 더 이상 타락하지 못하니, '젊은이들! 그대들의 힘은 얼마나 신성하며, 얼마나 위대하단 말인가!'

위대한 시대가 열린 오늘, 새로운 시대 속의 불교는 유력한 사상과 행동, 매력적인 젊은이들이 주축이 되어 생존해 나가야 합니다. 우리는 불교를 위해 생존할 이상이 필요합니다. 우리는 젊은이들이 불교중흥의 사명을 짊어지길, 젊은이들이 불교건설의 일을 해주길 바랍니다. 그러나 어렵고 고달픈 이 시대에 젊은이들이 어떻게 하면 여래의 가업을 책임질 수 있을까요?

이 위대한 시대 속에 우리의 생명은 살아 움직이고 있습니다. 우리의 사상이 시대를 따라 앞으로 나아가야 합니다. 시대를 역행해서는 안 됩니다. 그러나 오늘날 불교의 젊은이들은 정상적이라 보기 힘든 많은 사상을 가지고 행동을 합니다. 비관하고, 실망하며, 근심하고, 의기소침하며, 불교는 더 이상 부흥할 가망이 없다고 생각하고 가슴 가득 불평을 늘어놓으며 그저 자신의 운명을 한탄합니다. 하는 얘기들은 전부 이마에 주름이 얼마나 늘었나, 이런 것들뿐입니다. 그래서 하루 종일 고민에 고민을 거듭하다 번뇌가 되고, 기분은 점점 위축되고, 의지는 점차 쇠락하게 되며 수구적이고 보수적이 되어 결국 쇠락, 침체, 부패, 훼멸의 길로 들어서게 됩니다. 이것이야말로 불교가 망하는 소리입니다. 또 다른 불교청년들은 불교의 대세를 똑바로 쳐다보지 않고 서로를 배척하고 비방하며 시기하고 음모를 꾸미고 있습니다. 커다랗고 훌륭한 정신력과 지혜를 인아人我 다툼에 쏟으면서 명리를 좇아가거나 시비를 가지고 비방 공격을 하니, 이것이야말로 불교의 앞날에 가득 드리운 어둠이라 할 것입니다. 더욱이 적지 않은 불교청년은 몇 차례의 좌절을 겪고, 몇 차례의 풍랑을 만났거나 혹은 물질적 향락의 유혹을 맛보고는 담백한 생활을 원하지 않고 있습니다. 엎친 데 덮친 격으로 불교는 또 어려움을 맞이했고 외부의 압력은 날로 더해가고 있으니, 모두 쉼 없이 단단하게 준비를 해야 합니다. 그리고 우리는 "이것은 불교의 젊은이들이 감당하기 어려운 시대적 시련이다"라고 감히 말합니다.

시대적 전환기와 불교의 위급한 순간에 고덕의 청년정신이 어떻게 표출되었는지를 오늘날의 불교 젊은이가 불교의 역사를 다시 한

번 되짚어보길 바랍니다. 비장방費長房은 북주 시대 훼불의 교난教難 때문에 환속한 뒤 늘 경전 번역에 매진해 결국 『역대삼보기歷代三寶記』를 펴냈습니다. 북주 시대의 혜원惠遠 스님 역시 교난을 당해 환속하였다가 수 왕조가 일어나자 다시 승복을 입었습니다. 도안道安 대사는 불교를 없애려던 북주 무제가 하사한 관직을 죽음으로 고사하다가 결국 애통해 하며 불식不食하여 죽었습니다. 이것은 무엇을 위해서일까요? 불교의 젊은이들이 부처님의 뜻을 받들어 시대에 굴복하지 않았다는 사실적 묘사입니다. 우리는 젊은이가 환속하는 것을 반대하는 것이 아니라, 부처님의 뜻을 봉행하지 않는 것을 반대할 뿐입니다.

오늘날 불교의 젊은이들은 시대적 시련을 견뎌내기 어렵고, 시대의 톱니바퀴 아래 희생자가 되기는 싫고, 더구나 시대를 창조해 나갈 수도 없습니다. 우리는 용감하고 열정적인 젊은이들이 나서서 몸 바치기를 원합니다. 우리는 지혜의 검을 휘둘러 일체의 진부함을 베어버리길 원합니다. 우리는 젊은이의 열정으로 고덕의 행동과 정신을 닮기를 원합니다. 주눅 들지 말고, 낙담하지 않으며, 가슴을 활짝 펴고 만들어 나가야 할 것입니다. 불교 젊은이의 정신을 발휘하는 행동을 해야 하고, 처한 환경이 어렵고 힘들더라도 젊은이들이 처한 환경을 분명히 알아차리고 환경을 개선해야 합니다. 절대 환경에 순응하거나 휘둘려서는 안 됩니다. 오늘날 젊은이들은 마땅히 이러한 인식을 가져야 합니다.

현재 불교혁신의 파도는 흘러넘치고 있고, 시대적 풍랑은 이미 울부짖고 있습니다. 시대와 불교는 또다시 불교의 젊은이들을 다시 한

번 시험하고 있습니다. 오늘날 불교의 청년들에게 굳건한 믿음이 있느냐 없느냐, 불교를 보호할 결심이 섰느냐 그렇지 않느냐, 단결할 수 있느냐 없느냐, 괴로움을 겪으면 이겨낼 수 있느냐 없느냐를 말입니다.

사랑하는 불교의 젊은이들이여!

이 급변하는 시대를 맞아, 불교 역사에 이 세대의 젊은이들은 찬란하게 빛나는 시 한 편을 써 내려가야 합니다.

(1952년 1월 10일 『인생』 잡지 제4권)

마/음/에/새/기/는/글

- 경천동지할 대사건 어느 하나에도 젊은이들의 힘이 실리지 않은 것이 없고, 위대한 업적과 사업 어느 하나에도 젊은이가 힘을 보태 완성시키지 않은 것이 없다. 젊은이들의 한 줄기 굳세고 강한 정의감과 호기가 닿는 곳에는 일체의 난폭함이 그 아래 고개를 숙이고, 일체의 죄업이 그 아래에 다 사라져 버렸다.

- 대대로 부처님의 뜻을 받들어 지니기 위해 시대에 굴복하지 않았던 불교의 젊은이들이 있었다. 처한 환경이 어렵고 힘들더라도 젊은이들이 처한 환경을 분명히 알아차리고 환경을 개선해야 한다. 설대 환경에 순응하거나 휘둘려서는 안 된다.

순도殉道 정신이 필요하다

위성발사의 성공으로 이미 우주시대로 접어들었고, TV와 인터넷의 출현으로 세간의 시간적, 공간적 거리는 대폭 줄어들었습니다. 인류는 물질적으로 과학문명의 혜택을 누리는 한편, 정신적으로 진공상태를 맞이하고 있습니다. 과학은 인류의 물질적 욕구를 충족시킬 수는 있지만 마음의 공허감까지 채워줄 수는 없습니다.

오늘날 인류는 고민을 느끼지 않는 사람이 없고, 세계는 빛을 잃고 어둠에 휩싸이지 않는 곳이 없습니다. 저 하늘 높이 솟아 있는 산맥은 중생의 시체와 해골이 쌓여 있는 듯하고, 도도하게 흘러가는 강과 바다는 중생이 흘리는 피눈물과 같습니다. 다툼과 숙청이 난무하는 가운데, 생명이 의지할 곳이 없다고 느끼지 않는 사람 누가 있을까요? 삼반오반운동(三反五反運動: 마오쩌둥이 실시한 숙청운동)으로 두려움을 느끼지 않는 사람 또 누가 있을까요? 우리는 중생의 재난이 계속되는 걸 두고 볼 수 없습니다. 우리 부처님 제자는 중생에게 진실한 신앙을 전해주어야 하고, 중생에게 영원한 안식처를 안겨주어야 합니다. 영취산(鷲山)의 도풍道風을 드높이고 항하사의 법수가 곳곳에 흘러들게 해야 합니다. 그러나 유감스럽게도 불교는 이처럼 격동의 시대 안에서는 한 조각의 불모지와 같으니, 이건 교리의 문제가 아니라 교단이 방만한 것이 문제이며, 중생제도의 중요한 책임을 짊어지지 못해서이며, 세상구제라는 중책을 짊어지지 못해서입니다. 곰곰이 생각해보면 이처럼 위대한 사업을 내버려둔 것은 오늘날 불교에 신앙을 위해 몸 바치려는 순도殉道의 정신이 결여돼 있기 때문입니다.

오늘날 우리의 교단을 보면 출가자이든 재가자이든 열정적인 자비서원이 결여돼 있고, 진취적 정신을 가지고 있지 않은 것이 사실입니다. 사찰은 사유의 관념과 종파주의의 풍조, 그리고 작은 세상에 만족하고 작은 새장에 갇혀 모두 수수방관하고 있습니다. 오로지 자기 것만 먼저 하려고 합니다. 열정적으로 타오르는 마음은 너무 작고, 기꺼이 행하고 행한 것에는 책임지는 경우가 많지 않습니다. 이와 같은 교단이 어떻게 중생의 근심을 먼저 걱정한 뒤 중생의 기쁨을 함께 즐거워할 수 있을까요? 이러한 교단이 과연 불교 융성의 사명을 짊어질 수 있을까요?

우리의 교단은 왜 이처럼 불성실한 모습을 보여주는 건가요? 왜 이러한 패기도, 힘도 없는 모습을 보여주는 건가요? 다시 곰곰이 생각해 보면 원인은 역시 신앙에 몸 바치려는 순도의 정신이 결여된 탓입니다.

순도의 정신이란 무엇입니까? 부처님 신앙을 위해 신명身命을 다 내어버리는 것입니다. 교법을 선양하기 위해 괴로움과 힘든 것을 견디는 것입니다. 교단을 수호하기 위해 자신을 희생하는 것입니다. 중생에게 봉사하기 위해 모든 걸 바치는 것입니다. 법장비구는 왕위까지 포기하고 장엄정토를 발원하셨으니, 이처럼 위대한 자비서원이 또 있을까요? 지장대사는 지옥의 중생을 제도하느라 자신의 즐거움을 가리어 따지지 않았으니, 이처럼 자비로운 마음이 또 있을까요? 목건련 존자는 부처님의 가르침을 전파하다 라자가하(王舍城)에서 외도에게 죽도록 돌에 맞기도 했습니다. 부루나 존자는 부처님을 대신해 야만스러운 이역 땅 안 수나파란타국에서 포교하였고 생명을 기꺼이 중생에게 보시했습니다. 순도를 결심한 장엄한 정신은 정의를 위해 흘린 피처럼 천추만대에 호연한 기운을 발양합니다. 불교 진리의 빛이 인간세계를 두루 비출 수 있는 것은 모두 이러한 정신 하나하나가 남아서입니다.

또한 도안道安 법사는 북주北周 무제武帝 때 법난을 받았습니다. 그가 내리는 관직을 죽음으로써 고사하다 결국 길게 통곡하며 굶어죽었습니다. 정애靜藹 스님은 북위北魏 태무제太武帝의 훼불毀佛로 인해 고된 수행을 이루지 못하고 자신의 살을 갈라 돌아가셨습니다. 지현대사知玄大師는 폭정에 항거하였고, 혜원대사慧遠大師는 삿된 설법에 맞서 변론하였으며, 법현法顯 삼장법사三藏法師는 법을 구하기 위해 거의 바다에 몸을 수장할 뻔했고, 현장玄奘 삼장법사는 경전을 가지러 가느라 거의 사막에서 굶어죽을 뻔했습니다. 그와 같은 순도의 정신을 품었던 선현과 고덕의 그 굽힐 줄 모르던 정신은 금강처럼 견고하고, 정의를 위해 죽음까지도 불사하는 태연자약한 결심은 일월처럼 빛납니다. 오늘날 불교에도 이와 같이 자신을 잊고 희생하는 열사와 바른 뜻을 맡아줄 영웅이 필요합니다. 우리는 오늘날 불교계 전체가 한마음 한뜻으로 성스러운 가르침을 부흥하겠다는 뜻을 세우고, 중생에게 봉사하겠다는 서원을 세워야 합니다. 인간세상의 은원恩怨은 인자함으로 바꾸어 놓고, 사회의 포악한 기운은 상서로움으로 바꾸어 중생에게는 따뜻함을, 세간에는 광명을 전해주어야 합니다.

최근 불교의 올바르지 못한 논설과 타협하는 작태, 시비를 전도시키는 생각 등으로 명철보신하는 태도는 더 이상 용인하기 힘듭니다. 어둠의 그림자 가득한 행위는 존경하기 힘듭니다. 우리는 이미 더 이상 망설일 수도 없고 더 이상 늦출 수도 없습니다. 우리는 부정적으로 변질된 풍토를 쓸어버리고, 지나치게 이기적인 마구니를 항복시켜야 합니다. 부처님 제자라면 모두 열정을 불러일으키고 굳센 의지를 북돋아야 합니다. 세상의 부패와 백성의 질고를 불쌍히 여기는 뜨거운 가슴으로 두려움에 수그러들지 말고 낙담하지 말아야 합니다. 허영은 언젠가 사라질 것이고, 색신은 결국 죽게 됨을 알아야 합니다. 부처님의 혜명을 이어가기 위해, 고난에 빠진 중생을 널리 구제하기 위해, 성스러운 가르침을 부흥시키려는 힘들고 거대한 이정표에서 우리는 순도의 정신을 고무시켜야 합니다. 우리는 순도자의 장엄함을 기뻐해야 합니다.

『금일불교今日佛教』(1985. 7. 1.)

마/음/에/새/기/는/글

- 불교는 이처럼 격동의 시대 안에서는 한 편의 불모지와 같으니, 이건 교리의 문제가 아니라 교단이 방만한 것이 문제다. 중생제도의 중요한 책임을 짊어지지 못하고 세상구제라는 중책을 짊어지지 못한다. 이처럼 위대한 사업을 내버려둔 것은 오늘날 불교에 신앙을 위해 몸 바치려는 순도 정신이 결여돼 있기 때문이다.

- 사찰은 사유의 관념과 종파주의의 풍조, 그리고 작은 세상에 만족하고 작은 새장에 갇혀 모두 수수방관하고 있다. 오로지 자기 것만 먼저 하려고 한다. 열정적으로 타오르는 마음은 너무 작고, 기꺼이 행하고 행한 것에는 책임지는 경우는 많지 않다. 이러한 교단이 불교 융성의 사명을 짊어질 수 있는가?

대장경 영인 발행
-나의 희망과 건의

1.

불교문화가 미약한 오늘날 대장경의 영인 발행은 위대한 홍법사업의 하나입니다.

정장正藏 9,006권, 속장續藏 4,000여 권을 이미 전부 간행했습니다. 민국 44년(1955년) 여름과 가을, 중화불교문화관中華佛敎文化館 관장인 동초상인東初上人의 아름다운 뜻을 받들어 남정노인南亭老人에게 단장을 맡기고 제가 단원을 이끌고 의란宜蘭에 있던 각존覺尊, 각민覺民, 각항覺航, 자련慈蓮, 자범慈範, 자혜慈惠, 자용慈容, 자숭慈崧 스님 등 20여 명의 단원, 그리고 자운煮雲, 광자廣慈 두 분 스님도 함께 참여하여 설법과 포교를 하였습니다. 총 40여 일 동안 타이완을 한 바퀴 돌며 홍보하였는데 활기찼던 장면들이 아직까지 눈에 선합니다.

불교신자들의 믿음은 죽지 않았습니다. 부처님의 법신(法身: 대장경)을 각지에 두루 퍼뜨리고, 부처님의 씨앗을 이어 융성하게 하고, 부처님의 지혜와 목숨을 이어 갈 사람이 절로 나타날 것이라는 믿음 말입니다.

국내외에, 심지어 산간벽지의 사찰에도 대장경을 봉행했습니다. 이 지혜의 빛은 오늘날 인류의 마음을 밝게 비출 뿐만 아니라, 후대의 중생까지도 영원토록 비출 것입니다.

　대장경은 부처님의 혜명慧命이자 보살과 조사들의 지혜의 결정체입니다. 수천 년 동안 얼마나 많은 사람들이 이로 인해 깨달음의 길로 들어섰으며 얼마나 많은 사람들이 이로 인해 자신을 찾게 되었습니까? 중화불교문화관은 이 항목의 사업을 빛내고 발전시켰으니 실로 공덕이 무량합니다.

　장경을 받으신 대덕께서는 대장경을 잘 보존 봉행하시길 바랍니다.
　장경을 받으신 대덕께서는 대장경을 잘 독송 염송하시길 바랍니다.
　장경을 받으신 대덕께서는 도서관을 세우고 그곳에 진열하여 모든 이가 함께 열람토록 해주시길 바랍니다.
　장경을 받으신 대덕께서는 대장경 홍보조직을 만들어 자주 대장경 강해講解를 해주시길 바랍니다.
　장경은 우리 지혜의 근원이니, 경장에 깊이 들어가야 지혜가 바다처럼 넓어질 수 있습니다.
　장경은 우리 법보의 창고이니, 우리는 정진하여 많이 캐내야 가득 싣고 돌아올 수 있습니다.

　중화불교문화관의 인장기념당印藏紀念堂 역시 이미 공사를 시작했으며, 앞으로 대장경 간행에 이어『중화불교총서中華佛敎叢書』도 출판할 거란 기쁜 소식이 들리니, 저는 문화관과 동공상인東公上人을 위해 축복하며 영원히 불교문화사업을 위해 노력하시고, 부처님의 법신이 항상 머물며, 정신은 영원히 사라지지 않길 바랍니다.

2.
중화불교문화관 대장경 간행은 신앙만을 중시하고 이해를 소홀히 했던 타이완 불교에 힘을 보태고 광명을 더해 주었습니다.

오늘날 타이완에서는 사찰의 산문을 들어서자마자 대장경이 모셔진 걸 볼 수 있습니다. 그 두꺼운 100권의 대장경은 사람들에게 해석해 주지 않더라도 모두에게 불교의 문화가 이토록 풍부하고, 불교의 법해法海가 얼마나 광대무변한지 알게 해줄 것입니다.

그러나 대장경을 그곳에 모셔놓고 사람들에게 구경시키기만 하는 것은 대장경을 공양하는 본뜻을 망각한 것입니다. 대장경 공양의 목적은 경장에 깊이 들어가기 위해서입니다. 그래서 저는 한 가지 건의를 하고자 합니다. 사찰에서 수행하는 대중은 아침저녁 반드시 예불을 행해야 합니다. 대부분 아침에는 「능엄주楞嚴咒」를 염송하고 저녁예불에는 『아미타경阿彌陀經』을 염송하는데, 찬讚과 불호까지 부르면 매번 약 1시간 정도 소요됩니다. 만일 아침저녁 예불에서 대장경을 읽는다면 어떨까 생각해봅니다. 대장경 한 권을 읽는 데 약 30분이 걸리니까 아침예불에 대장경 2권을 읽을 수 있고, 저녁예불에도 대장경 2권을 읽을 수 있습니다. 매일 대장경 4권을 읽을 수 있으니 대장경 정장 9천여 권을 하루도 빼놓지 않는다면 약 6년이면 대장경 전부를 완독할 수 있을 것입니다.

이것이 대장경에 깊이 들어가는 가장 좋은 방법입니다.

대장경을 모신 사찰에서는 실천해 봐도 좋을 것 같습니다.

불법을 닦아지님에는 실천과 이해를 병행해야 하니, 대장경 열독을 아침저녁 예불로 삼는 것은 최고의 수지修持입니다.

그렇지 않고 사찰에 몇십 년을 머물면서 아침저녁 예불에 「능엄주」와 『아미타경』을 입에서 술술 나오게 암송한다고 해서 커다란 이치를 전체적으로 이해하고 경장에 깊이 들어가는 효과를 얻을 수는 없습니다. 오늘날 사찰의 적지 않은 수행자들이 수십 년간 아침저녁 예불을 행하면서 「능엄주」와 『아미타경』을 수천만 번 읽었으면서도 불법을 모르는 자들이 여전히 많다는 것은 부인할 수 없는 사실입니다.

우리는 수행에 있어 오로지 형식만을 중시하고 정신을 소홀히 해서는 안 되며, 정신과 형식을 똑같이 중요하게 여겨야 합니다.

그러므로 잡지 『인생』의 인장 출간기념 특별호를 발간함에 있어, 저는 이런 건의를 소리 높여 제기해 봅니다.

『인생』 제12권(1960. 12. 1.)

마/음/에/새/기/는/글

- 대장경은 지혜의 근원이고, 법보의 창고이며, 대장경의 영인 발행은 위대한 홍법사업의 하나이다.

- 사찰의 수행자들이 아침저녁 예불을 행하면서 대부분 아침에는 「능엄주」를, 저녁에는 『아미타경』을 읽는데, 아침저녁 예불에서 대장경을 읽는다면 약 6년이면 대장경 전부를 완독할 수 있다. 이것이 대장경에 깊이 들어가는 가장 좋은 방법이다. 대장경을 모신 사찰에서는 실천해 봐도 좋을 것 같다.

만卍자 하나에 머리는 둘이어라

중화사中華寺의 문을 나서니 맞은편에 불교대학이 있었습니다. 그것은 마하보리협회(Mahabodhi Society)에서 세운 대학입니다. 우리는 들어가서 잠깐 관람하고 나와 시원하게 쭉 뻗은 거리를 지났습니다. 꽤 넓어 보이는 광장에는 부처님의 수많은 성적聖跡이 있었습니다.

우리는 먼저 석란사錫蘭寺에 들어가 예불을 올렸습니다. 이 석란사는 신선하고 아름다우며 장엄한 느낌을 주도록 설계되었습니다. 룸비니의 이 성스러운 땅에 오로지 석란사만이 중화사와 아름다움을 견줄 만합니다.

석란사와 멀지 않은 곳에, 그러니까 룸비니 동산의 중심이 되는 지점에 원형의 고탑古塔이 있습니다. 높이가 약 100여 척 되고 2층으로 되어 있는 것처럼 보이는데, 전부 붉은 돌을 깨서 만들었고 돌 위에는 정교하고도 아름다운 꽃무늬를 조각했습니다. 탑이 언제 만들어졌는지는 알 수가 없지만, 적어도 2천 년 전 아쇼카 대왕 시대 때의 건축이거나 심지어 그보다 더 이전일 수도 있습니다. 전해오기로는, 부처님이 세상에 계실 때 이곳에서 입정入定에 드신 적이 있어 제자들이 그것을 기념하고자 이곳에 탑을 세웠다고도 합니다.

이 고탑에서 가장 흥미로운 것은 탑의 네 방향에 조각된 적지 않은 '만卍'이란 글자였습니다. 저는 '卍'자의 모양을 증명하고자 신발이 다 헤져가며 쉼 없이 찾아다녔습니다.

제가 그랬던 원인은 타이완에서 하나의 卍자에 두 가지 표기법이 생겨나 굉장한 쟁론을 펼쳤던 데 있습니다. 누구는 만자 모양을 '卐'라고 써야 한다고 하고, 또 누구는 이렇게 쓰면 독일 나치의 상징이라 하는 사람도 있었습니다. 또 이렇게 쓰는 '卍' 자가 바른 것이고 '卐'는 반대로 쓴 것이며 서예 쓰는 방식과도 맞지 않는다고 주장한 사람도 있었습니다. '卐'자를 이렇게 써야 된다고 하는 사람들은 불법에서는 항상 오른쪽으로 도니 '卐'자로 써야 오른쪽으로 도는 것이라 주장합니다.

타이완에서 저는 가장 열심히 '卍' 글자를 추진한 사람 중 하나입니다. 저는 불교의 건축물에는 卍자의 표시가 있어야 한다고 주장합니다. 불교의 젊은 여신도는 卍자 목걸이를 걸어도 좋습니다. 卍자는 부처님 32상相 중 가슴 앞 상호 중의 하나이며 길상吉祥과 성결聖潔, 원만圓滿의 상징입니다. 불교는 마땅히 곳곳에 卍자로 기호를 삼아야 하고, 卍자가 불교의 표지라는 것을 사람들이 알도록 해야 합니다.

그러나 불경에서나, 불상에서나 타이완의 卍자는 이미 두 가지 쓰는 법이 있습니다. 누구는 이렇게 '卍'자를 쓰고 누구는 저렇게 '卐'으로 씁니다. 저는 늘 '만'자는 이렇게 '卍' 쓰는 것이 정확하고 이래야 오른쪽으로 돈다는 뜻과 맞는다고 주장해 왔습니다. 왜냐하면 왼쪽으로 도느냐 오른쪽으로 도느냐는 우리의 위치에서 정하는 것이 아니라 卍자 본체의 입장에서 봐야 합니다. 그러면 이렇게 쓰는 卍자야말로 진정한 오른쪽 돌기라는 것을 알 수 있습니다.

제가 처음 발심하여 까오슝 불교당佛教堂을 건축할 당시, 공정은 이미 3분의 2가 지났는데, 공사설계사가 작정하고 卍자를 卐으로 바꿔놓을 줄은 꿈에도 생각지 못했습니다. 제 마음도 절반은 식어버렸습니다. 제가 고집하는 것이 아니라 실제로 卍자는 마치 국기처럼 불교를 대표하는 유일무이한 기호입니다. 그렇다고 국기를 거꾸로 인쇄할 수는 없지 않습니까?

그 당시 저는 가장 존경하는 남정南亭 장로를 모셔 경전 중의 고사나 어구를 근거로 해 만자의 오른쪽 돌기가 맞는지 왼쪽 돌기가 맞는지 고증하려 했습니다. 남정 장로께서는 수많은 자료에는 반반씩 기록되어 있다고 말했지만, 훗날 그는 이 '卐'과 같은 것이라고 주장했습니다.

저는 오늘날의 불교는 통일되어야지 분열되어서는 안 된다고 말한 적이 있습니다. 불교의 법운法運이 마치 통일될 수 없고 분열될 운명을 맞은 것 같아 몹시 괴롭습니다. 卍자조차도 두 가지로 나뉘니 말입니다. 저는 장로 앞에서 더 이상 쟁론을 벌이길 포기했습니다. 그러나 제가 출판하는 책에는 모두 제가 오른쪽으로 도는 것이 맞다고 생각하는 卍자를 인쇄해 넣었고, 제가 건축하는 사찰, 혹은 불상에는 모두 卍자를 표시했습니다. 남 장로 역시 그가 출판한 책에는 그가 오른쪽 돌기라 생각하는 卐자를 인쇄해 넣었고 그가 새로 건축하는 도량과 불상에도 자신이 보기에 오른쪽 돌기라 생각하는 卐자를 표기했습니다. 그렇게 각자 자신의 길을 가기로 했습니다.

저는 오늘 인도 부처님의 성지에서 2천년 역사를 지닌 고탑 위에 조각된 卍자의 형태가 모두 오른쪽 돌기인 卍인 것을 보고 더할 나위 없는 기쁨을 느꼈습니다. 왜냐하면 오래 될수록 부처님의 시대와 가까울 것이고, 부처님의 시대와 가까운 卍자일수록 머리 방향이 틀리지 않을 것인데, 후세 사람이 만자의 머리를 바꿔놓는다고 무슨 소용이 있겠습니까?

고탑 위의 정확한 만자 모양을 증거로 삼고자 저는 특별히 주朱거사에게 부슬부슬 비가 내리는데도 사진 한 장을 부탁했습니다.

『각세覺世』(1964. 4. 11.)

마/음/에/새/기/는/글

- 卍자는 부처님 32상相 중 가슴 앞 상호 중의 하나이며 길상吉祥과 성결聖潔, 원만圓滿의 상징이다. 불교는 마땅히 곳곳에 卍자로 기호를 삼아야 하고, 卍자가 불교의 표지라는 것을 사람들이 알도록 해야 한다.

- 하나의 卍자에 두 가지 표기법이 생겨났다. '卍'이라고 써야 한다고 주장하는 사람과 '卐'라고 써야 한다고 주장하는 사람이 있다. 불교의 법운法運이 마치 통일될 수 없고 분열될 운명을 맞은 것 같아 몹시 괴롭다. 卍자조차도 두 가지로 나뉘니 말이다.

- 인도 부처님의 성지에서 2천년 역사를 지닌 고탑 위에 조각된 卍자의 형태가 모두 오른쪽 돌기인 卍인 것을 보았다. 부처님의 시대와 가까운 卍자일수록 틀릴 리가 없기 때문이다.

석가탄신일, 왜 법정공휴일 할 수 없나?

저는 어제(1999년) 홍콩에서 돌아왔습니다. 처음으로 홍콩에서 음력 4월 8일, 홍콩의 공휴일인 석가탄신일을 맞았는데, 그 의미가 무척 깊었습니다. 그날 저는 3만여 신도가 운집한 빅토리아 공원의 성대한 집회에 초대되어 석가탄신일 법희法喜와 수승殊勝함을 직접 보고 느낄 수 있었습니다. 특히 법무장관(律政司長) 양애시梁愛詩 여사가 석가탄신일이 홍콩에서 공휴일로 정식 성립됐다고 정중하게 선포하자마자 우레와 같은 박수소리가 터져 나왔으며, 한동안 사그라질 줄 몰랐습니다. 내년에는 마카오까지도 참여할 것이라 합니다. 이때 타이완의 신도들도 역시 석가탄신일을 국정공휴일로 하자고 신청했지만 각계의 의견이 분분해 통일되지 못한다는 소식을 들었습니다. 저는 타이완에도 석가탄신일이 있어야 한다는 데 찬성하는 사람입니다. 석가탄신일에 대해 쏟아지는 여론과 의견을 보고 난 뒤, 다음 몇 가지 의견에 대해 설명을 붙여보겠습니다.

1. 석가탄신일이 국제적인 의미를 갖는가?

중화민국이 UN에서 탈퇴한 후에 어떻게 국가 간 우의를 다질 것이고, 어떻게 하면 우리와 각국을 이어나갈 것인지 등에 관련된 어떤 소리도 거의 듣지 못했습니다. 석가탄신일은 가장 훌륭한 가교역할을 할 것입니다. 아시아의 한국, 말레이시아, 싱가포르, 인도, 태국, 스리랑카, 미얀마, 및 일본 등은 모두 석가탄신일을 국정공휴일로 정하고 있습니다('베삭 데이Vesak day'라고도 함). 1997년 반환된 홍콩도 이제 석가탄신일을 공휴일로 선포했습니다. 만일 타이완에 석가탄신일이 생긴다면 국제적으로 같은 축제를 하는 우방국들과 서로 교류하고, 함께 우의를 쌓을 수 있을 것입니다. 전 세계의 화인華人들은 석가탄신일의 목소리를 아메리카, 아프리카, 유럽, 호주 등 전 세계로 넓힐 수 있을 것입니다. 왜냐하면 석가탄신일은 중화민국에는 공통된 목소리가 있다는 걸 전 세계에 보여줄 수 있고, 국민들에게는 통일된 목표로 친목을 다질 수 있음을 알려줄 것이기 때문입니다. 중화민국의 한 사람 입장에서 석가탄신일이 중화민국의 국제적 지위를 높이는 데 필요한 것이라고 확신합니다.

2. 석가탄신일은 화합적 특색이 있는가?

타이완이 민주개혁 정책을 추진해온 뒤로 갖가지 원인과 결과로 빚어낸 지금의 사회는 족군族群이 대립하고, 당파는 분열되었으며, 지역 이기주의 등이 대만사회의 분란과 민심혼란을 야기했습니다. 만일 모두가 받아들일 수 있는 석가탄신일이 있다면 국민당도 좋고, 민진당도 좋으며, 신당도 괜찮을 것입니다. 부처님 오신 날, 이 하루만큼은 서로 우의를 쌓고, 서로 왕래하며, 본성인, 객가인, 외성인, 원주민이든 상관없이 서로 존중하며 다함께 섞여 우의를 촉진하고 화합을 증진시키며, 대립과 편견을 벗어버릴 수 있을 것입니다. 도교나 일관도와 같은 다른 종교라 할지라도 불교의 친구로 삼는 것입니다. 불교는 천주교와 기독교를 늘 존중해 왔으며, 그들 역시 손님을 맞이하듯 불교를 존중해 왔습니다. 그러니 석가탄신일 공휴일 지정에는 화합적 특색이 있습니다.

3. 석가탄신일에는 문화적 상징이 있는가?

중화문화는 그 기원이 오래되었고 중화민족 정신의 발전은 유구한 역사의 연속이며, 석가탄신일은 중화문화를 형성, 촉진할 원동력입니다. 자고로 설(春節), 관불제灌佛祭, 중원절中元節, 납월 팔일(臘八節), 단오절端午節, 중추절仲秋節 등은 모두 중화민족에게 함께 전해 내려온 중요한 명절입니다. 한당漢唐시대 이래 관불 형식으로 인심을 정화함으로써 중국의 우수한 문화적 전통을 더 발전시키고, 면면히 이어져 온 역사적 의미는 민족의 힘을 결집시켰습니다. 이로 볼 때 석가탄신일의 공이 없다고 할 수 없습니다. 그래서 문화를 제창하고 역사적 의미를 드높이자는 의미에서 석가탄신일 공휴일 지정은 특히 더 필요합니다.

4. 석가탄신일이 작업능률 효과가 있는가?

누군가는 중화민족의 국정공휴일이 이미 너무 많은데 거기다가 주말과 휴일, 그리고 명절까지 합하면 사회 산업계의 생산력이 감소되지는 않을까 걱정하기도 합니다. 이에 대해 저는 그렇지 않다고 말하고 싶습니다. 왜냐하면 석가탄신일 경축행사는 모두에게 타고난 지혜와 도덕을 갖추게 합니다. 행사에 참가한 뒤에는 다시 업무로 돌아가 타고난 지혜와 도덕적 기준을 늘 지니게 되고 마음은 더욱 충실해집니다. 단 하루의 석가탄신일 경축행사의 효과만 가지고도 발휘된 업무효율과 비교하면 더욱 잘 알 수 있습니다.

400명의 직원을 거느린 어느 신도는 매일 오전 8시 출근해서 직원이 다같이 30분간 불경을 암송합니다. 이 말을 들었을 때는 놀랍기도 하고 이상하기도 하여 물었습니다.

"규모가 그렇게 큰데 생산력에 영향을 주지는 않나요?"

그 말을 들은 신도는 가볍게 웃으며 대답했습니다.

"매일 출근 전에 경전을 읽는 규칙은 품행이 단정하지 못한 사람이라면 참여하려 들지 않을 것입니다. 그러므로 우리 공장에는 나쁜 사람이 없습니다. 규칙을 따르는 직원들의 업무효율도 배나 늘었습니다."

"신앙이 곧 힘이다"라고 한 손문 선생의 말이 결코 틀리지 않았습니다.

상술한 의견에 기초해 저는 간절한 마음을 감출 수 없습니다. 다른 나라들은 석가탄신일의 권리를 누리는데 유독 타이완은 석가탄신일의 법정공휴일 제정이 어찌 이리도 요원하단 말입니까!

『중국시보中國時報』(1999. 5. 27.) & 『각세』 1397기(1999. 6. 20.)

마/음/에/새/기/는/글

- 한당漢唐 시대 이래 관불 형식으로 인심을 정화함으로써 중국의 우수한 문화적 전통을 더 발전시키고, 면면히 이어져 온 역사적 의미는 민족의 힘을 결집시켰다.

- 석가탄신일 경축행사가 사회 산업계의 생산력을 감소시키지는 않을 것이다. 오히려 정신적으로 더욱 충만하게 하고 신앙의 힘이 더욱 커다란 업무효율을 가져올 수 있다.

비구니 승단의 발전
- 2002년 4월 20일 '인간불교와 당대의 대화' 학술토론회 테마강연

인사말

50여 년 전 제가 처음 타이완에 도착했을 때, 비구니 스님들은 평생 사찰에서 정리정돈과 청소만 하고, 재가보살님들은 늘 공양간에 틀어박혀 끓이고 삶고 조리하는 것을 보고 사리에 매우 맞지 않는다는 생각이 마음에 들었습니다. 그래서 저는 불교의 여성들이 각종 불교의 사업에 종사하도록 연습시키기 시작했습니다. 여중女衆에게는 인내심과 세심함, 그리고 일을 시작하면 절대 게으름 피우지 않는다는 특징이 있다는 걸 발견했습니다. 그래서 불광산을 세울 당시 저는 "사부대중이 공유共有하고 승속이 평등하다"라는 구호를 외쳤습니다. 불학원을 세워 불교를 배우고자 하는 남녀 이부대중 모두 입학해 배우게 하였을 뿐만 아니라, 규정을 정해 비구와 비구니들이 모두 동등한 권리와 의무를 가지게 하였고 재가제자와 출가제자 모두 승단에 가입해 사찰의 업무에 참여할 수 있는 기회를 주었습니다.

저는 오랜 세월 여중의 지위를 제고시키고자 했습니다. 비록 과거에 저를 "여성 작업대대의 대장"이라고 도반들이 비아냥거린 적이 있지만 다행스럽게도 오늘날 여성대중들 모두 매우 분발해 주었습니다. 예를 들어 현재 불광산의 학문에 정통한 수많은 비구니 스님이 남중男衆불학원에서 강의를 하고 있으며, 심지어 성공成功 대학,

사범대학, 중산中山 대학 등에서 강의를 담당하고 있습니다. 또한 수 많은 저서를 펴내는 등 다양한 재능을 발휘하고 있으며 설법 또한 뛰어납니다. 타이완에서 처음 발행된 『불광대사전』과 다시 구두점을 찍고 나누고 주석을 거친 『불광대장경』 역시 모두 일부 비구니 스님들의 손을 거쳐 완성되었으며, 국내의 불교계와 학술계에서 찬탄을 받았습니다. 현재 불광산 교육원 원장을 맡고 계신 자혜慈惠 스님은 1992년 제18회 세계불교도 우의회에서 세계불교회 부회장으로 선출되기도 했으니, 이는 실로 전체 비구니 스님들의 광영이 아닐 수 없습니다. 과거 세불회의 간부는 대부분 남전불교 국가의 신도대중이 맡았었기 때문에 대대로 줄곧 여성에겐 금지구역이었는데, 이번 남전불교 위주의 대회 측에서 먼저 이름을 거명하고 나섰으며 자혜 스님을 비구니 스님으로는 처음으로 세불회 부회장에 선출하는 데 의견을 모아 통과시켰습니다. 우리가 수십 년을 분투한 결과 이미 여성대중의 지위가 제고되었음을 이를 통해 알 수 있습니다.

그러나 유감스러운 것은 오늘날까지도 고등교육을 받은 일부 우수한 여성대중이 '팔경법八敬法'에 막혀 불문에 감히 들어오지 않으려 한다는 것입니다. 이는 불교의 커다란 손실이 아닐 수 없습니다. 저는 전에 영국의 한 여교수가 "만일 불교의 '팔경법'이 여전히 존재한다면, 난 절대 출가해 비구니가 되지 않을 것이다"라고 말한 걸 들었습니다. 또한 출가한 지 얼마 되지 않은 비구 스님이 "불광산에 와 봤더니 불광산의 장로 비구니 스님인 자혜 스님과 자용 스님이 왜 자신에게 정례頂禮하지 않는지 모르겠습니다"라는 말을 제게 한 적이 있습니다. 저는 이렇게 말해주었습니다.

"참 부끄럽군요. 공경은 당신에 대한 존중이 타인의 마음에서 우러나와야 하는 것입니다. 아무런 배움의 경지도 없고 불교에 공헌한 바도 전혀 없는 초학자인 비구가, 단지 자신이 비구라는 이유 하나만으로 출가한 지 수십 년 된 장로비구니 스님에게 인사를 받아야 한다는 계율은 어디에 있는지 말해보십시오. 나조차도 말할 수 없고 또한 할 수도 없을 것입니다."

저는 '남성과 여성이 평등한 권리를 갖는다'라는 것 역시 시대의 조류라고 생각합니다. 오늘날과 같은 여권신장의 시대에 비구니 팔경법에 관한 문제는 불교계가 더 이상 감정적으로 일처리 해서는 안 되고, 냉정하게 비구니에게 비구와 같은 동등한 지위를 돌려주어야 합니다. 그래서 저는 인도 보리가야 전수계법에서 남북전 불교의 상호융합을 얘기한 적이 있습니다.

오늘 '인간불교와 당대의 대화' 학술토론회에서 제가 감히 '비구니 승단의 발전'이란 주제로 세계의 추세인 여성관, 불교 양성兩性 교단의 어울림, 역대 불교에 공헌한 비구니, 미래 비구니가 노력해 나아갈 방향 등으로 나눠 비구니 교단의 미래발전을 위한 의견을 제시코자 합니다. 또한 전 세계 불교국가 모두 승단이 본래 가지고 있던 비구니 교단을 회복시키고, 이것을 앞으로 모두가 다함께 노력해 나갈 공동목표로 삼길 바랍니다.

1. 세계의 추세인 여성관

우주의 일체 유정중생이 비록 지혜와 어리석음, 현명함과 열등함,

빈부와 귀천이라는 여러 차이가 있지만, 결국 성별 면에서 남녀의 차이 밖에 없습니다. 그 중 여성은 모든 사람과 대단히 밀접한 관련이 있습니다. 남자든 여자든, 사람은 모두 어머니의 강보 안에서 자랍니다. 어머니가 없다면 생명의 탄생도 없습니다. 그러므로 여성으로 태어난 어머니는 일체 생명력의 원천입니다. 여성을 언급하다 보니, 중국과 서양은 여성에 대한 견해가 서로 다릅니다. 서양에서는 여인을 성결한 영혼, 뛰어난 신, 비너스처럼 아름다움의 상징이자 사랑을 대표한다고 여깁니다. 여인은 천사이며 평화의 사자인 셈이죠. 반면 중국인의 마음 속 여성은 뱀처럼 악랄하고, 구미호처럼 요염하며, 암호랑이처럼 흉악합니다. 혹은 여인은 나라를 망치는 화근이고 일을 그르치는 액운이라고도 합니다. 어쨌든 과거 남존여비의 중국 봉건사회에서 여성은 상서롭지 못한 물건으로 여겨졌고, 사회에서나 가정에서 어떠한 지위도 전혀 없었다고 할 수 있습니다.

그러나 자고이래로 적지 않은 여성이 능력과 지혜 면에서 두각을 나타냈을 뿐만 아니라, 남자를 초월한 여장부가 적지 않은 것은 엄연한 사실입니다. 예를 들어 전국시대 현숙함의 대명사인 조趙 태후, 천하를 다스렸던 당 왕조의 무측천, 부형父兄의 유지를 받들어 사서史書를 완성한 한 왕조의 반소班昭, 남편과 함께 금나라 병사에 맞서 싸운 송 왕조의 양홍옥梁紅玉 등은 모두 한 시대를 풍미했던 재녀才女들입니다. 또한 영국의 엘리자베스 여왕, 마가렛 대처 수상, 이스라엘의 골다 메이어(Golda Mabovitz) 수상, 인도의 인디라 간디 여사 등도 모두 국제적으로 이름을 널리 알린 걸출한 여성입니다.

이 밖에도 스리랑카의 시리마보 반다라나이케(Sirimavo Dias

Bandaranaike) 총리는 세계에서 최초로 국민에 의해 선출된 여성 총리입니다. 파나마 대통령인 미레야 모스코소(Moscoso, Mireya), 아이슬란드 대통령인 비그디스 핀보가도티르(vigdis Finnbogadottir), 인도네시아 대통령인 메가와티(Megawati) 역시 모두 여성입니다. 더군다나 필리핀은 전 아키노 대통령과 현직 대통령까지 연이어 두 여성 대통령을 선출했습니다. 심지어 핀란드 타르야 할로넨(Tarja Kaarina Halonen) 초대 여성대통령은 여전히 홀로 딸을 키우는 엄마라고 합니다. 그녀들은 매일 수없이 많은 일을 처리하고, 정계를 종횡으로 누빕니다. 일처리에서도 과감한 결단을 내리니 남자에 절대 뒤지지 않는다고 합니다. 그래서 어느 누구도 여자가 권력을 잡았다고 해서 그녀들을 좀 뒤떨어진 민족이라 보지 않고, 그녀들이 마땅히 가져야 할 영광과 존엄을 말살하지 않습니다.

불교의 칠부대중 중에는 여성인 비구니, 사미니, 우바이가 있으며 그녀들은 불교에서 상당히 중요한 지위를 차지하고 있습니다. 심지어 명·청 시기 민간종교에는 대부분 부녀자들이 참가했으며, 형제니 자매니 부르면서 각 교파 간 내에서 평등한 지위를 가졌습니다. 예를 들어 명 왕조 말기의 용문교龍門教 교조는 미나이나이(米奶奶)였으며, 대대로 용문교를 주재한 사람은 모두 부녀자였고 신도들 역시 여성이 상당히 많았습니다. 또 청 왕조 시기 대승교大乘教 교조 여呂 보살 역시 여성입니다. 명·청시기 백련교白蓮教의 여성 수령 당보아唐寶兒, 왕총아王聰兒는 의를 내세워 군대를 일으켰으며, 죽는 한이 있어도 투항하지 않아 후세 사람들의 추앙을 받았습니다. 수천수만의 신도를 가진 현재의 마조媽祖 역시 여인이 아니던가요!

각 종교 중에서 여인의 지위가 가장 낮은 것이 회교(이슬람교)입니다. 불교는 당초 인도에서 일찍이 회교도들의 침입의 영향 아래 놓여 부녀자들의 지위가 매우 비천했지만, 지금은 불교의 불도가 전 세계에 두루 퍼져 있으니 더 이상 회교의 기준으로 불교의 부녀자들을 대해서는 안 될 것입니다. 더구나 일체의 중생은 불성을 가지고 태어나며, 중생과 부처가 모두 평등하다고 부처님이 말씀하셨는데, 남녀가 어찌 평등하지 않을 수 있겠습니까!

그래서 "중생에게는 모두 불성이 있다"는 불교의 사상에서 보면, 여자 또한 마땅히 존중받아야 할 '유아독존'의 중생입니다. 여성 대중의 지혜와 능력은 남성에 꿀리지 않으므로 마땅히 정치와 사회 등 각종 사회 대중의 사무에 참여하고 봉사의 기회와 단계를 적극적으로 넓혀 나가야 합니다. 여성 대중의 열정, 사랑, 성실함이 함께한다면 남성 대중을 더욱 능가할 것입니다. 마땅히 그 온화함, 자비로움, 세심함, 근면 등의 특성을 발전시켜 관세음보살처럼 자비와 아름다움으로 세간을 장엄하게 해야 합니다. 이 세간에는 본래 남자가 반이고, 여자가 반입니다. 문명사회에서 수양을 한 남성이라면 여성의 권리를 존중하고, 남녀평등을 제창해야 합니다. 그러므로 여성은 창기와 같은 매춘사업 등 사회에 존재하는 여성의 존엄을 해치는 행위를 거절해야 합니다.

결과적으로 불교는 이렇게 주장합니다.

(1) 여성에게는 마땅히 평등권이 있다.

(2) 여성에게는 마땅히 참여권이 있다.

(3) 여성에게는 마땅히 자주권이 있다.

(4) 여성에게는 마땅히 존엄권이 있다.

여권女權에 대한 불교의 입장은 본래 시대적 조류와 매우 부합됩니다. 그래서 소승불교의 주장대로 불교가 옛날로 되돌아가지 않길 바랍니다. 이것은 부처님의 본래 뜻에 위배되는 것일 뿐만 아니라 시대적 조류에도 역행하는 것입니다.

2. 불교 양성兩性 교단의 어울림

부처님께서 성도하신 후 5년 뒤 아버님이신 정반왕께서 돌아가셨습니다. 부처님의 이모인 마하파자파티가 야쇼다라 및 500명의 석가족 여인들을 이끌고 부처님을 찾아와 출가를 청했습니다. 이것이 불문에 비구니가 생긴 시초입니다.(『현우경賢愚經』 권3)

비구니 교단은 2,600년 전 부처님이 직접 조직을 결성하신 이후로 지금까지 전승되어 오고 있습니다. 법맥이 각국에 퍼져 있고 걸출한 비구니 대중을 양성하거나 중생을 이롭게 하겠다는 일념으로 묵묵히 농사지으며 본분에 충실하거나, 어렵고 힘든 홍법의 무거운 책임을 계승해 오는 등 모든 승가대중과 비교해도 각자 나름의 특징이 있습니다. 그러므로 비구와 비구니 교단 모두 새의 양 날개이자 인간의 두 다리처럼 하나도 없어서는 안 될 존재입니다.

그러나 2천여 년 동안 두 대중교단은 '팔경법' 때문에 시시때때로 논쟁을 벌였고 일부 남중은 부처님이 정한 팔경법을 들어 (비구니가) 비구승에게 '고개 숙여' 인사하고, 비구의 잘못을 말할 수 없다는 등등의 계율이 당연하다고 여겨왔습니다. 팔경법을 반대하는 한쪽에서는 팔경법이 부처님의 '인연 따라 개차開遮한다'는 계율을 제정한 원칙에 부합하지 않는다며 팔경법은 부처님이 제정한 것이 아니라고 의문을 제기합니다.

팔경법을 부처님이 제정했느냐의 문제는 잠시 제쳐두고, 먼저 '비구니는 비구의 잘못을 말할 수 없다'는 계율과 관련된 것부터 말해봅시다. 『사분율』에는 이렇게 기재되어 있습니다. 한번은 마하파자파티 비구니가 부처님께 육군六群 비구의 잘못을 말하자, 부처님은 말리지 않으셨을 뿐만 아니라 오히려 육군 비구를 훈계하셨다고 합니다.

『중아함』에 따르면, 마하파자파티 비구니가 부처님께 "비구니는 반드시 비구에게 예경해야 한다"는 규율은 폐지하고, 비구와 비구니가 수계한 뒤 연수 순서에 따라 어린 비구는 장로비구니에게 '계수稽首로 예를 삼고, 공경으로 일을 받는다'로 고쳐주실 것을 청했습니다. 당시 부처님께서 비록 확실하게 답변하시진 않았지만 일체 인연을 따르겠다는 뜻이 있었습니다. 그래서 부처님께서는 우파선나 비구니가 공空을 관하고 입멸에 든 사건으로 여중의 수행을 찬탄하신 적이 있고, "마하파자파티 비구니는 이미 여인의 모든 습기를 없앴으니 덕 있는 장부요, 그 성스럽고 아름다운 덕행은 승단의 대중에게 본보기가 되기에 부족함이 없다"라는 말로 마하파자파티는 여장부라 찬탄했습니다.

이 밖에도 남전불교의 『동엽률銅鍱律』에 따르면, 한번은 육군 비구가 일부러 진흙을 비구니에게 칠한 것을 부처님께서 아시고 즉시 비구니는 이후 더 이상 육군 비구를 공경할 필요가 없다고 지시하셨습니다. 심지어 『사분율』에도 한 비구가 도심道心이 물러나 상실하였는데, 이 일을 안 마하파자파티 비구니는 '비구니는 비구를 질책할 수 없다'는 팔경법에 막혀 감히 훈계하지 못했습니다. 이를 안 부처님께서는 비구니는 비구를 비방할 수 없지만, 비구가 계를 지키어 증상할 수 있도록 비구의 학문 수행에 가르침을 주는 것이라면 비구를 질책할 수 있다고 말씀하셨습니다.

사실 불법은 본래 법에 의지하고, 사람에 의지하지 않습니다. 불법 앞에서 평등한 법이며 높고 낮음이 없습니다. 그러므로 종합해 보면, 팔경법이 부처님이 제정한 것이라고 해도 여중의 출가를 당시 보수적인 인도사회가 받아들이게끔 하기 위한 임시방편이었을 것입니다. 왜냐하면 이미 설립된 상태였던 비구 승단은 '여중보다 지위가 우월하다'는 기득권적 이익을 버리지 원하지 않았기 때문에 부처님은 '팔경법'을 제정해 비구의 반대의 목소리를 잠재우려 하신 것입니다.

더구나 당시 마하파자파티를 따라 출가한 여중 대부분이 왕비, 공주 등 귀족이었고 부처님께서는 귀족 신분의 비구니가 그렇지 않은 신분의 비구를 경시할 것을 미연에 방지코자 제정하게 된 것입니다. 또 한편으로는 비구니 승단이 막 성립되었고 여중 교단을 육성하고 보호하기 위해 비구승이 비구니 대중의 교육의 의무를 책임지는 동시에, 여성이 운수 탁발하는 과정에서 도사리는 수많은 위엄에 부딪힐까봐 계율을 정해 비구니는 비구 승단에서 멀리 떨어진 곳에 거하지 말도록 했습니다.

부처님은 본래 세속의 것에 순응하도록 계율을 정해 승가가 받아들이도록 했습니다. 그러나 부처님 입멸 뒤 경전의 결집과 해석이 비구들에 의해 이루어졌기에, 비구니에게 불공평한 계율의 내용이 나오게 되었습니다. 심지어 "여인은 불결하다", "여인은 오장五障이 있다", "여인은 성불할 수 없다"라는 계율도 나왔습니다. 사실 깨끗하고 더러운 것은 마음 하나에 달려있지, 외적 신체 모습이 아닙니다. 더구나 부처님은 일체 중생이 모두 불성을 가지고 있다고 말해 불성은 남녀가 없다고 하셨는데, 왜 우리는 상에 집착해 구하려고 드는 걸까요?

여인은 성불할 수 없다는 것에 관해서 대승경전을 찾아보면, 부처님께서 여인에게 성불할 것이라 수기授記한 기록을 쉽게 찾아볼 수 있습니다.『잡아함경』에는 부처님이 오백 비구니를 위해 처음 수기를 했고,『해룡왕경』에는 부처님께서 여보금女寶錦이 부처가 될 것이라 수기했으며,『보살처태경』에는 "여인이 자신의 몸을 돌보지 않고 보시하여 불도를 이루어 나타내 보인다"라는 말이 있습니다. 이 경전에는 부처님이 심지어 "모든 보살마하살에게 '법성이 능수능란하여 남자도 아니고 여자도 아니며 훌륭한 방편으로 상세히 설명한다' 이르셨다"라는 구절이 있습니다.

『대보적경』에는 무외덕無畏德 여인이 나옵니다. 여인의 몸으로 바꿀 수 있는가 하는 사리불 존자의 의심을 해소하기 위해 서원을 세웠습니다. "일체의 법이 남자도 여자도 아니라면 제가 지금 장부의 몸으로 나타내게 해주십시오." 말을 마치자마자 곧 여인의 몸이 남자로 변하였습니다. 부처님께서 수기한 뒤에 다시 비구의 몸으로 나타났다가 다시 여인의 몸으로 돌아오니, 이로써 법에는 정해진 상이 없음을 보여주었습니다. 같은 경전에는 또 무구시無垢施 보살이 목건련 존자에게 "여자의 몸으로 아뇩다라삼먁삼보리를 얻지 못하면 남자의 몸으로도 아뇩다라삼먁삼보리를 증득하지 못합니다. 어인 까닭인가 하니, 보리는 생김이 없기 때문입니다. 그러므로 증득할 수 없습니다"라고 말했다는 구절이 있습니다.

이 외에도 대승의 모든 경전 중에 무남녀법無男女法, 여인의 몸은 예측할 수 없이 변하고, 법성은 일여一如하며 중생은 모두 성불할 수 있다고 설명하고 있는 경전은 『불설아사세왕녀아술달보살경佛說阿闍貰王女阿術達菩薩經』, 『불설월상녀경佛說月上女經』, 『불설대정법문경佛說大淨法門經』, 『대장엄법문경大莊嚴法門經』, 『보녀소문경寶女所問經』, 『불설무구현녀경佛說無垢賢女經』, 『불설수마제보살경佛說須摩提菩薩經』, 『순권방편경順權方便經』, 『불설이구시녀경佛說離垢施女經』, 『대방등무상경大方等無想經』, 『불설장자법지처경佛說長者法志妻經』, 『불설장자녀암제차사자후요의경佛說長者女菴提遮師子吼了義經』, 『불설수능엄삼매경佛說首楞嚴三昧經』, 『제불요집경諸佛要集經』 등이 있습니다. 심지어 『법화경法華經』에서는 사리불이 여인의 몸은 더럽고 때가 있어 법의 그릇을 이룰 수 없다고 의심하자, 8살 된 어린 용녀가 순식간에 남방의 무구세계에서 여인의 몸을 바꾸어 성불하였다고 하니, 중생은 본래 청정, 지혜, 덕상을 구족하고 있으며, 사람은 누구나 성불할 수 있으며, 불교에서는 남녀의 모습으로써 덕의 높고 낮음을 분별해서는 안 되며, 연령의 많고 적음으로 지혜의 유무를 재서는 안 된다는 것을 알 수 있습니다. 그저 속세의 인간들은 외적인 우리의 거짓된 모습으로 늘 분별하고 집착합니다. 사실 『금강경』에서 "무릇 상이라는 것은 모두 허망虛妄하다. 만일 모든 상을 상이 아니라 보면 곧 여래를 보게 될 것이다"라고 가장 잘 설명하고 있습니다. 외적인 상이 반드시 중요한 것은 아니며, 중요한 것은 남자와 여자 사이에 반드시 서로 존중하고 서로 도와야 한다는 것입니다. 그래야 이 세계가 조화롭고 사랑스럽게 변모할 것입니다.

3. 대대로 불교에 공헌한 비구니

세계 종교의 창시자 가운데 여성 승단 제도를 세운 첫 번째 인물이 부처님입니다. 비구니 교단의 설립은 부처님께서 '네 가지 종족의 계급이 출가하여 불제자가 되면 모두 석씨가 된다'라는 평등정신에 가장 구체적으로 각주를 더한 것입니다. 그러므로 불교사에서만 특수한 의미를 갖는 것이 아니라 전 세계 종교사에서, 그리고 인류의 문명사에서도 비범한 가치가 있습니다.

『잡아함경』,『증일아함경』,『율부律部』 등 수많은 경론 속에는 모두 부처님 시대에 비구니 대중이 활약한 상황 및 홍법과 불교를 수호한 탁월한 풍모가 기재되어 있습니다.『불설아라한구덕경佛說阿羅漢具德經』에는 15분의 대성문大聲聞 비구니 대중이 있었다고 기재되어 있습니다. 그들은 위덕을 갖춰 대중을 섭수하는 법랍제일 마하파자파티 비구니, 말재주가 뛰어나 막힘이 없는 지혜제일 선상善相 비구니, 선행과 덕으로 중생을 제도한 신통제일 연화색蓮花色 비구니, 두타제일의 발타좌라 비구니, 천안제일의 소마 비구니, 다문제일의 수파갈리마라녀 비구니, 지율제일의 흘리사 비구니, 설법제일의 달마 비구니, 복덕제일의 야소다라 비구니 등 15인입니다. 그 밖의 경전에도 정진제일의 소나蘇那, 숙명宿命제일의 묘현妙賢, 신심제일의

지가라마다, 선정제일의 난다難陀, 관공觀空제일의 우파선나優波仙那, 자제慈濟제일의 파타카라, 교화제일의 마노가리摩努呵利가 기록되어 있습니다. 남전불교의 『장로니게長老尼偈』에는 73분의 아라한 비구니가 증과를 하는 과정이 게송으로 적혀 있고 일생도 간단하게 기록되어 있습니다. 그 중에서 왕족의 왕비와 후궁, 공주 24명이 있는데 석가족의 공주 난타, 정타精陀, 매타梅陀, 교살라국의 왕비 오비리, 사리불의 세 여동생 짤라, 우파짤라, 시수파짤라 등이 그 가운데 있습니다. 특히 알라오카(阿拉沃卡)의 사라(賽拉) 공주는 7세가 되자마자 법을 듣고 출가해 7일 후에 아라한과를 증득해 부처님께서 예외적으로 그녀에게 비구니계를 전수했다고 합니다. 부처님께서 바른 뜻을 열어 보이고 이롭고 기쁘게 하려는 권교방편을 이를 통해 볼 수 있습니다.

　아쇼카 왕 시대에는 어진 왕이 세상에 나타나 커다란 가르침으로 각국에 전파하시니 많은 왕족이 출가하였는데, 공주 승가밀다僧伽蜜多 역시 그 중 하나입니다. 후에 왕비 아누라 또한 발심하여 출가하려고 아쇼카 왕에게 상좌부 비구니 스님을 초청해 달라고 청했고, 승가밀다가 11명의 상좌부 비구니를 이끌고 아쇼카 왕이 공양한 보리수 가지를 들고 왔으며, 아누라 왕비와 500여 명의 여성 권속이 출가해 비구니계를 받았습니다. 왕은 그들을 위해 상춘사象椿寺를 지었습니다. 비구니는 능가국(스리랑카로 추정되는 지명)에서 그 교단의 영향력을 발휘하여 홍법교화의 많은 공적을 세웠고, 세인들의 추앙을 받았습니다.

　중국 비구니 교단의 시작은 동진東晉 시대이며, 첫 비구니인 정검

淨檢은 지산智山을 스승으로 모시고 삭발한 뒤 십계를 수지하였습니다. 40여 년 뒤 담마갈다를 청해 비구니 계단을 건립했으며, 다른 24명도 함께 구족계를 받았습니다. 정검이 이끈 비구니 교단은 낙양 왕궁 서쪽 죽림사에 안거하며 '무리를 모아 기르는데 청아하며 규율이 있었고, 설법을 통해 교화함이 마치 바람이 불어 풀을 쓰러뜨리는 것 같았다'고 하여 세인의 존경을 받았으며, 진 왕조 당시 불교가 더욱 널리 퍼지게 하였습니다.

그 후 진 왕조에서 청 왕조까지, 또 지금까지도 후궁, 공주 등의 귀족계층 또는 선비가문에서 이름난 비구니를 배출한 경우가 매우 많았습니다. 이것은 불교가 동쪽에 전파되면서 왕궁 귀족이 먼저 접할 수 있었기 때문입니다. 동진, 서진의 양 왕조 70년 동안은 비구니 대중의 교단 성립 초기로 담비曇備, 지현智賢, 혜담惠湛, 지묘음支妙音 등의 비구니가 비교적 이름이 알려졌고 당대 제왕들의 숭앙을 받았습니다. 남북조 시기 150년 동안은 비구니 교단이 빠르게 발전하던 시기로 암사庵舍, 강당講堂에 적을 때는 백 명 정도, 많을 때는 수천 명 이상을 받아들였다고 합니다. 많은 사찰이 국왕과 고관대작들의 보호를 받아 이름난 비구니들을 배출했습니다. 수 왕조에서 송 왕조까지 불법은 점차 각 계층으로 확산되었고, 식견이 탁월하거나 덕행이 높은 비구니가 더욱 많이 나타나 경전을 전파했습니다. 동진 시기 안령安令 비구니는 지도자들 중에서도 으뜸이고, 육조 시기 법선法宣 비구니는 절강 동쪽 지방에서 홍법으로 이름을 드날렸으며, 수 왕조 때 각선覺先 비구니는 수 문제를 감화시켜 불법을 신봉하고 불교를 보호토록 했습니다. 당 왕조 시기 지수智首 비구니는 일본으로 건너가 율법을 전파했고, 법징法澄 비구니는 경전을 번역해 길이 전하였으며, 무진장 비구니는 혜능惠能 대사가 고승이 될 것임을 미리 알아보았고, 여원如願 비구니는 선종과 율종의 원장元匠이 되었습니다. 송 왕조에는 법진法珍 비구니가 팔을 잘라 그 피로 대장경을 새겼고, 원 왕조에는 진정眞淨 비구니가 황제를 위해 『법화경』을 설하였습니다. 청 왕조의 유무有無 비구니는 소산蕭山 비구니의 병을 고치고자 잡히는 대로 물건 하나를 주며 달여 먹으라 했는데 복용하자 그 즉시 병이 나았다고 합니다. 또한 전혜傳慧 비구니는 염화사拈花社를 창건하여 선종의 여중을 위한 총림으로 삼고 강남 비구니의 참선 기풍을 진작시켰습니다.

청 말기에 전란이 끊이지 않으므로 불법의 전승이 거의 끊어질 위기였지만, 다행스럽게도 고승대덕이 연이어 타이완으로 건너와 타이완 불교 기적의 서막을 열었습니다. 근대에 이르러 타이완 비구니 교단은 세계의 으뜸으로 우뚝 섰고 비구니 대중은 전 세계에서 포교 활동을 하며 세기의 앞선 바람을 열어 가고 있으며, 역대 어느 왕조보다도 그 실력이 월등합니다. 1998년 2월 15일부터 23일까지 불광산은 인도 보드가야에서 국제 삼단대계계회를 거행했는데, 23개 국가에서 온 백여 명의 여성 대중이 비구니 구족계를 받았습니다. 그 중 스리랑카에서는 40명의 걸출한 여성 젊은이들이 계를 받았습니다. 이는 역사상 부처님이 성도하신 그곳에서 세계 불교가 단결한 첫 사건으로, 다함께 빛나는 한 페이지를 써 내려갔습니다.

현재 비구니 중 저명한 사람이 무척 많습니다. 중국 쪽에서는 북경대를 졸업하고 출가하여 율장을 널리 전파하는 통원通願 비구니,

평생 두타행을 실천하시어 다비 후 나온 사리가 올리브 크기만 한 홍정弘定 비구니가 있습니다. 타이완에는 삼단대계를 전수한 묘연妙然, 원융圓融 비구니, 사찰 건설과 불학원을 창설한 여학如學 비구니, 중국불교가 국제화의 길을 가도록 하고 세계 각국에 사찰을 건립한 자장慈莊 비구니, 교육과 문화의 커다란 임무를 지고 서래 대학, 남화 대학, 불광 대학, 홍도弘道 대학 등을 건립한 자혜慈惠 비구니, 자선사업에 열성적이고 행사조직에 재능이 있으며 국제불광회촉진위원회 책임자이자 세계 각지에 백여 개의 불광협회를 창설한 자용慈容 비구니, 『불광대사전』을 편집한 자이慈怡 비구니, 화범華梵 대학을 세운 효운曉雲 비구니, 버클리 대학에서 강의하고 있는 예일 대학 박사 의법依法 비구니, 각기 타이완 대학과 중흥中興 대학에서 강의를 하고 있는 항청恒淸, 혜엄慧嚴 비구니, 일본 고마자와 대학 박사 달화達和 비구니, 타이완 사범대학 박사 의공依空 비구니, 일본 아이치 대학 박사 의욱依昱 비구니, 런던 옥스퍼드 대학 박사 영유永有 비구니, 향광香光 비구니 교단을 설립한 오인悟因 비구니, 자제공덕회를 설립한 증엄證嚴 비구니, 가르침을 수호하는 데 열심이신 소혜昭慧 비구니 등이 있습니다. 이상은 모두 덕과 풍부한 학식을 갖춘 비구니의 대표들입니다.

 이 밖에도 세계 각국에 현대의 걸출한 비구니 대중이 있습니다. 티베트에는 남녀 이부대중의 승단을 주지하고 그 지위가 거의 달라이 또는 판첸 라마인 도르제 페이거모(多吉·菲格摩)가 있고, 태국에는 담마까야(法身寺, kolthepmuni) 스님의 법맥을 이어받은 잔콩나옹(詹孔那雍) 우바이가 있습니다.

스리랑카에는 '스리랑카 여성의 빛'이라 추앙받는 마가리 경전이 서기 1017년 교난으로 실전되었다가, 그 후 줄곧 상좌부 비구니의 압력으로 회복되지 못하던 비구니 승단이 다시 사미니계를 받을 수 있게 하였습니다. 싱가폴에는 여성불학원을 설립한 광평廣平 비구니, 필리핀에는 처음 진료소를 열어 수십만 명의 국민이 혜택을 보게 해준 광인廣仁 비구니가 있습니다. 한국에는 전국비구니회 교육부장(이 글이 쓰인 2002년 당시)을 맡고 있는 광우光雨 비구니, 캐나다에서는 두등杜登 비구니가 탁월하고 왕성하게 홍법을 펼치고 있습니다. 미국에는 국제불교부녀회 창설자인 카르마 레 시 챠모(Karma Le Si Chamo)가 있고, 독일에는 아야 케마(Aya Khema)가 유럽에서 선을 알리고 있습니다. 일본에는 두 팔을 잃은 오오이시 쥬쿄우(大石順教) 비구니가 있는데, 굳건한 신심과 불굴의 의지력으로 자신의 목으로 반듯하게 『반야심경』 한 부를 썼습니다. 일본 사람은 '손 없이 쓴 반야심경'이라 부르며, 국보처럼 귀하게 여기고 있습니다.

종합해 보면, 비구니 교단이 시작된 때부터 고금이나 국내외를 막론하고 교단 내의 우수한 비구니는 부처님의 말씀과 아름다운 진리를 설하거나, 끊임없이 글을 써 저서를 통해 홍법을 하거나, 자비심을 내어 약한 자를 돕거나, 사찰을 건설해 승가를 편안히 머물게 하는 등 홍법이생弘法利生의 불교 사업을 더욱 빛나게 하지 않은 것이 없습니다.

4. 장차 비구니가 노력해야 할 방향

부처님께서 비구니 승단을 설립한 뒤부터 비구니와 비구의 어울림에 대해 일부 시시비비가 계속 끊이지 않고 있습니다. 그러나 불광산 교단은 설립 30여 년 동안 저는 계율 문제를 비껴가는 것 이외에도 총림제도를 제정해 실행해 왔습니다. 그래서 이부대중 모두 서로 편안하게 아무 일 없이 최대의 홍법 능력을 발휘해 왔습니다. 당 왕조 시기 백장 회해선사도 부처님이 제정하신 것을 고치려 하지 않았습니다. 다만 우리나라의 풍토와 민간의 풍습에 근거해 별도의 총림청규를 제정해 실천함으로써 계율의 개정 여부에 대해 하나의 새로운 길을 엶으로써 중국불교가 빛나는 발전을 하도록 했습니다.

팔경법이 언급되었으니, 사실 부처님이 정하신 계율이 결코 융통성이 없이 딱딱한 것은 아닙니다. 소위 '사소한 계율은 버릴 수 있다'라고 했습니다. 지금의 중국불교처럼 음식, 의복, 금전을 지니지 말라, 정오 지나서 음식을 먹지 말라 등의 계율이 이미 부처님이 제정하신 것과 많이 달라진 것처럼 말입니다. 그러므로 팔경법 역시 일부러 폐지할 필요는 없고, 시간이 오래 지나 부적당하다 여겨지면 자연히 점차 사라지게 될 것입니다.

만일 누군가 팔경법은 부처님이 정한 것이므로 고칠 수 없다고 고집한다면, 이로써 비구로서의 우월감에 만족한다면 그 결과는 바라는 바와 반대로 나타날 것이며, 오히려 비구 자신의 계를 지님이 부족하다는 것을 드러내는 것이 됩니다. 왜냐하면 유능한 비구는 학문적 소양과 도덕, 실천수행(修持)으로 존중을 받는 것이지, 팔경법으로 자신을 존중하라고 억지로 타인에게 강요하는 것이 아니기 때문입니다.

그래서 장차 비구니가 노력해야 할 방향에 대해 다음 네 가지 의견을 제시합니다.

①양성 평등화
장차 비구니가 존경을 받길 바란다면, 자신의 도덕적 인격을 제고시키는 것부터 시작해야 합니다. 허영을 버리고, 교만을 버리며, 덕과 학문을 갖추고, 책임을 지며, 법을 잘 설하고, 자비를 구족하며, 커다란 원을 세우고 힘써 실천해야 합니다. 이상 8가지를 구족하였다면 자연히 양성이 평등하게 될 것입니다.

②사업화 발전
과거 여중女衆은 지혜와 역량이 사찰 건립과 공양에만 국한돼 있었지만, 현재의 비구니는 사찰을 벗어나 남중男衆과 마찬가지로 홍법과 강의의 길을 걸어가고 있으며, 교육, 문화, 자선 등 불교를 위한 각종 홍법 사업을 설립해 나가고 있습니다. '사업화事業化 발전'이라 했듯이 자신의 사업을 가지고 있으면 자연히 존경을 받습니다. 자제공덕회의 증엄 스님을 보십시오. 그분의 자제공덕사업은 전 세계의 예경을 받고 있지 않습니까? 그런데 왜 비구는 그녀를 그냥 놔두지 않는 걸까요?

③교단의 조직화
이부대중 교단이 서로 존중할 때 조직은 자연히 건전해집니다. 조직이 있으면 자연 힘이 생깁니다. 불광산의 교단은 해마다 학업, 사업, 도업 등의 학습발달 상황으로 서열 등급의 평가를 합니다. 청정사淸

淨土, 학사學士, 수사修士, 개사開士 등 순서와 등급의 승진 모두 일정한 기준과 순서가 있습니다. 그러므로 이부대중이 이런 제도와 조직의 지도 아래 있으면 자연 화목하고 다툼이 없습니다.

④교육의 보편화
여중은 비교적 세심하고 자비로워 불문에서 비교적 쉽게 성취를 할 수 있습니다. 그러나 여중의 흉금, 사상, 지혜는 남중에 비해 약간 부족합니다. 교육이 보편화되면 모든 여중이 교육을 받을 수 있고, 강연, 저작을 할 수 있도록 하는 것이니, 소수의 사람이 다 장악하는 것이 아닙니다. 그러므로 '교육의 보편화'는 장차 여중 승단이 노력해 나가야 할 중요한 과제입니다.

결론적으로 21세기를 마주하는 오늘, 불교는 인간세상으로 나아가고 불법과 생활은 떼려야 뗄 수 없는 관계가 되었습니다. 즉 불교가 단결하여 일어날 때입니다. 각국 불교계는 조속히 한 발자국 더 나아가 협력을 해야 하고, 세계적인 비구, 비구니 교단을 조속히 설립함은 물론, 각국 남녀 이부대중 교단 역시 건전하고 원만하도록 힘써야 합니다. 또한 사부대중이 협력하여 함께 세계의 평화공존을 촉진하고 전 인류가 함께 법익을 누리도록 해야 합니다. 더 나아가 행복하고 안락한 생활을 이룩하고 세계가 평등하고 조화로운 경계에 도달하도록 해야 합니다.

(2002년 5월 1일 『보문』학보)

마/음/에/새/기/는/글

- 고대에 정한 '팔경법'으로 인해 불문에서 비구니는 평등한 지위를 얻을 수 없었지만, 시대적 관념의 변화에 따라 이 역시 조정해야 마땅하다. 부처님께서는 일체의 중생이 모두 불성을 가지고 있고, 중생과 부처가 서로 모두 평등하다 했는데, 남녀가 어떻게 평등하지 않을 수 있는가?

- 고금이나 국내외를 막론하고 교단 내의 우수한 비구니는 사회 대중을 위해 많은 공헌을 했다.

- 비구든 비구니든 존경을 받길 원하면 자신의 도덕적 인격의 소양을 제고시키는 데서부터 시작해야 한다. 홍법 교화에 대한 공적이 있으면 자연히 세인들의 추앙을 받을 수 있다.

'인간백년 필진人間百年筆陣'이 성립된 이유

올해는 중화민국 건국 백주년이 되는 해라 의미가 남다릅니다. 우리나라는 백 년 동안 갖은 비바람과 격랑을 맞아 몇 차례 죽을 고비를 넘기면서, 기쁨과 눈물, 희망과 위기의 한 페이지씩 근대의 역사를 써왔습니다.

저처럼 나이가 80세 가까이 된 사람은 그 격랑의 시대를 함께 겪었거나 목격한 사람들입니다. 저는 전쟁이 빈번하던 시기에 태어났고, 어린 시절에는 너무 가난해 공부를 할 수 없었으며, 청년시절엔 나라에 보답하고 국민을 이롭게 할 장대한 뜻을 품었지만 펼칠 곳을 찾지 못했습니다. 타이완으로 건너와서야 비로소 정부와 민중의 공통된 노력 아래 여러 인연을 만들고 사업을 벌이며 전전긍긍했고, 이 소중한 땅을 사랑하고 보호하며 건설해 왔습니다.

더구나 1970년대의 타이완은 국민교육을 중시하고 전통문화를 부흥시키며 10대 건설 사업을 추진하여 경제발전에 박차를 가하였기 때문에 변두리의 작은 섬이 국제무대에서 빛을 발하기 시작하며 아시아의 네 마리 용 중 하나로 부상하였습니다. 우리나라는 전에 없던 찬란한 시대가 찾아왔고, 민간의 역량 또한 태동하기 시작했으며 예술과 문화 방면, 종교와 자선 쪽으로도 모두 장족의 발전을 이루었습니다.

저는 1980년대 초 타이완을 벗어나 세계 각지로 운수 홍법하러 다녔으며 걸음걸음마다 타이완에 발을 붙이고 가슴에는 천하를 품는 심정이었습니다. 이 땅에서 품고 길러주었기에 우리가 각지로 행각을 다니며 환영받고 지지받을 수 있었던 것입니다. 그러나 최근에는 상황이 점차 변하기 시작했습니다. 타이완 내부로는 정치 투쟁, 족군族群 분열로 인해 앞으로 나아갈 힘은 반감되고, 전 세계 경제의 거대한 변화 속에서 타이완 역시 강력한 경쟁 압력을 받지 않을 수 없었습니다. 엎친 데 덮친 격으로, 젊은이들이 잘못된 사회 가치관으로 인해 추구하는 바 없이 방황만 하는 등 갖가지 어지러운 현상들이 반세기 동안 타이완이 쌓았던 생명력을 다 소모하는 듯합니다.

저는 해외에 있으면서 타이완을 걱정하는 친구들의 우려스런 목소리를 종종 듣곤 했습니다. 타이완으로 돌아와서도 많은 사람이 안타까워하며 탄식하는 소리를 들었습니다. 이토록 아름다운 땅에 이토록 선량한 사람들이 장차 대대손손 편안히 쉬다가 갈 곳인데, 이렇게 가라앉도록 놔둘 것입니까?

중국 역사상 지금은 가장 자유로운 생활, 가장 번영된 경제, 가장 보편적 교육, 가장 다원화된 사상, 가장 민주적인 정치시대를 누리고 있습니다. 또한 기회와 도전이 가득하고, 우리의 집단적 지혜와 용기를 시험하는 시대이기도 합니다. 오늘날 전 세계가 우리를 보게 만들어야 하고, 더 나아가 역사의 발자취를 되돌아보며 더 높은 곳에서 국가의 앞날을 바라보아야 합니다.

저는 그저 출가자일 따름입니다. 그러나 오랫동안 널리 선연을 맺었으며 늘 대학교수, 매체의 인재들, 사회의 청렴한 인사들, 지도자들과 의견과 사상을 교류하고 가르침을 주고받을 기회가 많았습니다. 우리에게는 어떻게 하나의 힘이라도 보탤까, 국가와 사회에 보답할까, 중화민국을 어떻게 하면 다시 빛나게 하고, 타이완이라는 이 땅의 앞날을 생각하게 할까 하는 공통된 소망이 있었습니다. 그래서 저는 식견이 짧고 조잡함을 무릅쓰고 『인간복보』라는 매체를 빌어 사회의 덕행·재능·명망을 겸비한 스물한 명의 인사들을 초청해 필진筆陣을 세워 차례로 글을 집필함으로써 우리의 마음을 발표했습니다.

'인간백년 필진'은 다각적으로 열린 공간이고 필진의 구성원은 자신의 학술 전문연구, 사회 관찰, 국제정세, 문화 관심 등의 소감을 독자대중과 나누는 것입니다. 이 필진에는 서로 다른 입장을 포용하지만, 논점을 강조합니다. 이 필진은 하고 싶은 말을 마음껏 할 수 있지만, 타인의 글에 대한 비난은 하지 않습니다.

'인간백년 필진'이 중국 전통 지식인을 확대 발전시키는 역할을 하고, 책임과 용기를 겸비토록 하며, 양심의 소리를 내게 하고, 발전하려는 힘을 장려하며, 전 국민과 함께 노력하여 공평하고 정의롭고 풍부하고 영속된 환경을 건설하기를 기대합니다.

이와 같은 성대한 사업에 기꺼이 동참해 주신 필진 여러분께 지면을 빌어 충심으로 감사드립니다. 또한 중화민국 건국 백주년을 경축하며 다음 백년과 그 다음 백년도 국운이 융성하고 전 국민이 행복하고 상서롭기를 바랍니다.

『인간복보』(2011. 5. 16.)

마/음/에/새/기/는/글

- 급변하는 전 세계와 타이완의 난맥상을 마주하며 우리는 반드시 집단적 지혜와 용기로 역사의 발자취를 되돌아보며 더 높은 곳에서 국가의 앞날을 바라보아야 한다.

- 인간복보라는 매체를 빌어 사회의 덕행·재능·명망을 겸비한 스물 한 명의 인사들을 초청해 필진筆陣을 세워 차례로 글을 집필함으로써 우리의 마음을 발표했다. 중국 전통 지식인을 확대 발전시키는 역할을 하고, 책임과 용기를 겸비토록 하며, 양심의 소리를 내게 하고, 발전하려는 힘을 장려하며, 전 국민과 함께 노력하여 공평하고 정의롭고 풍부하고 영속된 환경을 건설하기를 기대한다.

> 회향

'변화'의 역량
- 제1회 '성운인문세계논단'을 취재하고

글/ 고희균

1.
2012년 6월 16일은 역사적인 순간이었다. 불광산 불타기념관에 국내·외에서 찾아온 친구들이 다함께 제1차 '성운인문세계논단' 창립회의 개막식을 지켜보았다.

이 논단을 창설한 가장 큰 이유는 인간불교와 인문세계가 서로 융합하자는 뜻에서였다. 성운대사께서는 인간불교를 '부처님의 말씀처럼, 중생이 원하는, 맑고 깨끗하며, 선량하고 아름다우며, 인생을 더욱 행복하게 만드는 것이라면 모두 인간불교이다'라고 풀이했다.

그러므로 인간불교의 정신은 포용, 공헌, 베풂, 무아이다. '인문세계'는 다방면(문학, 역사, 철학, 예술, 음악)에 걸친 인류의 지식 탐구와 지식의 이성적 연구이다. '인문세계'는 '인본사유人本思維'에 초점을 맞출 때 인류의 평등, 박애, 정의, 공평을 제창한다.

그러므로 인간불교와 인문세계는 추구하는 바와 제창하는 바가 많이 중복되고 더하기 곱하기의 기능을 만들어 낼 수 있다. 이 이유로 대사께서 흔쾌히 '성운'이란 이름으로 이 논단을 개최하신 것이다.

2.

현재 타이완은 화인세계에서 가장 민주적이고 중화문화의 지식을 가장 잘 담고 있으며 민간의 생명력이 가장 왕성한 곳이다. 그러나 우리는 사회의 실리주의와 탐욕, 이기와 근시안, 재부財富의 창조와 분배, 인재의 배양과 손실, 그리고 정치상의 대립 등을 여전히 걱정한다. 특별히 이런 현상들에 대해 우려를 나타내며 최근 발표한 성운대사의 중요한 글이 이미 사회에 보편적으로 공감대를 불러일으켰다. 이 중요한 시점에서 타이완 사회에 인문사유와 종교정서를 주입할 필요가 있다.

3.

제1회 논단은 '변화(改變, change)'를 주제로 열렸다. '변變'은 '좋게' 바꿀 수 있고 '나쁘게' 바꿀 수도 있다. '변화'는 보통 '양성良性의 변화'를 가리키는데 '개혁' 및 '개선'의 의미를 담고 있다.

용감하게 변화를 실시하면 국민의 생활의 질과 사회의 발전을 가져올 수 있지만, 잘못된 중대 변화는 국민의 고통과 사회의 혼란을 초래할 수 있다.

중화민족의 근대 역사에서 두 명의 정치 지도자가 나왔다. 타이완의 장경국 선생과 중국의 등소평 선생이다. 그들의 용감한 개혁과 고집은 국민의 생활과 가정의 행복, 사회의 발전을 개선시켰다.

매우 보기 드문 것은 세계적인 대학 하버드의 교수 전고의傳高義 선생이 이번 논단에 특별히 참가하고자 타이완을 방문한 것이다. 그는 중국어와 일본어에 능통한 미국학자이며 동양인으로서도 전혀 낯설지 않다. 『일본제일日本第一』이란 책은 일본을 칭찬하는 것만이 아니라 미국을 경계한다. 타이완에 온 그는 중국어로 이야기를 주고받길 좋아한다. 그의 저서에 대해 미국 학술계는 '뛰어난 통찰력을 보여준다'라고 평가한다. 중화문화권의 독자가 이 55만자에 달하는 중국어로 번역된 등소평의 개혁을 읽을 수 있다니 그의 학술생애를 통틀어 지극히 큰 공헌이라 하겠다.

또 다른 테마 강연자는 성운대사 자신으로, '인간불교가 인심을 변화시켰다'란 주제로 강연한다. 나는 다음과 같은 말로 성운대사의 일생을 정리한 바 있다.

"12세에 화상이 돼, 23세에 타이완으로 건너왔으며, 60년의 심혈을 기울여 미치지 않는 곳이 없는 인간불교를 세웠다. 이것은 '타이완 기적'의 일부분이다. 그는 일생 동안 불교를 개혁했고, 인심을 개선했으며, 세계를 변화시켰다."

나 자신도 '지혜와 혁신이 사회를 변화시켰다'란 글을 통해 '지혜혁신'의 특징에 8가지가 있음을 강조했다. 비교적 적은 재료를 사용해야 하고, 비교적 오염을 적게 배출하며, 새로운 스타일을 줄이고, 한때의 유행 대신 오래 지속되며, 복잡한 것 대신 간단해야 하고, 독단 대신 나눔으로, 값비싼 것 대신 가격이 저렴하고, 화려함 대신 실용적인 걸로 해야 한다. 이러한 종합적 효과는 '지속가능한 발전'으로 나갈 커다란 가능성을 가지고 있다.

현장에는 1,500여 명의 청중이 운집해 '개혁개방', '인간불교' 및 '지혜혁신'으로 생산된 '변화의 힘'을 목격했다.

(2012. 7. 23.)

7장
양안사
兩岸事

원만하게 해결하여 인간관계를
벗어나라

전반적인 지구 문제에 대한 개관

오늘 법고산法鼓山 개산 낙성식을 경축하기 위해 개최한 '세계불교 지도자좌담회'에서 스님 대덕 여러분들과 한자리에 모일 수 있어서 무척 기쁘고 '지구 전체 문제'에 대한 의견을 발표할 수 있어 더없는 영광이라 생각합니다.

'지구상의 문제'에 대해 말하자면, 전쟁의 위협, 금융의 위기, 종족 간의 충돌, 생태계의 파괴, 인구의 노령화, 실업률 증가, 가정폭력 등 현 사회는 매우 난처한 상황에 직면해 있습니다. 이러한 것들이 모두 지구 전체가 다함께 직면한 문제들입니다. 작년 12월 26일 인도네시아 수마트라 섬에서 발생한 진도 7.0의 대지진으로 인해 강력한 해일이 일어 이웃한 인도, 말레이시아, 스리랑카 등 남아시아 지역이 모두 심각한 재난을 입었습니다. 또 올해 8월 허리케인 카트리나가 휩쓸고 지나가 미국의 뉴올리언스가 순식간에 인간연옥으로 변해버렸습니다. 이 밖에도 올해 7월 영국 런던에서는 여러 차례 지하철 테러가 발생해 한때 사람들이 두려움에 떨기도 했습니다. 특히 2003년 5월에는 사스(SARS)가 유행하면서 전 세계 인류의 생활 발걸음을 어지럽게 만들었습니다.

사실 천재지변이든 인재이든, 세상의 모든 재난은 인류가 함께 만들어낸 것입니다. 특히 불가항력인 것처럼 보이는 천재지변 역시 그 근원을 따져보면 인류의 욕심과 성냄, 그리고 무명에서 기인됩니다. 인류는 한도 끝도 없이 요구하기만 하고 지구를 소중하게 대할 줄 모릅니다. 지나친 개발과 사용의 결과는 대자연의 반격을 일으켰습니다. 그러므로 저는 "세상의 문제는 대부분 인위적 요소에 의해 만들어진 것이며, 이 역경을 헤쳐 나가고 세간의 문제를 해결할 수 있느냐는 오로지 인류 자신의 결정에 달려 있다"라고 말한 적이 있습니다.

오늘 저는 '지구가 직면한 문제'에 대해 4가지를 제시하고자 하니 많은 분들의 가르침을 바랍니다.

1. 평등 관념의 건립이 세계평화를 이루는 우선 과제이다
평화를 좋아한다는 것은 인성이 밝고 환하다는 것입니다. 지구상에 살고 있는 모든 사람은 전쟁의 공포 속에서가 아니라 안정과 복락 가운데 생활할 권리를 요구할 수 있습니다. 그런 평화는 한 사람의 힘만으로 이룰 수 있는 것은 아닙니다. 평화는 또한 무기사용 금지, 핵무기 제한 등 외적인 시책만으로 달성될 수 있는 것도 아닙니다. 평화의 선결조건은 바로 '평등'입니다.

'평등'과 '평화'는 진리의 두 얼굴입니다. 오늘날 세계가 평화롭지 못한 것은 평등하지 않기 때문입니다. 정치에서는 권력으로 약한 자를 괴롭히고, 경제에서는 빈부의 격차가 두드러지고, 종교간 충돌이 일어나고, 종족 간에 서로 배척하고, 남존여비 사상과 지역 분열 등등 평화롭게 해결하지 못하도록 하는 갖가지 문제들은 서로 평등하게 함께 살고 존경하며 번영을 구가할 수 없다는 데서 기인합니다.

한유는 『송맹동야서送孟東野序』에서 "무릇 세상의 만물은 평안함을 얻지 못하면 소리 내어 운다"라고 말했습니다. 그러므로 평등이 있어야만 진정한 평화가 있을 수 있습니다.

지금 저는 세계가 자유, 민주, 평등을 부르짖고는 있지만, 진정한 평등은 내가 너의 입장이 되고, 너는 나의 입장이 되어봐야 하는 것입니다. 어깨를 나란히 나아간다는 겉으로 드러난 평등이 아니라 입장을 바꿔봐야 타인과 내가 평등하게 서로 어울릴 수 있을 것입니다.

'평등'은 불법의 근본정신입니다. 부처님이 승단을 설립하실 당시 육화경六和敬을 표지로 삼으셨습니다. 사상, 법칙, 경제, 언어, 신행, 마음을 민주평등의 원칙으로 삼아 불법의 평등한 풍토를 수립하였습니다. 『잡아함경』의 「사불가경四不加經」은 평등한 원칙을 설명하고 있습니다. 특히 불교의 본질과 현상이 평등하고, 성자와 범부가 평등하며, 타인과 내가 평등하고, 미워하는 이나 친한 이나 평등하며, 중생과 부처가 평등하다는 것이 가장 궁극적 목적입니다. '평등'해야 공존할 수 있고, '평화'로워야 함께 번영할 수 있습니다. 오늘날 세계의 평화를 갈구하고자 한다면 반드시 먼저 세상의 모든 사람이 평등한 마음을 갖도록 호소해야 합니다. 나라의 크기가 어떠하든 종족 간에는 평등하게 대해야 합니다. 특히 큰 것은 작은 것을 존중하고, 많은 것은 적은 것을 존중하고, 강한 것은 약한 것을 존중하고, 있는 것은 없는 것을 존중하고, 위의 것은 아래 것을 존중할 수 있어야 합니다. 평등의 관념을 지닌 상태에서 사람들이 평등하게 공존해야만 세계평화로 나아갈 수 있습니다.

2. 생태계보호 촉진의 선결과제는 생명권 중시사상의 제고이다

'생태환경보호'는 현재 전 세계의 공통된 관심사이자 시급히 해결을 요하는 중요한 문제 중의 하나입니다. 현대인은 먹는 욕구를 채우기 위해 절제하지 않고 마구잡이로 포획하고 살상해 수많은 진귀한 동물들이 멸종의 위기를 맞고 있고 그 결과 심각한 생태 파괴를 초래했습니다. 특히 무분별한 벌목으로 댐과 하천에 토사가 쌓이게 만들었으며, 무분별한 채석으로 교량과 도로가 끊기게 만들었고, 무분별한 지하수 채취로 지층을 함몰시켰습니다. 폐기물을 멋대로 소각하고 공업용 폐수와 핵폐기물 등을 제대로 처리하지 않아 공기와 수질, 대지의 오염 및 온실효과, 오존층 파괴, 황사 등 대자연의 이상 현상 등은 모두 인류의 생존을 심각하게 위협하고 있습니다.

과학자의 연구보고에 따르면, 현재 자연자원을 소모하는 인류의 속도와 전 세계 인구증가의 속도를 비교해 볼 때, 50년 뒤에는 또 하나의 지구가 있어야만 자연자원에 대한 인류의 요구를 충족시킬 수 있다고 지적합니다.

환경보호는 지구에 대한 사랑과 보호입니다. 지구가 없다면 인류는 생존하기 어렵습니다. 그러므로 환경보호를 제창하려면 가장 먼저 지구를 사랑하는 것이 중요합니다. 1992년 6월 초, 브라질 리우데자네이루에서 UN은 '지구최고회의'를 개최한 바 있습니다. '서둘러 지구를 구하자'라는 것처럼 보이는 이 회의의 주요 목표는 식물과 동물 자연자원의 보호라는 협의를 달성하는 데 있습니다.

그러므로 환경보호 제창은 생명존중에서부터 시작해야 합니다. 왜냐하면 사람이나 동물만이 생명을 가진 것이 아니라 꽃, 나무, 풀

등 식물들도 또한 생명이 있으며 산천대지 역시도 생명을 가지고 있기 때문입니다. 심지어 시간이 곧 생명입니다. 생명은 시간이 쌓이는 것이기 때문에 시간을 낭비하는 것은 살생과 같습니다. 물건을 함부로 낭비하는 것 역시 마찬가지입니다. 물건은 대중의 자원이자 대중의 인연이 모아져 완성된 것이기 때문에 시간을 낭비하고 물질을 파괴하는 것 모두 광범위한 의미에서의 살생입니다.

불교는 환경보호의식이 강한 종교입니다. 불교는 사람에 대한 사랑뿐만 아니라 산천대지 등도 보호해야 한다고 주장합니다. '대지의 중생은 모두 불성을 가지고 있다'고 하지 않습니까. '불성평등佛性平等'이라고 한다면 일체 중생의 생존 권리 역시 보장받아야 마땅하며 함부로 해를 끼치지 말아야 합니다. 그러므로 불교는 불살생不殺生을 제창합니다.

불살생은 곧 자비이자 생명을 존중하는 것입니다. 생명에 대한 불교의 존중과 관심은 게송을 통해서도 알 수 있습니다.『범망경합주梵網經合註』제5권에는

일체 중생의 고기는 하늘과 땅과 물에 노니는 것을 불문하고
다만 유정한 신분이니 모두 막아 못하게 해야 한다.
모든 중생에겐 불성이 있으며 나와 동체인데, 오늘 내가 그 고기를 취하면,
잔인하고 참혹함이 깊어 자비불성의 종자를 끊음이라 할 수 있다.

라고 하였고, 또『중아함경』에는

현자여! 나는 살생을 멀리하고 살생을 끊었다.
칼과 막대기를 버렸고, 자신에 대해서도 부끄러워하고 남에게도 부끄러워하였으며,
자비로운 마음으로 곤충에 이르기까지 모두 이롭게 하였으니,
나는 살생에 있어서 내 마음을 남김없이 버렸다.

근대에 와서 내암耐庵 도인 역시 다음과 같은 시를 지었습니다.

생을 탐하고 목숨을 아낌은
사람과 축생이 다르지 않다.
가장 두려운 것은 죽이고 삶는 것이요,
가장 고통스러운 것은 살을 베어내는 것이다!

아직 움직이는 칼을 붙잡지 않으면
혼이 놀라고 기가 허공으로 돌아감을 막으니
목구멍의 숨이 아직 끊어지지 않았을 때
세 가지 기복이 전도되네.

물고기와 자라처럼 소리 없는 종류는
두 눈을 크게 뜨고 죽음을 보며
생명이 스러짐을 지켜보며
입을 열어 곡을 하지도 못하니
이와 같은 마음을 생각하면

어찌 입으로 배부르게 먹을 수 있는가?

이 밖에도 불교의 『육도집경六度集經』에는 부처님이 과거세에서 사슴 왕인 시절에 어머니를 대신해 몸을 희생하였습니다. 이에 감동한 국왕이 동불보호구역을 지정하고 수렵을 금지시켰다고 적혀 있습니다. 부처님께서 입멸하신 후에 아쇼카 대왕은 더욱 넓게 나무를 심어 중생에게 그늘을 만들어 주었고, 동물병원을 만들었으며, 왕궁 주방에서 살생하지 말라는 규정을 내렸다 합니다. 이 모두가 중생을 보호하고자 하는 불교의 좋은 본보기입니다.

살생하지 않고 중생을 보호하는 것과, 더 나아가 생권평등生權平等을 앞장서 선도하는 것은 현대 세계가 관심을 갖고 있는 생태환경보호에 가장 부합되는 것이자, 가장 적극적으로 환경보호를 하는 것입니다. 그러므로 현대인 모두가 함께 생명권을 중시하고 생태환경을 보호해야 한다는 공통된 인식을 불러일으켜야 건강하고 아름다운 지구와 미래를 인류에게 돌려줄 수 있습니다.

3. 종족의 거리 해소에 자비정신의 발양이 선결과제이다

인류가 생겨난 이후로 '종족 문제'는 어느 나라나 민족 간에 늘 존재해 왔습니다. 이로 인해 종종 국가 간의 전쟁을 초래하기도 했고 때로는 국가 내부의 종족 대립으로 인해 분열을 초래하기도 했습니다. 심지어 내전이 발생하기도 했습니다. 그러므로 세계에서 가장 처리하기 힘든 문제는 빈부도 아니고 유능한가 무능한가도 아닙니다. 종족 문제야말로 가장 처리하기 힘듭니다.

종족의 분열은 지리환경 때문일 수 있고, 언어풍속과 습관의 차이일 수도 있습니다. 인종과 피부색이 달라서일 수도 있고 모두가 자신과 다르다고 배척해서 일어날 수도 있습니다. 같은 글을 쓰는 종족끼리도 귀천의 계급이 있을 수 있는데, 서로 다른 종족 안에서도 갖가지 상이함이 있을 수 있습니다. 거기에서 어울릴 수 없는 갖가지 마음속 응어리가 생겨납니다. 종족의 거리를 해소하려면 먼저 자비의 정신을 발양해야 합니다. 자비는 불법의 근본입니다.『관무량수불경觀無量壽佛經』에서는 "모든 부처님의 마음은 커다란 자비이며, 이 무연자비로써 모든 중생을 섭수攝受하신다"라고 했습니다. 불교에서 제창하는 자비는 내 몸처럼 여기는 자비로서, 중생을 구제하는 것은 물론이고 나와 인연이 없어도 자비로 널리 중생을 고난에서 구해야 합니다. 악한 짓을 하지 않는 소극적인 것에서 더 나아가 적극적으로 선을 행해야 합니다. 일시적인 구호에 그치는 자비가 아니라, 영원토록 참되도록 힘쓰는 자비여야 합니다. 보상이나 이익을 바라고 행하는 자비가 아니라, 아무런 대가가 없어도 행하는 자비여야 합니다. 이른바 '자慈'는 능히 안락함을 줄 수 있는 것이며, '비悲'는 능히 괴로움을 뽑아낼 수 있는 것입니다.

가슴 속에 자비심이 충만한 사람은 타인의 고통을 보면 즉시 가엾이 여기는 마음(悲心)으로 그 고통을 뽑아내 줄 수 있고, 즐겁지 않은 사람을 보았을 때는 즉시 인자한 마음(慈心)으로 안락함을 줄 수 있습니다. 사람이 저마다 이 자비심으로 타인을 대하면 일체의 중생이 모두 복락을 얻게 됩니다.

네덜란드의 존 프란시스코 박사(Dr. John Francisco)는 "세계대전의 근원은 인류가 권력에 대한 욕심이 지나쳐 악독한 전쟁의 비참함을 일으키는 데서 기인한다"고 말한 적이 있습니다. 불교는 자비와 포용을 강조합니다. 불교는 다른 종교와 달리 강렬한 종족적 색채를 띠지 않기 때문에 종족 간의 원한, 잔인한 살육, 또는 종교전쟁이 없습니다. 불교는 기본적으로 평화를 선도하며 이끌며, 불법으로 가르치고 이끕니다. 우리들은 미워하거나 친하거나 평등하게 대하며 '지난날의 악함을 생각지 않고, 착한 사람을 증오하지 않을' 뿐만 아니라 심지어 우리의 적까지도 사랑해야 합니다. 불교 승단에서 "어떤 계급의 사람이 출가하여도 모두 부처님의 성인 석씨가 된다(四姓出家 同一釋姓)"란 것이 바로 종족 간 차별을 타파한 평등제도의 실현입니다.

오랜 세월 동안 불법은 종족, 종교, 국가를 구분하지 않았기에 불제자들은 세계 각지에서 모두 마음을 정화하고 대중을 더 이롭고 복되게 하는 일에 매진하고 있습니다. 심지어 불제자들은 각지 인사들의 힘을 결집해 세계평화와 사회복지를 위해 함께 노력하는 동시에, 더욱 넓은 마음을 갖고 자신과 다른 것을 포용하며, 여러 사람의 지혜와 힘을 모으고 있으며, 부처님 진리의 세계를 마음으로 삼고 스스로를 지구인으로 자처합니다. 지구상의 사람과 사람, 종족과 종족 간에는 모두 자비심을 품고 있는데, 서로 존중하고 도울 수 있다면 모두가 자비로운 지구인이 될 수 있고 국경을 초월할 수 있으니, 자연히 종족의 차별이 없게 됩니다.

4. 공생의 지혜를 보이려면 먼저 연기사상을 선도해야 한다

"현상(법)은 홀로 일어나지 않고, 경계에 의지해 바야흐로 생겨난다 (法不孤起, 仗境方生)"라고 합니다. 세간의 사물은 모두 텅 빈 가운데서 생겨난 것이 아니고, 홀로 존재할 수 없으며, 반드시 각종 인연과 조건이 합해진 뒤에야 나타나고 존재할 수 있습니다. 일단 모였던 '인연'이 사라지면 사물의 본체 역시 더 이상 존재하지 않습니다. 이것이 불교에서 말하는 "제법인연생 제법인연멸諸法因緣生 諸法因緣滅"이란 '연기緣起'의 도리입니다.

세계에 생존하고 있는 우리는 모두 생명공동체라 말할 수 있습니다. 왜냐하면 우주만물은 모두 많은 인연이 모여서 이루어진 것이기 때문입니다. 이른바 "인연이 모이면 생겨나고, 인연이 사라지면 소멸된다"라고 했습니다. 이 원리대로라면 국가와 사회는 갖가지 인연관계에 의해 만들어진 것이고 더 넓게 보자면 세상의 사람과 사람, 국가와 국가 간 모두 '공생共生'의 관계를 떠날 수 없고 '연기'의 법칙을 벗어날 수 없습니다.

연緣은 세상에서 가장 아름다운 일입니다. 모든 인연이 모이면 없는 가운데 새로운 것이 생겨날 수 있습니다. 여기에 선한 인연이 더해지면 나쁜 요소를 선하게 바꿀 수 있습니다. 그러므로 불교는 '인연화합(因緣和合: 인연의 조화로운 합일)'을 말합니다. 사회의 사람들이 서로 돕는다는 의미입니다. 보통 사람들은 운명이 있느냐 없느냐를 탐구하길 좋아합니다. 사실 운명이 곧 '인연'입니다. 어떤 '인'을 짓느냐에 따라 어떤 '연'을 맺게 되고 어떤 과보를 받느냐가 결정됩니다. 과보가 선한가 악한가는 운명이 좋은가 나쁜가를 결정합니다.

그래서 사람은 널리 선연을 맺고, 타인이 내게 좋은 인연을 베풀었다면 우리 역시 타인에게 선한 인연을 주어 서로 인연을 맺는 '동체공생同體共生'의 관계인 것입니다.

결론적으로, '연기' 법칙에서 보자면 우주 안의 일체의 사물은 서로 인연이 모아져 이루어지고 중생들 간에도 동체공생의 관계가 있습니다. 그러므로 인류는 과거의 '세상 만물은 경쟁하게 되어 있고 그 중에 강자만 살아남는다', 그리고 '약육강식'이란 개념을 버리고 서로 돕는 정신을 다함께 선양해야 합니다. 서로 분열하거나 배척하지 않고, 지구상에 살고 있는 모든 사람이 같이 조화롭게 공존하며, 공생이란 이념으로 자비와 희사의 정신을 발양시키고, 지구가 평화와 안락한 인간정토가 되도록 하는 것이 우리가 열심히 추구해야 할 목표입니다.

①평등 관념의 건립이 세계평화를 이루는 우선 과제이다.
②생태계보호 촉진의 선결과제는 생명권 중시사상의 제고이다.
③종족의 거리 해소에 자비정신의 발양이 선결과제이다.
④공생의 지혜를 보이려면 먼저 연기사상을 선도해야 한다.

오늘 이 네 가지 의견을 여러분께 들려드리니 참고하시길 바랍니다.

타이베이 원산호텔 국제회의장 테마강연(2005. 10. 20.) & 『보문』(2006. 3. 1.)

마/음/에/새/기/는/글

- 시간이 곧 생명입니다. 생명은 시간이 쌓이는 것이기 때문에 시간을 낭비하는 것은 살생과 같습니다.

- 세계에서 가장 처리하기 힘든 문제는 빈부도 아니고 유능한가 무능한가도 아니다. 종족 간의 틈, 이기몫르를 없애는 문제야말로 가장 처리하기 힘들다. 오로지 인류 스스로 각성하여 '자비로운 지구인'을 향해 노력해 나가는 방법밖에 없다.

『인간복보』 10주년을 맞이하며

누군가는 "만일 누군가 당신을 난처하게 한다면 그에게 교육기관을 설립하고 잡지를 편집하고 도량을 건설하라고 권하라"라고 말합니다.

이토록 오랜 세월 누가 저를 난처하게 한 적도 없고 네가 한 게 뭐 있냐고 유세하고 다니는 사람도 없었습니다. 그러나 저는 교육기관을 설립했고, 잡지를 편집했으며, 도량도 세웠습니다. 특히 저는 젊어서부터 불교를 위해 언로言路를 더욱 넓히고 불교 전파를 위해 힘쓰겠다는 마음으로 불교를 위한 신문을 창간하고 싶었습니다.

그런 생각을 오랫동안 마음에 간직해 왔는데, 드디어 2000년 4월 1일『인간복보』를 창간하게 되었습니다.『인간복보』는 (타이완) 국내에서 불교계가 창간한 첫 신문이며, 창간 당시 저는 '인성의 빛, 도덕, 따스한 소리에 귀 기울이는 신문'이라고 규정지었던 기억이 납니다. 그것은 깨끗하고 아름다운 사회, 지인용智仁勇의 인생, 자비심과 연결되는 다리, 인연과보因緣果報를 보도하는 대표 신문입니다.

저의 뜻은『인간복보』가 사회의 밝은 면을 더 보도하고, 생활주변에서 만나는 칭찬할 만한 선행과 미담을 드러내 보도하길 희망합니다. 또한 모든 사람의 잠재된 지혜와 선량한 본성을 발굴해 보도하고, 사람이 저마다 지인용의 인생을 개척해 나가길 희망합니다. 동시에『인간복보』라는 자애로운 마음의 다리가 마음 하나하나와 연결되고 결합되어 상서롭고 따스하며 깨끗하고 아름다운 사회를 함께 건설해 나가길 기대합니다.

이 사바세계가 비록 흙탕물 웅덩이라고 할지라도, 우리는 마땅히 맑은 연꽃을 피워야 하고 아름답고 청정한 인성을 길러내야 한다고 저는 믿습니다. 그래서『인간복보』는 줄곧 '기인묘사奇人妙事' 소개와 '호인호사好人好事'를 표양하는 데 역점을 두었습니다. 저는 사회에는 정의가 있어야 한다고 생각하기에, 사회에서 일어난 좋은 일은 소리 없는 자비로 치부되고, 나쁜 일은 모두 시끄럽게 떠들어대는 걸 원치 않습니다. 우리는 좋은 일을 더 멀리 전하여 좋은 사람이 드러날 수 있게 해야 합니다. 그렇게 하는 이유는 오로지 사회가 평형을 이루게 하려는 것입니다.

그 밖에 우리는 청소년 선미善美교육 추진과 세계과학기술 신지식 소개를 중시합니다. 우리는 예술, 여행, 의약, 체육 등 각종 정보를 대중에게 공헌할 뿐만 아니라, 특히 모든 보도가 사회 풍토의 개선, 인성 도덕의 제고에 도움이 되길 희망합니다.

10년 동안『인간복보』는 유혈폭력이나 칼날 번뜩이는 살벌한 전쟁, 권력투쟁이 없어 가족 누구나 다함께 볼 수 있는 신문이었기에 일반 가정에서도 부부와 자녀가 함께 읽는 간행물로 여겨졌습니다. 심지어 각 학교에서도 교학교재로 사용했으며, 수많은 학생들이 복보의 문장을 작문연습의 최고 모범글로 보고 있습니다.

이 밖에도 적지 않은 사업가들이『인간복보』를 관리 주머니로 여기고, 일반 사회대중은 인생의 귀중한 법전인 듯 여깁니다. 마잉지우 총통까지도 『인간복보』는 "자비의 이념을 대중에게 전파하고, 선한 인연을 널리 맺어 사회에 맑은 기운이 흐르게 한다"라고 긍정적 반응을 보였습니다. 이로 볼 때 『인간복보』는 사람의 눈과 귀를 번쩍 뜨이게 할 만한 정치 뉴스는 없지만, 정치인도 점차 이와 같은 맑은 기운이 인간에게 더욱 유용하다는 것을 압니다.

『인간복보』는 교육, 예술, 문화, 신지식을 다 갖춘 신문입니다. 창간이래 제1회 '신분부문-매체 보도상'과 제1, 2회 '우수 뉴스상'을 수상하는 등 사회의 수많은 인정을 받았습니다. 그러나 『인간복보』가 가정과 학교, 기관과 단체에 들어가 사회대중이 보편적으로 받아들이는 것이 우리의 가장 큰 기쁨이자 위안입니다.

불교에서는 '모든 인연의 화합'을 부르짖습니다. 『인간복보』는 10년의 짧은 기간이지만, 많은 사람이 '평생구독'을 원하고 있습니다. 심지어 널리 선전하기 위해 '내가 구독해서 너와 함께 보기 운동'을 추진해 복보가 가정과 학교, 교도소, 직장 등 구석구석에 퍼지게 해준 전 세계 불광인의 돌봐주심에 감사드립니다. 또한 수년간 필진을 주축으로 글을 집필해 오면서 복보의 내용을 더욱 충실하게 해주신 자송림紫松林, 마서병馬西屛 교수께도 감사드립니다.

『인간복보』는 이제 10살이 되었습니다. 첫 울음소리가 울려 퍼진 뒤로, 각 계층의 격려와 사랑을 받았습니다. 그러나 우리는 그것에 만족하지 않고 더욱 발전해 나가고 더욱 건강해지길 기대합니다. 그래서 10년을 걸어온 「인간복보」에 네 가지 방향을 제시해 앞으로 노력해 나갈 목표로 삼고자 합니다.

1. 캠퍼스로 들어가 삼호三好를 추진

교육이란 국가 백년지대계의 근본으로 국가를 도와 덕과 지혜를 겸비하고 품성과 배움을 겸비한 우수한 다음 세대를 배양합니다. 『인간복보』는 줄곧 책임을 미룰 수 없는 사명이라고 생각해 왔습니다. 10년 동안 우리는 매일 수많은 '좋은 사람과 좋은 이야기'의 뉴스를 싣고, 깊이 생각해 보고 스스로를 고무시킬 수 있는 문장을 실었습니다. 학생들의 적극적 발전을 고무하고 어진 이를 보고 본받으려는 올바른 사고를 이야기하여 교육계 인사의 호평을 받았습니다.

그러나 교육은 영원히 멈추거나 쉴 수도 없는 일입니다. 그래서 장차 『인간복보』는 국제불광회와 협력하여 '몸으로 좋은 일을 하고, 입으로 좋은 말을 하며, 마음에는 좋은 생각을 품자'는 '삼호운동'을 적극적으로 추진하고, '복보는 캠퍼스 안으로, 학생은 세 가지 좋은 일 실천하길' 기대하고 있습니다. 또 사람이 저마다 몸과 마음이 건전한 훌륭한 국민이 되도록 한층 더 노력하길 바랍니다. 이것이 『인간복보』가 해야 할 다음 단계의 중요한 업무입니다.

2. 조류에 편승하고 사회에 관심을

사회는 모든 인연이 모여 이루어진 것입니다. 인간은 이 인연 안에서 살고 있고, 세상을 떠나 홀로 살 수 없으며 국가정치를 떠날 수 없습니다. 정치는 대중을 관리하는 일입니다. 모든 사람은 그 대중의 한 일원이며 국가정치에 관심을 두지 않을 수 없습니다. 그러므로 『인간복보』는 정치 뉴스만 다루는 반쪽자리가 되지 않아야 하며, 일부 정치 난상에 따라 춤추지 않아야 합니다. 그러나 국가정책의 제정, 법령의 선포, 사회의 화합, 약소민족의 관심, 그리고 민생과 관련된 경제, 교통, 치안, 인권, 사회복지, 환경보호 등의 의제에 대해, 또 시대의 사상조류와 세계 발전추세 등에 대해 모두 자발적으로 뛰어들어 올바른 보도를 해야 합니다. 전 국민이 국가에 관심을 갖고 대중이 흉금과 시야를 넓히는 데 도움이 되어 '집안일, 나라일, 천하일, 일마다 관심 갖는' 현대적 국민이 되길 기대합니다. 이 역시 현대매체가 마땅히 지녀야 할 책임입니다.

3. 광범위한 영향을, 국제사회 개척을

교통발달에 따라 현재는 국가 간에 '아침에 보내면 저녁에 받을 수 있는 일일생활권'이 되었습니다. 정말 아무리 먼 곳도 마치 이웃 같습니다. 특히 인터넷의 확산으로 '국경 없는 정보시대'가 되었습니다. 그러므로 앞으로는 '지구촌'이라는 세계가 될 것이고, 현대인이라면 '지구인'이 될 마음의 준비를 해야 합니다.

이 기회에 『인간복보』는 내용면에서 끊임없이 '동체공생'을 선도하고 '존중과 포용', '환희와 융합', '평등과 평화' 등 전 세계가 공존하는 이념을 선도해야 함은 물론, 특히 광범위한 영향을 끼쳐 전 세계 인류가 공동으로 지구촌 시대를 맞이할 수 있도록 발행 방면에서도 박차를 가해 전 세계로 개척해 나가도록 이끌어야 합니다.

4. 생활을 중시, 행불을 실천

21세기 인류문명은 하루에 천리를 갈 수 있도록 발전하였습니다. 사회의 수많은 발심한 자원봉사자들이 사회 구석구석에서 묵묵히 봉사하고 공헌하고 있습니다. 이처럼 찬란한 인성의 발산이야말로 이 시대의 가장 뛰어난 성과입니다. 이 자원봉사의 정신은 바로 '인간불교'가 제창하는 생활수행이자 '행불行佛' 사상의 확실한 뿌리내림입니다. 사회에 따스하고 아름다움을 더하고 있는 그들이야말로, 인간 세상에 빛과 희망을 태우고 있는 그들이야말로 더욱 드러내 찬미할 만합니다.

그러므로 장차 『인간복보』는 생활 속 수행을 더욱 격려하고, 행불 사상을 더욱 선양할 것입니다. 사람이 저마다 마음속에 자비, 정견, 감사, 발심을 품고 사람이 저마다 부끄러움, 겸손, 인내, 봉사 등을 아는 것이 수행입니다. 앞으로 사회에 더 많은 자원봉사 보살이 나올 수 있기를, 모두가 행불을 통해 자신을 원만하게 하고 인간세상을 아름답게 가꿀 수 있기를 희망합니다.

마지막으로 『인간복보』는 줄곧 '인간 세상에 선한 인연을 전파한다'는 이념을 견지하면서 발행되는 신문입니다. 계속해서 사회에 맑은 기운을 주입시키고, 복보의 발행이 인간세계에 상서로움과 환희를 가져오며, '인간에 복보가 있고, 복보는 인간에 가득하다'는 목표를 실현시킬 수 있길 지극한 마음으로 기원합니다.

『인간복보』(2010. 4. 1.)

마/음/에/새/기/는/글

- 『인간복보』는 10년 동안 불교를 위해 언로言路를 더욱 넓히고 사회에 자애로운 마음의 다리 하나를 건설하기 위해 노력했다.

- 사회에서 일어난 좋은 일은 소리 없는 자비로 치부되고, 나쁜 일은 모두 시끄럽게 떠들어대는 걸 원치 않는다. 우리는 좋은 일을 더 멀리 전하여 좋은 사람이 드러날 수 있게 해야 한다. 그렇게 하는 이유는 오로지 사회가 평형을 이루게 하려는 것이다.

- 일부 정치 난상에 따라 춤추지 않을 것이다. 그러나 깨끗한 신문 또한 '집안일, 나라일, 천하일, 일마다 관심 갖는' 현대 매체가 되지 않으면 안 된다.

100년을 내다보며

중화민국 건국 100주년을 맞이하고 보니 마치 인생에서 '약관(20세)을 경축하고 이립(30세)을 기뻐하며 갑자(60세)를 행복해' 하는 것처럼 느껴집니다. 100세의 첫날을 맞이해 과거를 돌아보고 미래를 내다보며, 지금의 사회에 대해 의견을 피력해 미래를 격려하고자 합니다.

1. 감사와 화합

중국사회는 줄곧 '풍성해야 예를 다하는 것이다'라고 말해 왔습니다. 지금 타이완의 발전, 경제성장, 국민의 생활은 전에 비하면 이미 중산층 수준에 도달했다고 할 수 있습니다. 사람은 저마다 국가의 은혜와 가정의 경사라는 생각을 가져야 하고, 더 나아가 몸과 마음을 바르게 하며 풍토를 쇄신해야 비로소 부유한 것입니다. 탐욕은 가난하다는 표시이고, 화합해야 함께 번영할 수 있습니다. 100세의 시작인 지금, 우리나라 우리 국민은 모두 '사운총보四恩總報'를 배우고 '가정의 화목, 인아人我의 화합과 존경, 사회의 화합, 세계의 평화'를 촉진시키길 희망합니다.

2. 인과를 밝히어 앎

지금의 사회는 과학기술의 발전으로 사람은 저마다 물욕을 은폐하고 있으며, 순수하고 질박했던 민풍은 다시 나타나지 않고, 심지어 인과에 어두워 재난이 빈번하게 일어납니다. 타이완에 태풍과 수재가 끊이지 않고, 지진으로 산이 움직이는 등 심각한 재난 상황을 초래하는 것은 모두 각종 업력으로 만들어진 것입니다. 여러분은 '30명이 활어 먹기', '냄비 안에서 뛰는 새우와 게'를 보지 못했습니까? 잔인하다는 생각을 금할 길이 없습니다. 무분별한 포획, 인색함과 성냄의 만연 등 이런 언행에는 인과가 없을까요? 그러므로 아름답고 보배로운 섬에 살고 있는 여러분들은 일체의 선연과 좋은 과보는 얻기 힘들다는 것을 알아야 합니다. 불광산에서 제창하는 '타인에게 믿음을, 타인에게 기쁨을, 타인에게 희망을, 타인에게 편리함을 준다'는 '사급四給'처럼 모든 사람에게 좋은 일을 해야 좋은 보답이 있습니다. 그러므로 100년을 내다보며 전 국민이 '사급'을 실천하여 선한 인연과 좋은 과보를 불러올 수 있길 희망합니다.

3. 선한 마음과 좋은 말

오늘의 사회를 종합해 보면, 대부분의 사람이 도덕적 풍모를 지니고 있고 선하고 아름다운 언행을 하고 있습니다. 그러나 소수의 사람은 나쁜 말로 타인에게 상처를 주고 욕설과 거짓말을 능사로 삼습니다. 입법원의 모든 공직자들을 보면 전 국민의 모범이 될 만한가 생각하게 되고, 각종 매체의 보도는 객관적 사실에 입각했는지 생각하게 되고, 청결과 환경보호를 중시하는 사회에서 우리의 마음과 언행은 그것을 따라갈 수 있을까 생각하게 됩니다.

100세가 된 국가의 모든 국민이 향기로운 말을 퍼뜨리고 반드시 덕 있는 행동을 하여 중화민국이 선한 마음과 좋은 말을 하는 나라가 되기를 지극한 마음으로 발원합니다.

4. 공평과 정의

오늘날 중화민국은 타이완에 치우쳐 자리를 잡았고 마주보고 있는 중국 역시 우리의 근본이 되는 나라입니다. 양안은 단순하게 정치, 경제를 경쟁하면 되지, 서로에게 무기를 겨누는 정도까지 이르러서는 안 됩니다. 양안은 공평과 정의가 누구에게 속해 있는가를 겨루는 것입니다. 최근 양안을 왕래하는 사람은 양안 양쪽에서 모두 한 목소리로 제창하는 '좋은 일 하고 좋은 말 하고 좋은 마음 갖자'는 삼호운동을 듣게 됩니다. 앞으로 우리 모두 공평과 정의를 중시한다면 양안이 누가 우세하냐를 다투는 것이 되며, 또한 이는 우리 중화민족 전체의 바람이기도 합니다.

100세의 시작에서 유가의 도덕과 인화人和를 기원하고, 예수교와 회교의 박애와 다툼 없음을 기원하고, 도가가 가진 청정무위를 기원하고, 부처님의 자비를 근본으로 하고, 지혜를 문으로 하며 삼귀오계, 팔정도의 기풍이 가득하기를 기원합니다.

우리나라 우리 국민은 그날을 경축하여 마지않습니다.

『인간복보』(2011. 1. 1.)

마/음/에/새/기/는/글

- 건국 100주년은 '국가의 은혜이자 가정의 경사'이다. 사회가 안정되어야 '풍성하지만 예를 다한다'라는 경계에 들어선다.

- 아쉬운 것은, 저마다 물욕을 은폐하고 있으며 인과에 어두워 각종 업력으로 재난이 빈번하게 일어난다는 것이다. 우리는 마땅히 유가의 도덕과 인화, 예수교와 회교의 박애와 다름 없음, 도가가 가진 청정무위, 부처님의 자비를 근본으로 하여 100세의 처음에서부터 앞을 전망하고 기대해야 한다.

- '좋은 일 하고 좋은 말 하고 좋은 마음 갖자'는 삼호운동을 힘써 행하면 앞날에 밝은 빛이 비출 것이다.

> 회향
>
> '좋은' 말을 골라 쓰자
> - '가화만사성'의 서광이 비친다

글/ 고희균

1.
매일 물밀듯이 밀려오는 부정적 뉴스들은 정치와 경제에서부터 양안, 사회, 체육, 건강, 보건에 이르기까지 민중을 보다 지치게 하고, 듣기 지겹게 하고, 마음을 심란하게 해왔다.

21세기 들어와서도 또 10년, 우리는 다함께 노력하여 '즐거운 한 가정, 화합된 한 사회, 발전된 한 국가, 지속가능한 발전의 커다란 환경'을 세웠다.

이처럼 위대한 청사진으로 들어가는 작은 발걸음 앞에, 나는 먼저 '좋은 말을 골라 쓰자'는 것부터 시작하자고 건의한다. 가정에서 사용하면 가정이 즐겁고, 사회에서 사용하면 사회가 화목해진다. 공공정책의 비판과 토론은 지면을 통해서만 하도록 한다.

- 공공정책의 좋고 나쁨에 대해 정도에 맞게 비평하는 것은 당연하다.
- 욕설은 '자신이 느끼기에만' 좋고, 하나도 도움이 되지 않는다.
- 늘 욕하는 것은 자신의 거짓과 무지를 드러낸다.

- 진장문陳長文과 장작금張作錦 두 분이 최근 호소하는 것처럼, 평론할 때는 적당하게 역지사지와 이해심이 있어야 한다.
- 타이완에서 공직자를 욕하는 데 용기는 전혀 필요치 않고 그저 성질만 있으면 되지만, 공직자를 칭찬하는 데는 오히려 도덕적 용기가 필요하다.

2.
1년 반 동안 마잉지우 정부에서 '잘못'한 것은 도대체 무엇일까?

나는 잘못이 별로 없다고 생각한다. 정책 추진에서 '느리게' 실행한 것이 오히려 많았다. 인플루엔자 백신, ECFA(양안경제협력구조협의), 미국산 쇠고기 등 이런 공공의 의제들을 차분하게 검토해보면 모두 '옳은 결정'이었다. 그런데 왜 도리어 '잘못한 일'처럼 여겨진 것일까? 이것은 특히 '나쁜 말'만을 골라 말한 반응 때문이다. ECFA를 예로 들자면, '동아시아협력체'의 자유무역 지역의 효력 발생에 대해 정부는 영향을 받을 가능성 있는 산업에 대해서만 적당한 시책을 취하고 타이완은 서둘러 서명해 버렸다.

소수의 반대자들은 끊임없이 부정적 영향만을 부풀려 전파시켰다. 정부의 소통력 부족으로 정책을 지연시키는 결과를 초래했다. 그 결과 전 국민이 받게 될 이익에서 손실을 보게 되었다. 잡지『원견遠見』12월 호 중의 여론조사에 잘 나타나 있다. 54%의 국민이 ECFA 체결은 타이온의 경제발전에 중요하다고 생각하며 단지 19%만이 중요하지 않다고 생각했다.

'옳은 결정'을 선포한 뒤 정부는 소수의 반대자에 부딪히게 된다.

혹은 의심을, 혹은 철회를, 혹은 사과를 요구한다. 마치 '잘못한 일'처럼 변해버렸다. 처음에는 정부의 풍모를 보여줬지만, 거듭해서 이런 상황이 연출되자 그 후에는 박력에 타격을 입었다. 다수의 지지자가 마잉지우에게 실망한 근본 원인이 바로 이러한 양보와 후퇴이다.

3.
여론이 좋은 일은 보도하지 않고 나쁜 면만 보도하는 기능을 할 때, 서방 사회 역시 자주 또 다른 목소리를 내곤 했다. "언론매체는 우리에게도 정부가 어떤 일을 '잘' 해냈는지 알려 달라."

타이완의 25개 현縣과 시市, 그리고 중앙부처는 당연히 보도할 만한하고 민중이 흥분할 만한 일을 많이 했다. 안타깝게도 '좋은 일은 담을 넘을 수 없다'고 했던가. 대다수의 민중은 밤이고 낮이고 언론에 보도되는 어두운 면에 갇힌 꼴이 되었다.

우리는 3개월간 좋은 말을 골라 쓰는 실험을 했다. 80/20 원칙(적은 노력으로 많은 일을 해낼 수 있다.)을 여기에 적용했다. 80%는 '좋다'고 말하고 20%는 '나쁘다고' 말했다.

- 아이의 수학성적이 20점에서 40점으로 올랐을 때 "여전히 불합격이네" 하지 않고 "배나 올랐네"라고 칭찬한다.
- 실직한 남편에게 "휴식은 더 멀리 걸어가기 위한 것이에요"라고 격려한다.
- 노년의 여인에게는 "당신은 늘 이렇게 사람을 끌어당기는 매력이

있어"라고 말한다.
- 차이(蔡) 주석에게는 "합리적인 길을 가세요. 화이팅!"이라고 말한다.
- 마잉지우 총통에게는 "걱정 마세요. 여론조사는 단 1% 가능성만 있어도 올라갈 겁니다"라고 말한다.

호지강胡志强의 저서 중에는 『유머는 강하다(幽黙一定强)』(『지강志强은 강하다〔志强一定强〕』가 아님)가 있고, 고희균의 저서 중에는 『독서가 자신을 구한다(閱讀救自己)』'(『자신이 독서를 구한다〔自己救閱讀〕』가 아님)가 있고, 마잉지우 선생의 저서 중에는 『침묵의 패기(沈黙的魄力)』(『패기의 침묵〔魄力的沈黙〕』이 아님)이 있다.

성운대사는 '좋은 말을 하고, 좋은 일을 하고, 좋은 마음을 갖자'는 '삼호'를 늘 제창해 왔다. 이렇게 삼호를 실천하면 반드시 좋은 보답(報)이 있을 것이다. 이 '보답'은 신문(報紙)를 가리킨다.

모두 와서 3개월간 '좋은 말 골라 하는' 실험에 참가해 보라. 내 생각엔 주식시장이 상승하고, 미소가 퍼질 것이며, '가화만사성家和萬事成'의 서광이 비칠 것이다.

(2011. 1. 4.)

8장
대천사
大千事

바른 견해를 지켜 편견과 집착의
말에서 벗어나라

국제사회로 뻗어가는 불교

어진 이들이여!

   4월 6일 불광산을 떠나 난 두 달여 간의 해외 홍법여정을 시작했습니다. 첫 번째 정착 역은 인도네시아의 자카르타였습니다.

   자카르타에 도착하니 종족과 종교에 대한 회교도 정부의 지나친 미움을 느낄 수 있었습니다. 불교는 사찰 이외의 공공장소에서의 홍법을 허용한 적이 단 한 차례도 없었습니다. 이번에는 혜웅慧雄 스님, 굉혜宏慧 스님, 종여宗如 스님 등의 노력에 힘입어 광장과 대회당에서 공개강연을 하였으며, 강연 때마다 평균 2천 명 이상이 참여했습니다. 자카르타에서 많은 인도네시아 사람들이 불교에 귀의했고, 수마트라에서는 천 명 이상이 귀의했습니다.

   인도네시아에는 화교 상인과 사고(師姑: 사찰에 거주하는 비구니 또는 우바이)가 많고 불당도 많습니다. 과거 중국 불교신도가 해외에서 개척하는 데 사고들의 공이 적지 않았음을 깊이 느낄 수 있었습니다. 그녀들은 중국 본토를 떠나면서 몸에 관음보살이나 미륵보살 불상을 하나씩 지고 망망대해를 건너 이곳에 정착해 불당을 짓고 대중을 위해 봉사했습니다. 심지어 어린 여자아이들을 교육하고 그녀들이 자라 계속 불교 사업을 이어나갈 수 있도록 돕기도 했습니다. 불광산의 학부에도 몇몇 졸업생 또는 재학생이 있지 않습니까?

그 밖에도 요饒 선생은 자카르타에 '인도불광협회'를 설립하고, 엽풍옥葉豊鈺 선생 역시 면란綿蘭에 '면란불광협회'를 설립했습니다. 그들은 인도네시아의 불교를 한발 더 나아가게 했습니다. 이것은 제가 출국한 뒤의 첫 번째 인연입니다. 불광산의 홍법 인재가 이토록 많다는 것을 생각하면 감사하고도 기쁩니다.

인도네시아를 떠나 3년 전에 들렀던 말레이시아에 도착했습니다. 먼저 페낭에서 이틀 동안 강연을 했는데 동고강당(東姑禮堂, Tunku Canselor Hall)은 그야말로 인산인해였고 비집고 들어갈 틈 하나 없이 꽉 들어찼습니다. 말레이시아 불광협회 회장 구보광丘寶光 거사 및 양국홍梁國興, 진춘성陳椿成, 사계원謝桂元, 황증금黃增金, 양국기梁國基, 허래성許來成, 진애주陳愛珠 등 여러분께 특별히 감사를 드립니다. 특히 광여廣餘 스님의 도움이 가장 컸습니다. 페낭 주州 주지사 허자근許子根 선생은 바쁘신 와중에도 참석하여 한담을 나누던 중 청중들에게 만인강당(萬人禮堂)을 건설하여 제가 다음 불학강좌를 할 수 있도록 해주겠단 약속을 했습니다. 그 즉시 5천 관중의 열렬한 환호를 받았으며 박수소리가 한동안 끊이지 않았습니다.

4월 12일 쿠알라룸푸르에 도착했고 진맹령陳孟齡 불광협회 집행회장, 진래부陳來富, 진애주陳愛珠 비서 등이 쿠알라룸푸르에서 가장 크고 2만 명 이상을 수용할 수 있는 체육관에서 제가 강연할 수 있도록 준비해주었습니다. 여러 스님과 곽수진郭洙鎭 건설부장, 황신벽黃新壁 쿠알라룸푸르 주재 대만대표께서 참석하여 강연을 들었습니다. 황병성黃炳成 선생이 인사말을 하시고, 황봉보黃逢保 선생이 사회를 보았습니다. 말레이시아의 모든 신문이 1면에 칼라판으로 여러 차례 성황리에 치러진 홍법현장을 보도했습니다. 그때 마침 말레이시아 회교도는 회교도의 계율을 헌법에 명시해 넣으라고 정부에 탄원서를 냈습니다. 예를 들면 여자는 외출 시에 반드시 히잡을 써야 하고, 도둑질을 했을 경우 두 손을 자르며, 남녀가 부적절한 관계를 할 때에는 돌로 때려죽인다는 등의 조항입니다. 그 후에 마하티르 총리가 말레이시아는 다민족 국가이며 신앙의 자유가 있는 국가이므로 헌법에 회교의 계율을 포함시킬 수 없다고 성명을 발표하면서 들끓었던 여론이 일순간 사라졌습니다. 저는 해외에서 포교하는 걸 좋아합니다. 또한 화인華人에게 미약한 힘이나마 보탤 수 있는 걸 좋아합니다.

말레이시아 불교총회 회장 김명金明 스님, 전 회장이신 축마竺摩 스님 모두 얻기 힘든 선지식입니다. 그들이 있기에 불교가 빛날 수 있었습니다. 제가 그들을 찾아뵙기도 하고 전화로 상의도 하였지만, 그분들이 불교를 위해 몹시 애쓰는 열정만큼은 한창 때 못지않아 존경해 마지않습니다.

4월 17일 밤, 5시간의 비행을 마치고 저는 파리에 도착했습니다. 파리에서 18개 불광협회의 분회를 설립하고, 20일 런던에 도착해 수차례 강연을 한 뒤, '런던불광협회'를 설립했습니다. 파리에서는 혜해慧海 스님이 조주潮州 사투리로, 런던에서는 혜군慧群 스님이 영어로 통역을 하셨습니다. 이때 저는 불교의 국제화를 추진하는 데 언어가 얼마나 중요한지를 깊이 느꼈습니다. 4월 22일 런던에서 13시간 비행기를 타고 남아메리카의 브라질 상파울루에 도착했습니다.

브라질은 불교의 개발을 기다리고 있는 곳입니다. 브라질의 임조명林調明, 사자림斯子林, 장승개張勝凱, 허첩許疊 거사 등은 모두 커다란 보살입니다. 이번 홍법을 위해 아낌없이 힘을 쏟았으며, 특히 장승개 거사는 자신의 저택을 불광산의 도량으로 헌납하며 여래사라 이름 하였으니 참 감동적이지 않을 수 없습니다. 사자림 거사 역시 리우데자네이루의 집을 도량에 바치었으니, 어진이여, 누가 이처럼 어진 곳의 주지와 홍법을 맡을 것입니까?

특히 파라과이 행은 허동파許東波 선생의 세심한 배려 덕분에 비자 없이 헌병대의 호위까지 받으며 갈 수 있었고, 파라과이의 시우다드 델 에스테(Ciudad del Este)에서 또 다른 불학강좌를 진행했습니다. 식사와 잠자리도 중화회관中華會館 기문상紀文祥 선생과 곽서옥주郭徐玉珠 노부인과 자제인 곽문기郭文綺 선생께서 조금의 부족함도 없이 돌봐주셨습니다. 저는 브라질에서 '브라질 불광협회'를 설립했고 우루과이에서도 불광협회 준비위원회를 세웠습니다. 다시 9시간 비행기를 타고 뉴욕에 도착해 그곳에서 '뉴욕불광협회'를 설립했습니다.

저는 1개월 동안 4개 대륙을 주유하였고, 5월 3일 드디어 로스앤젤레스의 서래사西來寺로 돌아왔습니다.

서래사 주변에는 제비꽃이 만개하였고 각양각색의 협죽도가 저마다 아름다움을 뽐내고 있었습니다. 이리 무리가 시도 때도 없이 주위에 출몰하고 선량하게 생긴 회색 토끼도 가끔 볼 수 있었습니다. 서래사 대중은 불광총회의 설립과 전수삼단대계傳授三壇大戒 때문에 몹시 바빴습니다. 저는 불광인의 정신을 볼 수 있었고 불교 미래의 희망을 보는 것 같기도 했습니다.

　저는 국제불광회 세계총회의 설립으로 무척 바빴습니다. '환희와 융합'이란 대회 주제에 대해 어진 이들께서 좌우명으로 삼아주시길 바랍니다. 국제불교는 그대들이 발심하고 노력을 하길 기다리고 있다는 것을 알아주시기 바랍니다. 홍법이생에는 자비로운 마음과 서원이 있어야 하지만, 더욱 필요한 것은 불학과 언어의 능력입니다. 그대들은 불법의 기초를 확실히 다지고 전교사의 풍모를 기르며, 환희의 마음과 융합하는 아량을 지니고 세계로 나아가고 지구를 끌어안을 수 있어야 합니다.

　　　　　　　　　　　　　　　　　불광산 전등학원(1992. 6. 26.)

마/음/에/새/기/는/글

- 과거 중국 불교신도가 해외에서 개척하는 데 사고師姑들의 공이 적지 않았음을 깊이 느낄 수 있었다. 그녀들은 중국 본토를 떠나면서 몸에 관음보살이나 미륵보살 불상을 하나씩 지고 망망대해를 건너 이곳에 정착해 불당을 짓고 대중을 위해 봉사했다.

- 불교의 국제화를 촉진하는 데 포교하려는 열정은 기본 조건이다. 그러나 언어는 빠지면 안 되는 필수도구이다. 홍법이생에는 자비로운 마음과 서원이 있어야 하지만, 더욱 필요한 것은 불학과 언어의 능력이다.

21세기의 정보와 전망

누구는 21세기를 태평양의 시대라고 하고, 누구는 21세기를 중국인의 시대라고 합니다. 제 개인적인 생각으로는 꼭 이렇지만은 않다고 봅니다. 그러면 21세기는 어떠한 시대일까요?

다음 4가지 관점에서 21세기에 대한 저 자신의 전망을 설명하고자 합니다.

1. 21세기는 존중과 포용의 세기이다

20세기에는 자유, 민주, 그리고 과학이 급속도로 발전하였지만, 인류의 오용으로 이미 수많은 폐단이 생겨났습니다. 예를 들면 개인의 지나친 자유는 타인의 생존을 방해하고, 민주는 다수가 소수를 폭압暴壓하는 핑계가 되고, 과학 역시 강자가 약자를 괴롭히는 도구가 되었습니다. 최근 몇 년 동안 유럽공동체의 설립, 소련연방의 해체, 핵무기의 동결, 과학과 문명의 결합에 따라 세계는 날이 갈수록 빛을 잃어가고 있습니다. 미래의 시대는 존중과 포용의 시대가 될 것임을 우리는 예견할 수 있습니다. 왜냐하면 상대방을 존중하고 나와 남을 서로 바꿔서 상대방의 입장이 되어보는 것만이 무의미한 살육과 분쟁을 해소하는 것입니다. 자신과 다른 것이 존재할 수 있으며, 다름 가운데서 같음을 찾아야만 다함께 행복한 생활을 누릴 수 있습니다.

특히 과학기술의 발전과 정보의 발달로 인류는 지구촌이라는 새 시대로 넘어가면서 종교, 종족, 국가의 한계를 허물고, 사심을 없애고 자신과 다른 것을 받아들여 존중과 포용하는 세기를 함께 손을 잡고 건설해 나가는 것이 더욱 절실합니다. 그래야 영원토록 다함께 평화를 누릴 수 있습니다.

2. 21세기는 동체공생의 세기이다

고대 인류는 알지 못하는 미래를 신지(神祗: 하늘 신과 땅 신)에게 의탁하는 신권시대였습니다. 후에 제국이 형성되면서 지고무상至高無上한 군권시대에 살게 되었습니다. 근대에 이르러 백성의 지식이 점차 깨어나면서 인류는 정의를 위해 목숨을 바치고 자신의 권리를 쟁취하기 위한 민권시대가 시작되었습니다. 그러나 '동체평등同體平等'의 인식이 결여되면서 종족 간에 충돌이 빈번히 일어나고 '공생자비共生慈悲'의 관념이 없어졌습니다. 우리의 지구는 전에 없는 큰 재난을 겪고 있습니다. 생물이 점점 멸종되고 온통 참상과 고통, 상처, 손실, 피해가 가득할 뿐만 아니라 주위환경은 갈수록 악화되어 옛날만 못하다는 각성을 시작하게 되었습니다. 저는 이것이 장차 인류가 생권(生權: 생명권)을 중시하는 시대, 즉 동체공생의 세기로 옮겨가게 할 것이라 생각합니다.

일체의 중생이 모두 권리를 갖는 시대에서 비록 서로의 국가, 민족, 습성, 종류는 다르지만 하나의 지구에 살고 있는 모든 인연들이 모여 생겨난 '동同'일한 생명'체體'라는 것을 의식하고 있을 것입니다. 그러므로 마땅히 '함께(共)' 서로 의존하여 '생生'존해야 합니다.

만일 우리 모두 물아일여物我一如와 생불평등生佛平等의 진리를 깨달을 수 있다면, 아집을 버리고 대립을 풀어버릴 수 있고 온 세계가 평화롭고 안락하며 생기가 넘쳐흐르는 동체공생의 시대가 될 것입니다.

3. 21세기는 단체창작의 세기이다

오늘날 지식이 넘쳐나는 시대에서 전문화와 분업화는 피할 수 없는 추세가 되었습니다. 그러나 전체를 장악할 수 없으면 반목과 충돌의 폐단이 또 발생합니다. 사람들은 점차 상호협력과 집단창작의 중요성을 깨닫게 됩니다. 사실 2,600년 전 우리의 교주이신 석가모니 부처님께서 인도에서 이끌던 것이 바로 집단창작의 결정체인 승단입니다. 부처님의 출가제자 중 가섭 존자와 우팔리 존자는 수지修持·수계修戒를 중시했고, 목건련과 사리불 존자는 설법과 교화에 능했습니다. 주리반특가 같은 어리석은 자도 거리를 청소하며 사회에 공헌하도록 만들 수도 있었습니다. 부처님의 속가제자는 왕공귀족에서부터 행상인과 심부름꾼, 천한 직업에 종사하는 사람까지 다양했으며, 모두 교리를 충실히 따라 불교를 호위하는 기능을 충분히 발휘했습니다. 승속 이부대중이 함께 협력하여 불교는 당시 인도에서 급속도로 발전하였을 뿐만 아니라, 눈부시게 번창하였습니다. 마찬가지로 오늘날 세계가 현대화, 국제화로 나아가는 동시에 분업화가 잘 이루어지느냐가 모든 일의 성공열쇠가 될 테지만, 한층 더 발전된 협력과 여러 사람의 지혜를 모아 더 큰 이익을 얻는 것만이 역사적 사업을 창조해낼 수 있습니다. 그러므로 21세기는 집단창작의 길로 나아가야 모든 사람의 역량을 결집할 수 있고 아름다운 미래를 함께 창조할 수 있다고 생각합니다.

4. 21세기는 진리를 숭앙하는 세기이다

배부르고 등 따뜻한 것이 생존의 전부였던 옛날부터 공업의 발달로 물질이 풍부해진 현대까지 인류의 신심身心은 국가 정국의 불안정, 인아人我의 시비是非 충돌과 분쟁, 사회 분위기의 점진적 긴박함과 복잡성, 그리고 알 수 없는 미래에 대한 불안 등 갈수록 더 많은 문제에 직면하게 됩니다. 인류는 생활, 직업, 경제, 감정 등에서 모두 막대한 스트레스를 받으면서도, 마음으로부터 모든 걸 초월하길 간절히 원합니다. 이때 정확한 지식과 견문으로 생활을 인도하지 않는다면 도덕이 상실되고 정상적인 사회 질서에서 벗어나기 쉽습니다. 그러므로 진리에 대한 인류의 수요는 더 이상 늦출 수 없습니다.

서양의 어느 사상가는 "나는 내 스승을 사랑하지만, 나는 진리를 더 사랑한다"라고 했습니다. 확실히 진리는 밝은 등과 같아 우리가 탄탄대로로 걸어가도록 인도해 줍니다. 진리는 선박과 같아 우리를 싣고 편안하게 인생의 바다를 헤쳐 나가게 합니다. 2,600여 년 전, 부처님은 보리수 아래에서 우주인생의 진리를 깨달으셨습니다. 간단히 말해 그것은 바로 온누리에 퍼져 삶의 표준이 된 '인과법칙'입니다. 만일 우리가 인과를 이해하여 건강을 유지하고 싶으면 반드시 음식을 조절하고 정상적인 생활을 해야 한다는 것을 압니다. 성공하고 싶다면 게으름 피우지 않고 반드시 나아지도록 정진해야 한다는 걸 압니다. 이름을 널리 알리고 싶다면 자비와 희사로 널리 선연을 맺어야 한다는 걸 압니다. 변화무쌍하고 의견이 분분하여 일치하지 않는 현대사회에서 만일 모두 이치에 맞게 행동한다면 반드시 아름답고 원만한 인생을 열어갈 수 있을 것입니다. 그러므로 21세기는 진리를 숭앙하는 세기여야 합니다.

21세기를 바라보며 우리가 가슴에 법계를 품고, 우주를 바라보며, 존중과 포용의 아량을 갖고, 동체공생을 이해함으로 생기를 불어넣으며, 집체창작의 이념으로 사업을 이루고, 진리를 숭앙하는 정신으로 자신의 마음 속 끝없는 보물창고를 개발할 수 있다면, 21세기는 무한한 희망을 가진 세기이자 하나의 인간정토일 것입니다.

『보문』제200기(1996. 5. 1.)

마/음/에/새/기/는/글

- 하나의 지구에 살고 있는 모든 인연이 모여 생겨난 '동'일한 생명'체'라는 것을 의식하고, 마땅히 '함께' 서로 의존하여 '생'존해야 한다.

- 부처님께서 인도에서 이끌던 것이 바로 집단창작의 결정체인 승단이다. 사람이 저마다 편안히 살면서 각자의 재능을 펼치며, 개인과 단체가 함께 원만하게 일을 성사시키고 행복을 나누며, 21세기는 집단창작의 길로 나아가야 동체공생의 시대가 될 것이다.

종교 융합에 대한 나의 세계관

영원한 평화는 천고 이래로 사람이라면 모두 꿈에 그리는 아름다운 세상입니다. 특히 시비가 전도되고 전쟁이 끊이지 않는 시대 상황에서 사람은 모두 위기를 느끼고 모두가 평화에 대해 더욱 갈망하고 있습니다. 그러나 오늘날 자유와 민주와 과학이 세계의 흐름이 되었더라도 인류의 남용으로 자유는 타인의 자유를 침범하는 핑계가 되고, 민주는 약자를 희생시키는 무기로 변하였으며, 과학은 야심가에 의해 이웃국가를 쓰러뜨리는 도구로 이용됩니다. 이 세 가지는 사회발전의 요소로 여겨지지만 지금은 도리어 폐단이 속출되고 있습니다. 평화주의는 종종 왜곡되고 인류에게 큰 화를 거듭 입히곤 합니다.

정치에선 강자가 약자를 괴롭히고, 경제에선 빈부의 불균형, 종교·종족 간의 배척, 남녀·지역 간 견해차 등은 평화롭게 해결할 수 없는 문제들입니다. 혹시 이런 문제는 서로가 평등하게 공존할 수 없다는 데서 일어나는 것은 아닐까요? 소위 "불평이 있으면 울게 된다(不平則鳴)"라는 것입니다.

세계평화 추구는 각 종교가 줄곧 노력하여 제창해온 것입니다. 그러나 저는 평화를 논하려면 먼저 평등관계 건립이 선행되어야 한다고 주장합니다. 국가 또는 종교 사이에 평등이 없으면 평화는 어려워집니다. 평화를 이끌어내려면 먼저 평등이 있어야 합니다. 평등이 없는 평화는 단편적일 뿐입니다.

　평등에는 반드시 인아가 공존해야 합니다. "다른 사람들을 공경하는 사람은 다른 사람들도 늘 그를 공경해주고, 다른 사람들을 사랑하는 사람은 다른 사람들도 항상 그를 사랑해준다"라는 선현의 말씀이 있습니다. 평등은 강제적인 수단으로 상대방을 핍박하는 것이 아니라, 상대방의 존엄까지도 살펴야 하는 것입니다. 오직 나와 타인이 공존해야만 서로 평등한 경지에 도달하게 됩니다. 과거 동·서독의 장벽이나 지금의 남·북한, 발칸의 분열처럼 서로 칼과 활을 겨누고 있는 매우 긴박한 형세 속에서는 평화에 도달할 방법은 전혀 없습니다. 그러나 1990년 서독은 동독을 존중하고 포용하면서 베를린 장벽을 무너뜨린 이후 국민의 마음에 있던 무형의 장벽 또한 사라졌습니다. 동·서독은 인아가 평등하게 공존한다는 이념 아래 아름다운 미래를 함께 창조했습니다. 남·북한과 타이완 양안, 그리고 아랍과 이스라엘 사이에 서로 존중하고 나와 타인의 사이에 소원함이 없다면 평화가 어찌 요원한 일이기만 할까요?

　불교는 서로 다른 국가, 계급, 성별, 연령의 사람에게도 존중과 평등으로 대한다는 교리를 담고 있습니다. 2,600년 전 인도에서 부처님은 "사방의 강이 바다로 흘러 들어가면 더 이상 강이라 부를 수 없듯이, 모든 계급의 사람이 출가하면 모두 석釋씨가 된다"라는 주장을 드러내셨습니다. 불교는 '인아공존人我共存'이라는 평등한 특성이 있고, '물아일체心物一體'라는 평등성을 주장하기 때문에 불교가 전해오는 동안에는 역사상 유일하게 전쟁이나 유혈충돌이 발생한 적이 없었습니다.

평등에는 역지사지(易地思之: 다른 이와 입장을 바꾸어 생각하기)가 필요합니다. 불교에서는 부처님께서 우리에게 어떻게 평등 관념을 건립해야 하는지를 말해줍니다. 반드시 타인을 대하듯 자신을 대하고, 자신을 사랑하듯 타인을 사랑하라고 하십니다. 경전에는 또한 우리가 어떻게 하면 자비로운 흉금을 가질지 일깨워줍니다. 타인의 고난을 보면 상대방의 입장에서 생각을 해줘야 합니다. 만일 내가 그라면, 그가 나라면, 이렇게 입장을 바꿔봐야 자타가 평등하게 마주할 수 있습니다. 서로 평등하게 대할 수 있다면 세계가 어찌 평화롭지 않을 수 있겠습니까? 사회의 꼴불견이나 결점도 자신과 관련된 일로 본다면 자연히 자비로운 마음으로 평등하게 대하게 됩니다. 그러므로 인아를 바꿔보고 역지사지하는 평등의 방식이 있어야 평화롭게 공존할 수 있습니다.

평등의 참뜻은 '일다불이(一多不異: 하나와 많음은 다르지 않음)'입니다. 일반인들은 많은 걸 좋아하고 적은 걸 싫어해 비교하고 따지고 의심하여 업을 짓고, 이로 인해 분쟁이 끊이지 않습니다. 사실 불교에서 보면 하나가 곧 많은 것이고, 많은 것이 곧 하나입니다. 하나와 많음은 다르지 않고 사물의 본성과 현상이 서로 융합되어 있습니다. 왜냐하면 만법이 일여하고 동체공생하기 때문입니다. 아무 현상 하나를 예로 들더라도 모두 전체와 떼려야 뗄 수 없는 밀접한 관계가 있습니다. 예를 들어 작은 나라인 룩셈부르크(Luxembourg)나 싱가포르의 대통령이 유럽과 아메리카를 순방한다고 해도 미국이나 프랑스처럼 큰 나라의 대통령도 마찬가지로 직접 공항에 나와 환영

인사를 하고 존중을 표현합니다. 왜냐하면 국가가 크건 작건 국민이 많건 적건 간에 평등 아래에서의 가치는 똑같기 때문입니다. 이것이 곧 하나와 많은 것이 다르지 않다는 평등의 참뜻입니다.

광대한 원시림 자원을 가지고 있는 남아메리카의 브라질은 지구의 온도를 조절하는 작용을 합니다. UN은 브라질이 이 원시림을 보호해야 하고 함부로 벌목해서는 안 된다고 명문으로 규정했습니다. 이것은 비록 브라질 국내 한 곳에 해당되는 것이지만, 전체 인류의 환경보호 존망에 영향을 미칠 수 있기 때문입니다.

인구의 많고 적음, 국토의 크기, 언어와 종족, 경제의 현격한 차이는 국제적 지위에 영향을 끼치지 못합니다. 아시아의 네 마리 용이 그 한 예입니다. 과실나무 씨앗을 땅에 심고 관개시설을 잘해서 가꾸면 천만 개의 과실을 얻을 수 있습니다. 도가에서도 "도는 하나를 낳고(道生一), 하나는 둘을 낳고(一生二), 둘은 셋을 낳고(二生三), 셋은 만물을 낳는다(三生萬物)"라고 말합니다. 한마디 말, 한 가지 일, 한 사람, 한 권의 책, 심지어 한 생각 등은 모두 한 사람 또는 한 국가의 운명을 결정지을 수 있습니다. 왜냐하면 '1'은 무척 많은 일의 원인일 수 있기 때문입니다. 그러므로 우리는 한 점의 불꽃이라고 무시해서는 안 됩니다. 작은 일이 화근이 되어 크게 발전할 수 있기 때문입니다. 소수민족이라고 경시해서는 안 됩니다. 상상할 수 없는 재앙을 야기할 수 있기 때문입니다. 왕자가 어리다고 해서 무시해선 안 됩니다. 언젠가 그가 당신을 다스리는 위치에 올라설 수도 있기 때문입니다. 이것은 모두 많음은 하나에서 생겨나고, 하나와 많음은 다르지 않다는 예들입니다.

평등은 큰 것은 작은 것을 존중하고, 많은 것은 적은 것을 존중하며, 강한 것은 약한 것을 존중하고, 있는 것은 없는 것을 존중하며, 위의 것은 아래 것을 존중해야 하는 것입니다. 평등은 당연한 습관적 관념입니다. 세계는 평등의 관념 아래에서만 평화를 얻을 수 있습니다.

이번에 바티칸 궁에서 천주교 교황과의 회담을 계기로 저는 앞으로 천주교 성직자들과 불광산의 승려와 신도대중이 학술토론회 개최, 불광 대학, 종교연구소 설립 등을 통해 자주 왕래와 교류하길 희망하게 되었습니다.

우리는 그들 성직자가 와서 연구하는 걸 적극 환영하며, 우리의 스님들도 천주교 대학에 가서 연구할 수 있길 희망합니다. 종교 교육적으로, 신앙적으로 모두가 더욱 승화되고 흔들림 없는 종교 발전을 연구하여 제공할 수 있을 것입니다. 기회가 된다면 불교와 천주교 혹은 기타종교가 다함께 세계종교연구소를 설립했으면 합니다. 서로 대화하고 이해하며 학습하는 등 먼저 종교 간에 서로 소통한 뒤에는 각종 사상의 통합이나 학술적 교류가 쉬워질 것입니다.

천주교와 불교는 자주 세계 각지에서 고난에 빠진 사람들을 구조하는 활동을 합니다. 저는 종교의 융합이라는 이념을 통해 세계 각 종교는 손을 잡고 협력하길, 세계의 고난에 빠진 민중에게 구체적으로 도움과 협조를 줄 수 있길 희망합니다. 저는 태국의 북부에 들러 구제활동 대신 직업교육 방식을 제시한 적이 있습니다. 왜냐하면 그들을 언제까지 구제해야 끝이 나는 걸까요? 차라리 그곳에 공장이나 직업훈련소를 설립해 직업이나 기술 한 가지를 습득할 수 있는 기회를 주는 것이 현지인들을 돕는 근본적 해결방법일 것입니다.

종교융화는 줄곧 불광산이 힘써 추진해 오고 있는 사업입니다. 우리는 천주교, 기독교, 도교뿐만 아니라 또 다른 종교에게도 줄곧 우정의 손길을 내밀고 있습니다. 저는 같음 가운데 다름을 포용하고, 다름 가운데 같음을 구하라고 줄곧 주장해 왔습니다. '융화融和'는 일종의 포용하는 아량이고, 평등하게 상대를 대하는 것이며, 존중하는 언행입니다. 모든 사람에게는 자신과 다름을 용납할 기개와 도량이 준비되어 있어야 능히 넓은 미래를 가질 수 있습니다. 불교에서도 남전불교와 북전불교가 융화해야 하고, 전통과 현대가 융화해야 하며, 오늘날 세계는 더더욱 융화해야 합니다. 국가와 국가가 융화해야 하고, 종족과 종족이 융화해야 하며, 정당과 정당이 융화해야 합니다. 융화야말로 앞으로 지구인이 공생해 나갈 방도이기 때문입니다.

『보문』제211기(1997. 4. 1.)

마/음/에/새/기/는/글

- 평등의 참뜻은 '일다불이(一多不異: 하나와 많음은 다르지 않다)'이다. 하나가 곧 많은 것이고, 많은 것이 곧 하나이다. 왜냐하면 '하나'에는 '많음'의 배경이 담겨 있고, '많음'의 원인이 될 수 있기 때문이다.

- 평등은 상대방의 입장에서 생각하는 것이다. 만일 내가 그라면, 그가 나라면, 이렇게 입장을 바꿔봐야 자타가 평등하게 마주할 수 있다. 서로 평등하게 대할 수 있다면 세계가 어찌 평화롭지 않을 수 있겠는가?

부처님 진신사리 타이완 봉안

'사리'는 의역하면 유신遺身 또는 영골靈骨 등의 의미로, 사람이 죽은 뒤의 유신 또는 화장한 뒤의 유골을 가리킵니다. 일반적으로 생신生身사리는 흰색의 뼈 사리, 검은색의 머리카락 사리, 그리고 붉은 색의 육肉사리로 나눕니다. 그래서 부처님의 치아사리는 뼈 사리의 하나라 할 수 있습니다. 석가모니 부처님이 열반하고 유신을 다비한 뒤 남겨진 모든 결정체인 그것은 부처님이 세상에 머무는 동안 계정혜 삼학을 닦아 얻어진 것으로 공과功果가 원만하게 이루어진 위없는 복전입니다.

보통 사람의 유신이나 유골은 모두 그 자손들이 목관에 넣거나 금·돌·도자기 등으로 만든 용기에 넣어 묘소에 매장하거나 납골당에 모십니다. 그러나 불보살과 조사들의 화장한 뒤 사리는 다릅니다. 그 사리는 제자와 일반 불교신도의 존경과 공양을 두루 받습니다. 불교 경전에 기재된 바에 따르면, 부처님이 입멸하고 다비를 치른 뒤에 8대 국왕이 사리를 갖고 다투다가 사리를 얻어간 뒤 자기 나라에 탑을 세워 봉행했다 합니다.

유가儒家에서 말하는 '부모의 장례를 정중히 치르고 조상의 제사를 귀중히 지낸다'란 말은 성현 및 역대 조사에 대한 제사를 봉행하며 존경의 뜻을 표출한다는 것입니다. 불제자는 조사의 유골을 종종 탑을 만들어 그 안에 모시고 공양하며 또한 살아생전에 남긴 치아, 삭발한 머리카락, 심지어 자른 손톱까지도 특별히 맞춘 용기에 담아 모십니다. 부처님은 여러 생에서 수행을 쌓아 행하기 어려운 것을 행하고 참기 어려운 것을 참으며 무수한 고난과 시련을 겪고 난 뒤, 드디어 원만하게 불과를 성취하였으니 그의 진신사리는 불제자들에게 소중히 여김을 받아 마땅합니다. 그러므로 이 치아사리가 예로부터 지금까지 유실되지 않고 2천여 년을 전해져 올 수 있었던 것은 실로 희유稀有하며 더할 나위 없이 귀한 것임이 드러났습니다. 이것은 부처님 자비와 지혜의 상징이며 위없는 지극한 보물이니 예경과 숭앙을 받아 마땅합니다.

「중국시보中國時報」에 따르면 까오슝 시립미술관 등이 공동개최한 '장전불교예술대전藏傳佛教藝術大展'이 3월 28일 모두가 주목하는 가운데 성대하게 개막되었습니다. 이번 전시회의 주제는 '하늘 아래 진귀한 보물: 자비와 지혜(天空下的珍寶: 慈悲·智慧)'였습니다. 사실 4월 9일 곧 타이완으로 모셔올 진귀한 부처님의 치아사리는 부처님의 무상의 자비와 지혜의 상징입니다.

'자慈'는 중생에게 안락을 주는 것이고 '비悲'는 중생의 고통을 뽑아내는 것입니다. 부처님은 무량겁의 생명 속에서 살을 베어 매에게 먹이기도 했고, 호랑이 먹이로 자신을 희생하는 등 자비의 보살행을 실천했습니다. 부처님은 지혜방편으로 외도들을 굴복시켰고 중생의 무명과 번뇌를 없애주어 원융한 지혜를 보여주셨습니다. 자비와 지혜는 부처님께서 오랜 세월 동안 훈습하여 원만하게 이룬 위덕입니다.

자비는 타인을 판단하는 척도로 사용하는 것이 아니라 몸으로 힘써 행해야 하는 도덕입니다. 또한 자비는 수단 방법을 가리지 않고 명예를 취하려는 수단이 아니라 참된 사랑이 자연스럽게 흘러나오는 것입니다.

그러므로 우리는 처세에 있어 자비와 지혜를 함께 운용하고 복과 지혜를 함께 닦아야 인생이 비로소 뜻한 대로 자재로울 수 있습니다.

현재 타이완 곳곳에는 난폭한 기운이 충만하고, 사회는 심각한 질서 부재 현상이 나타나고 있습니다. 사회풍토를 바꾸고 인심을 정화하며, 부유하고 예의바른 사회를 건설하려면 반드시 자비와 지혜를 제창하고 사람마다 포용, 존중, 인내, 겸양을 익혀 사회가 화목하고 환희가 가득하도록 해야 하며, 세상 곳곳에 따스함이 넘치도록 해야 합니다.

이번 부처님 치아사리를 타이완으로 모셔오는 행사는 타이완 천만 국민 모두의 지극히 커다란 복보福報입니다. 부처님의 치아사리가 비록 유형적으로 존재하지만 그 가치는 무량하고 무한합니다. 타이완 전 국민이 부처님의 치아사리를 친견하는 공덕을 쌓아 모든 사람의 마음속에 있는 탐진치의 습기習氣를 정화해 사람이 저마다 지니고 있는 청정한 불성을 드러낼 수 있길 바랍니다. 자신의 마음을 부처님의 마음으로 변화시켜 자비로 사회 대중을 사랑하길 바랍니다. 자신의 손을 부처님의 손으로 변화시켜 선한 일을 봉행하고 나쁜 일은 짓지 말고 공공의 이익이 되는 일에 열성을 보여주길 바랍니다. 자신의 눈을 부처님의 눈으로 변화시켜 타인을 차별하고 경시하지 않길 바랍니다. 자신의 입을 부처님의 입으로 변화시켜 항상 칭찬하는 말을 하고 중상모략이나 비방 등 나쁜 말을 하지 않길 바랍니다. 그러므로 부처님 치아사리의 공덕은 진실로 인생의 자비와 지혜가 원만한 경계를 드러내게 합니다.

 누군가는 이번 부처님 치아사리를 타이완으로 모셔오는 행사가 타이완에 부유함과 평안, 화목, 번영의 기상을 가져와 만사가 형통할 것이라고 말합니다. 사실 우리는 모든 공덕과 죄업을 부처님의 치아사리에 돌리지 말아야 합니다. 부처님 치아사리가 '짊어질 수 없는 무게'를 지도록 해서는 안 됩니다. 자신의 탐진치로 인해 얻은 인연과보는 자신이 짊어지고 책임져야 합니다. 사회대중이 함께 지은 살인, 도적질, 음란, 거짓말 등의 공통된 업은 회피하지 말고 모든 사람이 함께 책임져야 합니다.『불유교경佛遺敎經』에서는 "부처님은 훌륭한 의사와 같아 병을 알고 약을 처방해주지만, 복용하느냐 마느냐는 의사의 허물이 아니다. 또한 부처님은 훌륭한 길잡이와 같아 바른 길로 사람을 인도하지만, 그 길을 따라가느냐 그렇지 않느냐는 길잡이의 허물이 아니다"라고 했습니다. 보기 드문 보물인 부처님 치아사리가 물론 타이완 전 국민에게 능히 법익法益을 촉촉이 적셔줄 것이지만, 부처님 치아사리의 재출현이 우리에게 격려와 계시인 것보다는 차라리 현재 가진 복보를 더욱 아끼고, 미래의 복보를 더욱 키워나가며, 우리 자신의 신심을 수섭收攝하도록 격려하고, 자비와 지혜의 본성을 발휘하게끔 격려하도록 우리를 일깨워주어야 할 것입니다.

 부처님의 치아사리는 어디에 있습니까? 부처님의 치아사리는 바로 우리들 마음에 있습니다. 마음에 부처가 있으니 우리들의 마음이 바로 부처님의 마음입니다. 부처님 마음의 자비와 지혜로 세간을 바라보면 세간은 곧 청정하고 화목한 정토가 됩니다. 우리는 부처님의 치아사리 공덕에서 익힌 자비와 희사, 원만함과 지혜를 늘 가슴에 간직하고 타이완을 장엄하고 안락한 불국토로 만들어 가야 합니다.

「중국시보」(1998. 4. 1.)

마/음/에/새/기/는/글

- 부처님 사리는 부처님이 세상에 머무는 동안 계정혜 삼학을 닦아 얻어진 것으로 공과功果가 원만하게 이루어진 위없는 복전이라, 불교신도의 존경과 공양을 두루 받는다.

- 부처님의 치아사리를 공경하는 것은 마음속에 있는 탐진치의 습기習氣를 정화하여 사람이 저마다 지니고 있는 청정한 불성을 드러내게 해서 부처님의 마음으로 세간을 보고, 일을 하고, 사람들을 대해야 치아사리의 공덕이 눈부시게 빛날 수 있다.

열 가지 삿됨: 그 해로움을 다시 논함

일전에 본보本報 '사설' 중 우리는 '사교邪敎의 해로움'이라는 주제로 사교의 무서움과 치료에 대해 독자들의 열렬한 회향을 받았습니다. 사람들이 저마다 사교의 폐해를 모두 두려워한다는 걸 알겠습니다. 사실 사교는 모든 삿됨 중의 하나일 뿐이지만, 삿됨의 폐해는 무척 많습니다. 대중이 충분히 이해하도록 다음 열 가지 삿됨(十邪)을 들어 설명하도록 하겠습니다.

1. 사설邪說

삿된 말로 타인을 상하게 하는 것은 예로부터 있어 왔지만 지금은 더 심해졌습니다. 예를 들어 '사람이 죽는 것은 등불이 꺼짐과 같다', '사람이 죽은 뒤에는 계속해서 사람으로 태어난다' 등의 삿된 말로 종종 나쁜 짓을 저지르는 구실을 삼기도 합니다. '숙명론'과 '인과론 부정' 등의 삿된 말로 가난하고 괴로운 사람들의 미래에 대한 믿음을 저버리게 만들었습니다. '이때 아니면 언제 놀까' 등의 삿된 말은 사람들이 오욕에 심취해 스스로 헤어 나올 수 없게 했습니다. 최근에 유행하는 '종말이 온다'는 삿된 말로 이미 수많은 사람들이 자살, 타살 등의 악행을 저지르게 잘못 인도하였습니다. 삿된 말로 남에게 해를 끼치는 것을, 비록 형체는 없더라도 우리는 그것을 분별해 내지 않으면 안 됩니다.

2. 사명 邪命
사람이면 누구나 모두 정당한 직업으로 생명을 유지하고 사회에 환원할 필요가 있습니다. 그러나 수많은 사람이 거대한 이익을 탐하고자 위험한 길로 몸을 사리지 않고 걸어갑니다. 마약과 창칼 등을 판매하고 술집과 도박장을 설립하며, 음란물 제작 및 음란사이트를 개설하고, 살인, 도둑질, 음란, 거짓말 등이 범람하게 만들어 사회의 치안이 더욱 우려스럽게 합니다.

3. 사념 邪念
바른 마음과 경건한 생각은 수신제가치국修身齊家治國의 근본이지만, 일부 인사들은 음모를 꾸미거니 올바르지 못한 마음으로 삿된 생각이나 망상으로 이끕니다. 상업투자로 사람을 꼬드기기도 하고, 정당하지 못한 물품을 들여오기도 합니다. 마약 교역을 알선해 폭리를 취하고, 함정을 파놓고 남을 해칠 궁리만 합니다. 민중의 탐진치를 조장하고, 옳고 그름을 전도시키는 악행을 저지르니 그 죄가 무척 깊다고 할 수 있습니다.

4. 사서 邪書
과거에는 다른 사람에게 간음이나 절도 따위의 나쁜 짓을 하도록 가르치거나 또는 사상이 올바르지 못한 출판물은 모두 엄격히 금지시킨 예가 있습니다. 오늘날 사회는 자유를 제창하고 금지시키는 것도 조금 완화되다 보니, 각종 음란, 폭력, 사악한 세력이나 집단, 삿된 것을 말하는 서적이나 비디오가 주의를 끕니다. 이 모두는 선량한 사회의 풍속을 해쳐 범죄 발생수를 날로 증가시키고 있으며, 범죄의 연령 또한 점차 낮아지는 결과를 초래하고 있습니다. 우리는 더욱 경계하지 않으면 안 됩니다.

5. 사음邪淫

올바르고 아름다운 부부생활은 가정의 화목을 촉진합니다. 그러나 현재 성개방의 범람 아래 혼외정사, 동성애, 미혼모, 매춘, 남창 등의 현상이 팽배합니다. 고덕께서 "만 가지 악행 중에 음란이 으뜸이다"라고 했는데, 지금 도처에 음란한 곳과 음란한 일, 음란한 도구 등이 넘쳐나고 있으니, 이대로 계속 간다면 장차 윤리와 강상이 문란해질 것이고 사직의 근본이 흔들리지 않겠습니까?

6. 사계邪戒

계율은 본래 해탈을 추구하는 첩경입니다. 그러나 일부 사교는 이걸 왜곡해 새로운 기준을 만들고 인기를 얻는 수단으로 삼습니다. 예컨대 소변을 먹으라는 것이나, 과일만 먹고 오곡을 피하라는 것이나, 가족들과 일체 왕래하지 못하게 하는 등등. 이렇게 해야 도를 증득할 수 있다고 하지만, 이런 좁은 길은 맹인이 맹인들을 이끌고 불구덩이 속으로 끌고 들어가는 것과 다를 바가 없습니다.

7. 사행邪行

점, 사주, 풍수지리 등은 비록 중국『역경』의 철학을 운용한 것이지만, 일부 사람들이 신권神權, 숙명 등을 남용하며 믿는 자들을 조종하고 자아가 올바른 이성의 힘을 상실하게 합니다. 하지만 이 모두가 정도正道는 아닙니다. 그러므로『유교경』에서는 "점술, 점성술, 역수, 산법을 가지고 길흉을 점치는 것은 하지 말아야 한다"고 했습니다.

8. 사인邪人

작게는 가정, 크게는 온 세계 안의 모든 단체는 다 '사람'으로 구성돼 있습니다. 집단 속에는 항상 조직을 와해시키는 삿된 사람이 하나쯤은 있게 마련입니다. 이런 사람이 하나라도 있으면 안녕을 깨뜨리기엔 충분합니다. 오늘날에도 바른 직업에 종사하지 않고 요령에 기대어 부낭한 이익을 취하고, 사방에 허풍을 떨어 사기를 치고, 사람을 속여 헛된 명예를 가지려는 자가 사회에 가득합니다. 서둘러 멈추지 않으면 장차 많은 문제를 일으키게 됩니다.

9. 사지邪地

우리 도시에는 휘황찬란한 간판들과 표지, 생명을 해치는 식당, 사람을 속이는 점집, 상해와 폭력의 지하전당포 등이 거리에 가득해 범죄의 업을 짓도록 유혹합니다. 이것이 모두 옳지 않은 사지邪地입니다. 그러나 정부는 봐도 못 본 척하고 창궐하도록 내버려두며, 심지어 법령을 반포하고도 등록을 허가하니 비뚤어진 풍토를 조장하는 바와 다름없습니다.

10. 사단邪團

사회조직의 성립은 본래 관련인사가 단결을 촉진하고 사회를 이롭게 하기 위해서였습니다. 그러나 최근 몇 년 불법으로 조직된 단체가 증가했는데, 삿된 말로 선양하거나 인심을 현혹하고 정부를 전복하거나 국가의 분열을 획책해 세계 각지에 재난을 가져옵니다.

삿됨의 해로움은 하루아침에 이루어진 것이 아닙니다. 정부가 지식 있는 인사들을 모아 다함께 지혜를 모아도 해결하기는 쉽지 않습니다. 이 자리에서 조야 각계 모두 영광과 치욕도 함께하고, 이와 잇몸의 관계라는 인식을 갖추고, 함께 삿됨과 악함을 정돈하고 비뚤어진 풍토를 쓸어버리길 희망합니다.

특히 매체는 바른 앎(正知)과 바른 견해(正見), 바른 행동(正行)과 바른 생활(正命)을 전파하길 희망합니다. 부모와 웃어른은 인과교육을 강조하고 말과 행동, 몸가짐의 교육을 중시하길 희망합니다. 기업은 직업 도덕을 준수하고 삿된 도구의 제조와 삿된 생각의 전파를 근절해야 합니다. 문화사업 방면에서는 스스로 품위를 지켜 세상의 도리와 인심에 유익한 출판물을 발행하길 희망합니다. 종교단체는 자율적으로 일어나 집안을 깨끗하게 정리하고 계율과 법에 맞지 않는 언행을 스스로 들춰내 경계로 삼길 바랍니다. 오락사업은 바른 활동을 추진해 즐거움 가운데 가르침을 얻길 바랍니다. 부족할지라도 옳은 것이 낫고, 남더라도 엇나가지는 않길 바라며, 더 나아가 전체 대중이 지금 당장 '삿됨의 해로움'을 깨닫길 바랍니다.

『인간복보』(2000. 2. 25.)

마/음/에/새/기/는/글

- 삿된 말로 남에게 해를 끼치는 것을 비록 형체는 없지만, 삿된 가르침을 믿는 것은 맹인이 맹인들을 이끌고 불구덩이 속으로 끌고 들어가는 것과 다를 바가 없다.

- 부족할지라도 옳은 것이 낫고, 남더라도 엇나가서는 안 된다. 엇나감은 곧 마음이 삿된 것이다.

> 회향

성운 기적
- 불광산 인간불교의 흥기

글/ 고희균

12살의 양주 출신 화상은 23세에 타이완으로 건너와 친척도 없고 대만 사투리도 못하는 고립무원의 처지에서 간첩으로 모함을 받고 23일간 옥살이를 했다. 그러나 머리에는 잡념이 없고 오로지 한마음으로 60년간의 심혈을 기울여 끝없는 인간불교의 세계를 열었다.

법명이 오철悟徹인 출가자가 바로 지금 모두가 존경하여 부르는 성운대사이다.

대만, 중국, 기타 화교사회에서 그리고 세계 각지(제네바, 도쿄에서 스위스까지)에서 인간불교와 불광산, 성운대사는 이미 '타이완의 빛'이란 의미로 변화했다.

그는 일생을 통해 불교를 개혁했고, 인심을 개선했으며, 세계를 변화시켰다.

이것은 '타이완 기적'의 일부분이고, 타이완의 '조용한 혁명'의 일부분이며, 이분은 개국 100주년을 경축하는 자리에서 존경할 만한 인물 중의 한 분이다.

1. '기적'은 한 생각에서 기인

60년 동안 타이완은 이미 가난한 사회에서 중산층 사회로 변했고, 폐쇄적인 데에서 개방적으로 변했으며, 권위주의에서 다원주의로 변모했다. 인재와 언론은 '온갖 꽃이 같이 피듯 많은 사람들이 각기 주장'을 펴고 있다. 종교계에서는 불교사상에 인생의 행복을 결합하고, 거기다 다방면의 실천과 전 세계적인 확산을 할 수 있는 지도자로 불광산 성운대사를 천거한다.

대다수의 사람들이 불광산의 신도가 도대체 몇백 만 명인지, 매년 전 세계 각지에서 불법을 선양하는 행사가 몇백 번인지, 세계 각지에 분포되어 있는 도량이 얼마인지, 조직되어 있는 독서토론회가 몇천 개인지, 출판된 불학 전문서적이 몇백 종인지 잘 모른다. 그러나 수많은 사람들이 모두 끝이 없는 불광산의 영향력을 체감할 수 있다.

내가 자세히 관찰한 바, 국·내외에 떨친 이러한 업적과 대만 사회에 대한 공헌은 인간불교를 추진하겠다는 한 생각에서 기인하였다. 젊은 시절의 성운은 의란宜蘭에서부터 시작했다. 그가 추구했던 것은 '부처님의 말씀처럼, 중생이 원하는, 맑고 깨끗하며, 선량하고 아름다운, 그래서 인생을 더욱 행복하게 만드는 것이라면 모두 인간불교다'라는 것이다. 이처럼 오묘하고 심도 깊은 불교의 이치를 이해하기 힘든 사람조차도 쉽게 이해할 수 있게 해석했다.

인간불교의 제창이 각종 직·간접적인 방식, 종교적·비종교적 활동을 통해 군중 속으로, 사회 속으로, 생활 속으로 스며들고, 그리고 국제사회로 나아갈 때 뒤쫓는 사람들(신도 및 비신도)은 모두 이러한 신념과 행동에 감동을 받게 되어 타인에게 믿음을, 환희를, 희망을.

편리함을 주게 된다. 또한 대사는 인생에서 금전, 애정, 명예, 지위, 권력을 떠날 수 없다는 것을 깊이 알고 있다. 그래서 끊임없이 '합리적인 경제생활, 정의로운 정치생활, 봉사하는 사회생활, 예술적인 도덕생활, 존경하는 윤리생활, 맑게 바꾸는 감정생활을 가지길 제창한다.

성운대사 자신은 저술을 통한 입론立論, 배움과 인재 육성, 설법과 강연, 실천과 추진을 함에 있어 60년을 하루같이 이제껏 한 번도 멈춘 적이 없었다. 문화와 교육 방면에서의 그의 노고가 헛되지 않았으니, 그의 업적은 이루 말로 다할 수 없다.

- 1967년 불광산을 창건하고 '인간불교' 홍법의 길로 나아가기 시작했다.
- 16개의 불교대학과 22곳의 미술관을 설립했다.
- 미국, 타이완, 호주에 4개의 대학, 26개의 도서관을 건립했다.
- 타이완에 별도의 8개 지역 대학과 세계 각지에 50개의 중화학교가 있다.
- 장경藏經을 거듭 편찬하고 백화본으로 경전을 번역하였다.
- 출판사, 도서관, TV방송국, 인간위시, 인간복보 등을 설립했다.
- 해외에 이미 200여 개의 분원, 별원과 도량을 가지고 있다.
- 최근 중산中山 대학(까오슝), 홍콩 대학에서 수여한 명예박사까지 포함해 개인이 얻은 명예(명예박사, 훈장, 상장 등)가 일백 개를 넘어섰다.

나 자신을 포함해서 보통 사람들은 마음 깊이 성운대사를 이해하고 싶어 한다.

- 어떻게 그 지혜로 심오한 불교교리를 사람이 다가가기 쉬운 도리로 바꾸었나?
- 어떻게 굳센 의지로 다시 이런 도리들을 구체적으로 모범을 보였나?
- 또 어떻게 이러한 재능을 가질 수 있고, 방대한 조직을 질서정연하게 관리하나?
- 또 어떻게 58세에 자리를 넘겨주고 불광산의 세대교체를 완성시킬 마음을 가질 수 있는가? 넘겨준 뒤 또 어떻게 해외에 더 광활한 불교공간을 열었는가?
- 마지막으로, 또 어떻게 그 원력, 인연, 덕행으로 결국 '무중생유無中生有'할 수 있으며 불교를 한 구석, 한 지역, 한 국가에서 전 세계로 퍼져나가게 했나?

2. '불광사업' 개척

나 자신은 경제를 공부했으니 우리들의 언어를 이용하여 깊이 연구해 보자. 성운대사는 어떤 '경영 전략'과 '상업 모델'을 사용하여 국내·외 각지에 두루 '불광사업'을 창조했는가?

알고 지내는 20년 동안 줄곧 그의 지도 모델과 관리 철학에 대해 깊이 생각해보았다. 대사는 어떻게 '무중생유無中生有', '일유즉무一有則無'할 수 있는가? 그는 혹시 "나는 사람 마음을 이해할 뿐 관리는 잘 모른다. 나는 자비로울 줄만 알지 명령할 줄 모른다. 나는 출세간의 정신으로 입세간의 사업을 할 뿐이다. 나는 버림으로써 얻는 것이 있다는 걸 믿는다. 나는 불법이 있는 곳에 방법이 있다고 믿는다"라고 말할지도 모른다.

2005년 출판된 '블루오션 전략'과 '성운식 모델의 인간불교'는 드디어 핵심적 해답을 제공했다. '블루오션'은 정책적 부호가 아니라 무한한 기회를 뜻하는 은유적 표현이다. '블루오션 전략'은 서양 경제학자 두 사람이 제시한 것으로, 기업(혹은 모든 조직)은 영원히 탁월함을 유지할 수 없다. 이 숙명을 타파하려면, 피비린내 나는 경쟁의 레드오션을 벗어나 완전히 참신한 상상의 공간과 발전 방향을 찾아야 한다. 그것은 더 이상 고정된 시장만을 고수해서는 안 되고, 오래된 산업을 꼭 끌어안고 있어서는 더욱 안 된다. 용감하게 또 다른 무대를 건설하고 또 다른 시장을 찾고 또 다른 생명수를 찾아야 새로 발견한 블루오션에서 돛을 높이 달고 앞으로 나아갈 수 있다. 우리가 어떤 조직이든지(정당에서부터 기업까지) 또 다른 생명수를 찾지 않을 때 죽음의 물이 가득 고인 연못 안에서 하나하나 쇠퇴해가고 결국 사라질 것이다.

블루오션을 개척하는 데는 다음 4가지 전략이 필요하다.

①당연하게 받아들이는 요소들 중 어떤 것을 '제거'할까?
②불필요한 요소들 중 어떤 것을 '감소'시킬까?
③필요한 요소들 중 어떤 것을 '증가'시킬까?
④시장에서 아직 제공되지 않은 요소들 중 어떤 것을 '창조'할까?

①과 ②는 원가를 절감해 수요가 클 것이고, ③과 ④는 '차별화'와 '새로운 가치'를 창조해 시장을 개척한다.

놀라운 것은 최근 들어 기업계를 휩쓸고 있는 이 블루오션 이론을 불광산과 그의 제자들이 몸소 힘써 묵묵히 이미 추진하고 있었다는 것이다.

- 그들은 줄곧 불교의 '새로운 시장'을 개척하려고 노력했다.
- 다른 종교와 항상 왕래하여 '경쟁'이 대립하지 않는 것으로 변했다.
- 신도信徒와 사회의 새로운 요구를 창조해내고 활력을 유지한다.
- 새로운 사업과 청사진으로 신도의 열정과 사회의 신뢰를 유지한다.
- 내부적으로 끊임없이 인재의 배출과 외국어 능력을 제고함과 동시에 내부의 작업시스템을 강화한다.
- 서로 다른 언어와 설법, 홍법방식, 불교를 위한 원력, 깨달음의 목표를 가지고 인간불교를 전파한다.

이와 같은 마음씀씀이, 방법, 효과는 블루오션 전략과 부합될 뿐만 아니라 이미 그것을 넘어섰다. 그래서 만의滿義 스님이 쓴 『성운식 모델의 인간불교(星雲模式的人間佛教)』는 인간 블루오션의 중국어판이자 종교판이다. 더 정확하게 얘기하면 성운대사는 인간 블루오션의 선장이며, 영문판보다 반세기 먼저 출항하였다.

우리가 분별해야 할 것은, 기업이 추구하는 블루오션은 기업 이윤과 개인의 재부財富와 산업 범위이다. 인간불교가 추구하는 바의 블루오션은 현세정토, 인간세상의 아름다움, 자비와 관용이다.

3. '성운식 모델'의 제시

우리는 한 걸음 더 나아가 만의 스님의 '성운식 모델'에 대한 전체적 해석을 인용해 보기로 하자.

지식경제 시대의 기업운영 중 '모델(model)'의 옳고 그름은 회사의 손익을 결정한다. 우리는 하이테크놀러지 기업계의 책임자가 말하는 "우리 회사는 이미 새로운 상업 모델(new business model)을 찾아 이윤을 창출했다"고 흥분해서 말하는 소리를 듣거나, "회사의 모든 손해는 비즈니스 모델의 잘못이다"라는 또 다른 변명을 듣곤 한다. 그래서 '모델'은 곧 운영의 성패를 결정짓는 한 방법이자 과정이며, 하나의 조직이자 판단이다.

저자인 만의 스님은 다년간 성운대사의 언행 및 저서에 근거해 인간불교 특유의 방법과 추진의 특색을 깊이 연구하는 데 매우 힘썼다. 작자는 이런 작업과 특색을 4가지 항목으로 귀납시킨 뒤, 넓게 인용하여 증거로 삼아 '성운식 모델'을 진술한다.

① 설법하는 언어가 다르다.
② 포교하는 방식이 다르다.
③ 교화하는 원심願心이 다르다.
④ 깨닫고자 하는 목표가 다르다.

굵직한 항목 하나마다 또렷한 문자와 실례를 들어 상세히 설명한다.
'설법하는 언어가 다르다'는 걸 인증할 때 작자는 성운대사의 다음과 같은 걸 제시했다.

- 불법을 해석하는 언어가 매우 인성화人性化 되어 있다. 규칙도 없고 형이상학적인 심오한 얘기도 없다. 또한 신령스럽다거나 괴이함을 표방하지도 않는다.
- 비유나 예시를 들어 설법을 잘 한다. 그는 항상 고사나 공안을 이용해 심오한 도리를 해석해 사람의 마음을 열어 이해하도록 하며, 계속해서 불교에 대해 믿음이 일어나게 한다.
- 사물의 도리를 설법하는 데 또렷하다. 분명하고 앞뒤 연관성이 있고, 간결하며 핵심을 찌르고 주제를 벗어난 쓸데없는 군더더기가 없다.
- 설법에 기지와 유모가 있어 항상 능숙하게 어휘 선택을 하며, 해결하기 어려운 문제를 한마디로 대답할 수 있다.
- 언행은 일치하고, 말에는 믿음이 있으며, 평생 약속은 늘 지킨다. 법문하는 불법은 모두 사신이 직접 실친한 것이어서 말을 해도 믿음이 간다.
- 강연이 원융하고 객관적으로 수긍이 가며 면면이 구체적이어서 결국 모든 이가 다 크게 기뻐할 수 있다.
- 사람됨이 자비가 두텁다. 어려서부터 '입에는 덕이 넘치게'라는 걸 배워 절대 함부로 타인을 비난이나 책망하지 않고, 말은 늘 타인에게 여지를 남겨두었다. 이해심 있고 온후한 성격은 늘 타인에게 고목에 꽃이 되는 듯하고, 만나본 사람이라면 누구나 가까이하길 좋아하지 않는 사람이 없고 그의 위의에 감동되지 않는 사람이 없다.

'홍법하는 방식이 다르다'라는 항목에서 작자는 또 다음과 같이 제시한다.

- '새로운 사업을 이용해 깨끗한 재물을 더욱 넓힘'이란 이념을 제시하여 신앙과 사업을 결합하고, 불교신앙을 가진 인구를 점차 젊은 층으로, 지식화시키고, 과거 불교에 대한 일반인의 관념을 크게 변화시킨다.
- 행사 등을 통한 기풍을 우선 진작시키고 다원적 활동을 개최해 각종 서클 활동의 활발한 발전을 가져오게 할 뿐만 아니라, 특히 활동의 힘을 빌어 '행사에 포교를 싣고'의 홍법 기능을 발휘하여 불교가 사회로 나아가게 하고, 사회에 선량한 기풍을 태동시킨다. 심지어 최근 제창하는 불광여자농구 국제대회처럼 국제무대로 나아가게 한다.
- 전통불교에 대한 오래된 낡은 풍습을 용기 있게 개혁하여 수구적인 데서 탈피해 끊임없이 새로운 것을 창조하고 발전시킨다.

여기에 인용하여 서술한 '다름'은 곧 '특색'이다. '성운식 모델'의 인간불교는 곧 이 32항목의 '특색'을 가지고 국내외의 신도대중 및 민중의 마음속에 자리매김한다.

우리가 경제와 관리를 연구한 관점에서 보면 '성운식 모델'이 국내 및 국제시장에서 고도의 경쟁력을 갖고 있는 것은 '차별화(서로 다른 32항목이 있다)'에 있을 뿐만 아니라, 고객(여기서는 신도를 가리

킴)의 요구를 만족시킬 수 있다는 데 있다. 더욱 중요한 것은 뛰어난 설득력, 강경한 집행력, 군중의 확산력, 왕성한 생명력은 지도자가 가진 네 가지 재능이다.

나는 '나는 출가자이고, 난 화상노릇이나 잘하려고 한다'는 당시 성운대사의 약속을 회상해본다. 자기에게는 가장 엄격한 잣대를 세웠을지라도 또한 자신에게 '만족스러운' 점수를 줘야 한다.

4. '소프트 파워', 없는 곳 없다

'소프트 파워(Soft Power)'를 제창한 하버드 학자 조셉니에(Jpseph Nye) 교수가 마침 작년 12월에 타이완을 방문했다. 요 몇 년 동안 나는 끊임없이 '소프트 파워'의 이념을 고취했다. 인간불교의 흥기를 검증하고 '소프트 파워'의 실제 힘을 증명했다.

소프트 파워는 타인(타국)으로 하여금 기꺼이 칭찬, 학습, 모방하게 만들 수 있는 일종의 흡인력을 가리킨다. 한 사회 안에서 가진 문명, 개방, 평등, 법치, 종교, 예술 등 모두 소프트 파워의 예들이다.

'인간불교'의 흡인력은 문자 분야와 활동 분야에서 나타난다. 그것은 정적이거나 동적일 수 있다. 개인적이거나 다수적일 수 있다. 국내적이건 국제적일 수도 있다. 그건 또한 '같음 가운데 다른 게 존재'할 수 있고, '다른 가운데 같음을 구하는 것'일 수도 있다.

이런 모든 흡인력은 또 다음으로 귀납된다.

① 공헌하는 행위
② 선을 행하는 봉사

③자비사 사랑의 감염

불광산의 체계가 곧 그 근원이고, 그것은 하나의
④효율성을 갖춘 조직이다.
⑤추진력을 갖춘 체제이다.
⑥적극적으로 남을 돕는 단체이다.

마지막으로 신도대중과 일반대중 사이에는
⑦응집하여 '발전하려는 역량'
⑧'참여하고자 하는 열망'을 생산했다.

성운대사가 했던 이런 말들은 모두 '소프트 파워'에게 딱 들어맞는 본보기이다.
- "손해를 두려워 말라. 손해를 보는 게 곧 이익을 얻는 것이다."
- "타인에게 부림을 당해야 가치가 있는 것이다."
- "천하의 어른은 모두 내 부모이고, 천하의 후배는 모두 나의 자녀이며, 천하의 사람은 모두 나의 가족이다."
- "당신이 옳고 내가 틀리다. 당신이 크고 내가 작다. 당신이 있고 나는 없다. 당신은 즐겁고 나는 괴롭다."
- "당신 가운데 내가 있고, 내 가운데 당신이 있다."
- "남에게 주는 것이 곧 나에게 주는 것이니, 불광산은 바로 이 '준다'는 것에서 성과를 이루어냈다."
- "내가 타인과 인연을 맺는 데에 특별히 가진 능력은 없이 그저 감

동, 불법, 진실된 마음을 사용했다."
- "대중이 먼저고 나는 두 번째이다. 신도가 먼저고 나는 두 번째이다."

5. 연분

20여 년 동안 내게 가장 깊은 영향을 끼쳤던 분을 뽑으라면 단연코 성운대사이다.

나는 불자도 아니고 심오한 불교이치에 정통하지도 않다. 그러나 항상 그가 제창하는 이해하기 쉬운 인간불교 가운데 수많은 계시를 얻었다. 교육사업의 입장에서 말하자면 내가 일생 가르친 학생은 얼마나 될까? 불광 대학, 남화 대학, 미국의 서래 대학처럼 대사가 세운 대학에서 1년에 배출되는 대학생과 대학원생이 수천 명이다.

『원견遠見』잡지는 우리가 서로 알게 되는 인연이 되었다. 1987년 3월, 처음으로 중국 방문을 마치고 돌아오시는 대사께 우리는 타이베이에서 한 차례 공개강연을 해달라고 요청했다. 이것은 당시 타이완 사회에서 '중국행에 관하여'란 공개적인 강연의 시초였을 거라 믿는다.

2006년 3월, 인연이 닿아 장사長沙에 천년의 역사를 가진 악록서원嶽麓書院에서 대사의 강연을 들은 적이 있었다. 마침 봄비 내리는 장사에서 수백 명의 청중이 역사적 가치가 충만한 서원의 노천 뜰에서 우비를 입고 앉아 집중해서 그의 강연을 들었다. 이건 정말 전에 보지 못한 감동적인 장면이었다.

그런 뒤 악록서원의 원장인 주한민朱漢民 선생이 내게 15분 정도

인사를 해달라고 요청했고, 난 보슬비 내리는 중에도 듣고 있던 청중에게 이런 말을 했다.

"국제불광회가 전 세계에 퍼져 있고, 중국사회의 점진적 개방에 따라 성운대사는 더 많은 인간불교 사업을 해야 하고 더 긴 인간불교의 길을 가야 합니다. 최근 대사께서는 여러 차례 중국 방문을 요청받았지만, 중국에 대한 사랑은 이미 우의의 씨앗을 심었고, 언젠가 반드시 해협 양안에 대해 공헌할 것이고 사회인심을 정화하는 기능을 발휘할 것입니다. 이 순간 만일 그가 탄생한 땅인 이곳에 화목한 사회를 건설토록 도와달라고 요청한다면, 그는 반드시 기쁜 마음으로 공헌할 것이라는 것을 믿습니다."

2005년 후 대사는 다시 의흥宜興에 조정祖庭을 부흥시키고 대각사大覺寺를 재건했다. 또한 양주揚州에 감진도서관鑒眞圖書館 및 양주강단講壇, 중국 각지에 40여 개의 '불광희망학교', 20여 곳의 불광의원을 설립했다. 아프리카 세네갈, 브라질, 인도, 필리핀 등지에 유치원과 기술훈련반 등을 개설했다.

그는 자신을 종교, 인종, 지역을 넘어서는 지구인이라 자청한다. 그는 천주교, 회교 등 종교지도자와 회담이나 교류를 하거나 세계평화와 인류박애를 함께 추진하기도 한다. 요즘은 산궈시(單國璽, Paul Shan Kuo-Hsi) 추기경과 자주 대화하신다.

그의 높이와 시야로 세간의 일체를 보면, 그의 네 마디 말은 세상 사람에게 주는 가장 좋은 선물이다.

인생 최대의 악습관은 이기심이다.

인생 최대의 비애는 무지이다.
인생 최대의 용기는 잘못을 인정함이다.
인생 최대의 본전은 존엄이다.

불광산 대회의장에는 "좋은 일 하고, 좋은 말 하고, 좋은 마음을 갖자"는 글귀가 걸려 있다. 중요 정치인물이 이 '삼호三好'를 보았을 때 마음속에 반드시 떠오르는 바가 있을 것이다. 그는 최근에도 도처에서 '삼호를 실천하여 타이완을 구하자'를 추진하고 있다.

대사는 '삼호'를 핵심으로 삼아 더 나아가 '삼화三和'를 세웠으며, '국민화목', '양안평화', '인류화합'을 타이완과 중국, 그리고 세계의 '공동화합'으로 형성했다.

불광산 불타기념관의 창건은 성운대사 만년에 가슴 깊이 간직했던 소망의 실현이다. 한편으로는 부처님의 치아사리를 모셔 세상 사람들의 우러름을 받고, 다른 한편으로는 대중이 부처님의 자비와 지혜를 배워 더 진실되고 더 선량하며 더 아름다운 화합된 사회를 창조할 수 있다.

이 기념관은 100헥타르의 면적에 2003년 시작되어 중화민국 100주년을 기념하는 2011년 준공되었다. 불타기념관은 고금과 중외中外, 전통과 현대가 융합된 건축이다. 불광산에 우뚝 선 기념관은 인류문화와 불교지혜의 빛이 찬란하게 빛나고 있다.

가난한 집안에서 태어난 그는 글을 배운 적도 없었다. 최근 시력이 나빠져 한 번 먹을 찍은 뒤 단번에 써 내려가는데, 이것을 '일필자一筆字'라 한다. 왕문장王文章 중국예술원 원장은 이 '일필자'를 이렇게 형용했다.

"대사의 글자는 속세의 잣대와 방법을 초월했으면서도 운치, 기운, 경계, 정취가 막힘이 없고 선명하며, 생동하는 아름다움과 인상 깊은 선의禪意가 담겨 있다."

'일필자' 서법은 최근 몇 년 타이베이, 베이징, 한국 등지의 미술관에서 전시되었다. 대사께서는 "내가 쓴 글자를 보지 말고 나의 마음을 봐주십시오. 내게는 한 점의 자비심과 한 알의 중국심中國心이 있습니다"라고 말한다.

2009년 대사는 신문전파 영역에서 화인사회에 커다란 공헌을 한 신문 전문 인사에게 그들이 이상을 견지하고 모범을 세우며 사회공익의 책임을 발휘하도록 '성운 진선미 신문공헌상'을 설립했다. 이 공헌상은 이미 두 차례 수여되었으며, 수여된 곳은 타이완 외에도 중국, 홍콩, 싱가폴, 말레이시아 등 널리 퍼져 있다. 수여자로는 모범인물상에 왕척오王惕吾, 여기충余紀忠 등과 부끄럽게도 나도 포함되어 있다. 평생업적상에는 장작금張作錦, 그리고 교육공헌상과 전파공헌상 등이 수여되었다.

20세기의 경제학자 슘페터(Joseph Alois Schumpeter)는 1950년 세상을 떠나기 전, 피터 드러커(Peter Ferdinand Drucker) 부자에게 이런 말을 했다고 한다.

"사람들이 만일 내가 책 몇 권 쓰고 몇몇 이론을 발명했다고만 알고 있다면 난 부족하다고 생각한다. 인간들의 생활을 변화시키지 못한다면 세계를 변화시킬 수 없다."

대사가 60년 동안 자신의 저서와 실천 가운데 제창해왔던 '인간불교'는 이미 인간의 생활을 변화시켰고, 이미 이 세계를 변화시켰다. '조용한 혁명'처럼 이미 국내외에 평화가 우뚝 솟았다.

문사文史 학자 여추우余秋雨 선생은 처음 대사를 뵙고 이런 인상을 받았다고 한다.

"대사의 모습은 크고 거대한데, 기백도 크고 흉금도 크고 이상도 크다."

가까이 다가갈 기회가 있는 사람일수록 이렇게 '크다'는 느낌을 받을 것이다.

우리는 그의 성취를 운명이라 치부해서는 안 된다. 그의 '사업'을 그저 단순한 종교라고 치부해서도 안 된다. 더욱이 그의 영향을 타이완에 국한시켜서도 안 된다. 성운대사의 공헌은 실질적으로 이미 종교를 넘어서고 타이완을 넘어섰으며 시공을 초월했다.

그에 대한 외부세계의 각종 찬탄에 대해 그는 담담하게 말한다. "나는 평범한 출가자일 뿐이고, 난 다음 세상에서도 여전히 중노릇을 할 것이다. 왜냐하면 제대로 중노릇을 잘했다고 생각하지 않기 때문이다."

이것은 타이완의 '경제 기적' 외에 또 하나의 '성운 기적'이다.

(2010. 12. 29. 타이베이에서; 2011. 1. 12. 수정)

성운대사 | 중국 강소성江蘇省 강도江都 출생으로 금산金山, 초산焦山, 서하율학원棲霞律學院 등 선정율학의 대가람에서 불법을 수학하였다. 1949년 봄 타이완으로 건너갔으며, 1953년 의란宜蘭에서 염불회를 조직해 불교 포교의 기초를 마련했다. 1967년 인간불교를 종풍으로 불광사를 창건하고, 불교문화·교육·자선사업 등에 온 힘을 기울여 왔다. 세계 각지에 300여 개의 사찰을 세웠으며, 미술관, 도서관, 출판사, 서점, 운수병원, 불교대학 등도 설립했다. 또한 타이완에 불광대학과 남화대학, 미국에 서래대학, 호주에 남천대학과 광명대학을 세웠다. 1970년 이후에는 고아원과 양로원을 지어 외롭고 힘든 무의탁 아동과 노인들을 보살펴 왔으며, 긴급 구조 활동 등 사회복지에 힘쓰고 있다. 1977년 '불광대장경편수위원회'를 발족하여 『불광대장경』과 『불광대사전』을 편찬했다.

성운대사는 인간불교를 널리 알리고자 노력하였다. 스스로를 '지구인'이라 자처하며 동체와 공생, 평등과 평화, 환경보전과 마음보전, 행복과 안락 등의 이념을 두루 펼쳤다. 1991년 창설된 국제불광회 총회장에 추대되어, 현재까지 '삼천대천세계에 불광이 두루 비치고, 오대주에 법수가 흐르게 하자'는 이상을 실천해 오고 있다.

조은자 | 대학에서 중어중문학을 전공하고 현재 전문번역가로 활동하고 있다. 성운대사의 『합장하는 인생』, 『천강에 비친 달』, 『성운대사의 관세음보살 이야기』, 『인간불교, 부처님의 참된 가르침』, 『계·정·혜, 인간불교의 근본 가르침』, 『삶의 여행자를 위한 365일』을 우리말로 옮겼다.

성운대사의 세상 사는 지혜

초판 1쇄 인쇄 2016년 8월 12일 | 초판 1쇄 발행 2016년 8월 20일
지은이 성운대사 | 옮긴이 조은자 | 펴낸이 김시열
펴낸곳 도서출판 운주사

(02832) 서울시 성북구 동소문로 67-1 성심빌딩 3층
전화 (02) 926-8361 | 팩스 0505-115-8361

ISBN 978-89-5746-464-9 03220   값 14,000원

http://cafe.daum.net/unjubooks 〈다음카페: 도서출판 운주사〉